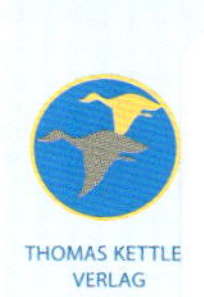

BJÖRN NEHRHOFF VON HOLDERBERG

HAMBURG & UMLAND

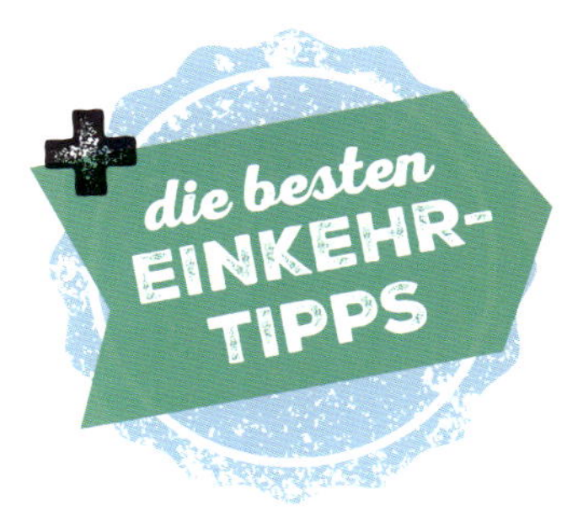

IMPRESSUM

3. aktualisierte Auflage 2024

Von-Hutten-Str. 15
D-22761 Hamburg
Tel. +49 (0)40 39 10 99 10
www.thomas-kettler-verlag.de
www.sup-buch.de

Text & Fotos:
Björn Nehrhoff von Holderberg

Lektorat und Textergänzung: Thomas Kettler
Karten: StepMap, Heide Schwinn, Carola Hillmann
Illustrationen Paddeltechnik: Klaus Mumm
Konzept, Layout & Satz: Carola Hillmann
Layout Design: Nicole Laka
Druck & Gesamtherstellung: Drukarnia Beltrani Sp. J., Krakau

Weitere Bildnachweise (o. = oben, u. = unten, li. = links, re. = rechts)***:***
Seite 18-19, 21 u., 23 o.+u., 26 o. re., 27, 28 u., 29, 32 o.+ u., 33 o.+ u., 35 o. li., 37, 39, 44-45, 46 u., 47, 48, 54, 56 o.+ u., 60, 62, 70, 79 o.+ u., 83, 101, 104 u., 123: Thomas Kettler; Seite 94-95 [M]: Kettler / Nehrhoff. Seite 35 u. li.+ re., 43: Supper Club Bootsverleih; Seite 63 u: Kleinhuis Hotel Mellingburger Schleuse; Seite 71: www.boot-in-hamburg.de; Seite 80: Willi Villa / Biergarten Zum Anleger; Seite 81 o.: Biergarten Zum Anleger; Seite 81 u. [M]: Biergarten Zum Anleger / Nehrhoff; Seite 88 u.+90: Paddel Meier; Seite 107: Restaurant & Café „Bringezu"; Seite 131: Sven Mirow Photography.

Bildnachweise Wikimedia Commons (o. = oben, u.= unten, li. = links, re.= rechts):
Seite 21 o.: ©Raimond Spekking; Seite 35 o. re.: Dietmar Rabich; Seite 61: Hans Robert Wolters; Seite 63 o.: Polarbear24; Seite 89: Toni Wyss, Hamburg; Seite 97 u.: Crismancich; Seite 106: Sven Lindner; Seite 112 u.: Björn Mennrich; Seite 113 o.+ u.: Ralf Roletschek; Seite 121 o.: hh oldman; Seite 121 u.: PresseKiekeberg; Seite 125-126 [M]: Björn Nehrhoff / Kroppe / CC0; Seite 129 u.: Walter Rademacher; Seite 147 u. +160 o.: Nightflyer; Seite 161 u.: Silar.

Bibliografische Information der Deutschen Nationalbibliothek
Die Deutsche Nationalbibliothek verzeichnet diese Publikation in der Deutschen Nationalbibliografie; detaillierte bibliografische Daten sind im Internet über *http://dnb.d-nb.de* abrufbar.

ISBN 978-3-89513-120-4

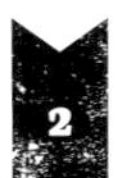

INHALTSVERZEICHNIS

SUP-SPOTS HAMBURG

SUP-SPOTS HAMBURGER UMLAND

=TOUR-ANSPRUCH =EINKEHRMÖGLICHKEITEN
=RUNDTOUR =ONE-WAY =HIN & ZURÜCK

VORWORT

Anfangs noch belächelt, hat das Stand up Paddling in der Hansestadt inzwischen einen unglaublichen Schub bekommen. Davon kann man sich an einem warmen Sommertag, beim Flanieren entlang der Alster und der zahlreichen Kanäle, überzeugen. Kaum mag man seinen Augen trauen – denn an einem solchen Tag tummeln sich Hunderte von Hamburgern mit ihren Boards auf den Wasserstraßen und lernen Deutschlands grünste Stadt aus einer völlig neuen Perspektive kennen. Noch ein Superlativ· Wer weiß denn schon, dass Hamburg als brückenreichste Stadt Europas im Guinness Buch der Rekorde verzeichnet ist! Rund 2.500 sollen es laut Behörde sein – mehr als Venedig, Amsterdam und Stockholm zusammen.

Spannend ist es eigentlich überall, egal ob auf einer „Stadtrundfahrt" mitten durchs Zentrum der Elbmetropole oder auf den beschaulichen Flüssen im Umland, deren grüne Ufer Erholung „pur" bieten. Zur Einkehr locken fast immer hippe und coole Strandbars, Cafés und Restaurants.
Der Wassersport mit den höchsten Zuwachsraten stärkt Arme, Schultern und Oberkörper, verbessert das Gleichgewicht und die Koordinationsfähigkeit. Sportlich ambitioniert betrieben, ersetzt er gar den Gang ins Fitness-Studio.

Steigen Sie also aufs Brett, lassen Sie den stressigen Alltag hinter sich zurück und erfahren Sie eine Bewegungsart mit Stil die Laune macht und ganz nebenbei auch noch die Gesundheit fördert.

Björn Nehrhoff von Holderberg

Ein warmer Sommerabend
auf der Binnenalster

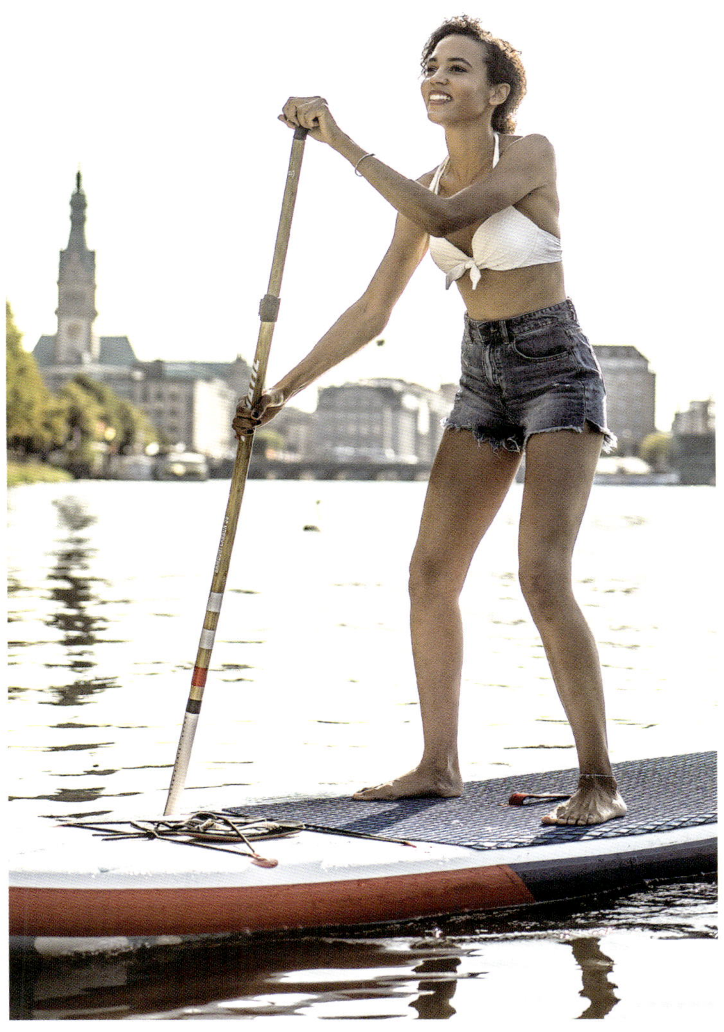

TOURENPLANUNG

SUP UND ÖPNV

Besitzer eines aufblasbaren iSUPs sind deutlich im Vorteil. Die allermeisten Tourenstart- und Endpunkte lassen sich mit einer Kombination aus Bus, S- und U-Bahn, oder Zug (www.hvv.de, www.bahn.de) erreichen. Bitte beachten: Auf dem Land fahren einige Busse nicht Samstag und/oder Sonntag (außerhalb Schulzeit).

In Hamburg kommt auch das „ridesharing" mit der VW-Tochter MOIA in Betracht (www.moia.io/de-DE/hamburg). Über die App bucht man die Fahrt und fährt gemeinsam im „Sammeltaxi" mit anderen in Elektrokleinbussen.

An 299 Stationen kann ein StadtRAD (stadtrad.hamburg.de) und – ganz neu in Hamburg – ein Lastenpedelec (elektrisch unterstütztes Lastenrad) per App ausgeliehen werden. Die erste halbe Stunde ist kostenlos.

ÖPNV-Nutzer können oft schon paddeln, wenn Autobesitzer noch im Stau festsitzen. Lediglich bei einigen wenigen Touren im Umland ist das Auto die bessere Alternative.

Darüber hinaus finden Menschen, die noch kein eigenes Board besitzen, überall in Hamburg SUP-Vermieter, -Schulen und -Veranstalter, von denen viele in Text und Karte aufgeführt sind. Häufig bieten die SUP-Vermieter auch geführte Touren für Anfänger an. Sicherheitshalber sollte man zum Mieten seinen Personalausweis als Pfand dabeihaben.

SUP UND DER SCHIFFSVERKEHR

- » Generell gilt – die Berufs- / Ausflugsschifffahrt hat immer Vorfahrt! Besondere Vorsicht ist bei Einmündungen von Fleeten und Kanälen geboten.
- » Sind Schiffe in Sichtweite, verhalten wir uns berechenbar und paddeln vorausschauend, denn die Schiffe haben meist sehr wenig Manövrierspielraum in den engen Kanälen.
- » Es gilt das Rechtsfahrgebot. Wenn das Fahrwasser gekennzeichnet ist (rote / grüne Tonnen), paddeln wir möglichst außerhalb dieser Markierungen, solange es die Wassertiefe zulässt.
- » Muss man ein Fahrwasser queren, so geschieht dies auf schnellstmöglichem Wege in direkter Linie. Nach Sonnenuntergang und bei unsichtigem Wetter muss auf den Schifffahrtsstraßen ein Licht „geführt" werden.
- » Kreuzen wir die Route von Seglern, müssen wir ausweichen. Auch Ruderern weichen wir vorzeitig aus und bauen nicht darauf, dass sie rechtzeitig den Kopf wenden, um uns zu bemerken.
- » Die Promillegrenze liegt auf dem Wasser aktuell bei 0,5 Promille.

die wichtigsten REGELN

SUP – UMWELT & NATUR

Damit wir Stand up Paddler keinen Anlass für Befahrungsverbote oder Gewässersperrungen geben, müssen wir uns an einige Naturschutzregeln halten, die aus einem kontinuierlichen Ringen zwischen den Wassersportverbänden und dem Naturschutz über Jahrzehnte gewachsen sind. Auf sie wird in diesem Buch in Text und Karte immer mal wieder verwiesen.

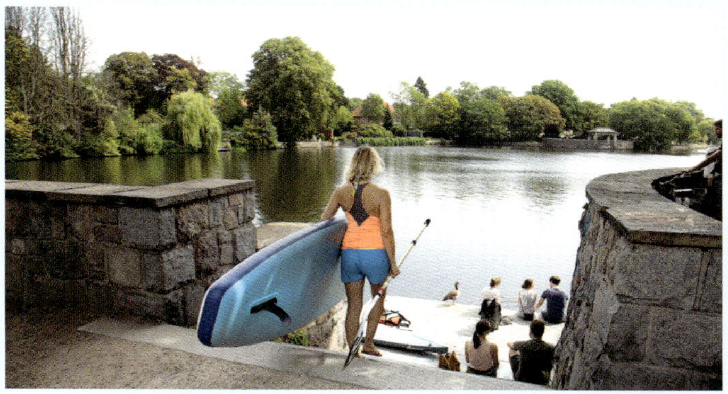

» Größere Ansammlungen von Wasservögeln sollten wir umfahren und in Schilfgebiete nicht hineinpaddeln. Zur Brutzeit halten wir einen möglichst großen Abstand zum Schilfufer. Steilufer meiden wir beim Anlanden, da hier nicht selten Vögel ihre Niströhren gegraben haben.

» Beim Paddeln stoßen wir uns nicht dauerhaft am Flussgrund ab, denn so stören wir das Bodenleben im Gewässer.

» In den Hamburger Innenstadtrevieren paddelt man an den Vorgärten vieler Anwohner vorbei. Bitte hier entsprechende Rücksicht nehmen und wasserdichte W-lan Boxen zu Hause lassen.

» Für das Ein- und Aussetzen sowie das Pausieren nutzen wir ohne vorherige Nachfrage natürlich keine privaten Stege. Dasselbe gilt für das Nutzen von Einrichtungen auf Campingplätzen und Gasthöfen.

» Anglern an den Ufern weichen wir aus, ohne mit ihrem Angelgeschirr in Konflikt zu geraten.

» Nehmt jeglichen Müll unterwegs bzw. am Ende der Tour bitte wieder mit und entsorgt ihn umweltgerecht.

SUP-VERBOT

Im **GESAMTEN HAFENGEBIET** ist das Stand Up Paddeln laut Hafenverkehrsordnung vom August 2019 **GANZJÄHRIG VERBOTEN!** Dazu zählen auch die **HAFENCITY**, die **SPEICHERSTADT**, die **ELBE MIT IHREN SEITENKANÄLEN** sowie die **ELBE VON OORTKATEN BIS RISSEN / WEDEL**.

Klingt zwar schade, ist aber im Hinblick auf Verkehrsaufkommen, Berufsschifffahrt, Strömung, Wellen und den möglichen Gefahren verständlich.

GESCHWINDIGKEIT, STRÖMUNG & TIDE

Wer eine SUP-Tour plant, muss wissen, wie weit er überhaupt kommen kann und wie sich Wind und Wetter auf die Route der Wahl auswirken.
Wieviel Strecke können wir zurücklegen? Hier ein paar grobe Anhaltspunkte:

Gelegenheitspaddler sind in der Regel mit etwa 3 km/h auf dem Brett unterwegs und meist nur zwei bis vier Stunden auf dem Wasser. Dabei legen sie dann insgesamt 6-12 Kilometer zurück.

„Engagierte“ SUPer erreichen je nach Brett und Kondition auch zwischen 4 und 7 km/h Geschwindigkeit, sind somit deutlich schneller und können größere Strecken zurücklegen. Aber wer so fit ist, weiß in der Regel sowieso genau über seine Leistungsfähigkeit Bescheid. Auf Flüssen kann die Strömung teilweise zur normalen Paddelgeschwindigkeit hinzugerechnet werden. Auf Tideflüssen wie Krückau und Lühe hat man einen Bonus von ca. 1-2 km/h, wenn die Strömung ausgeprägt ist. Auf dem Alsteroberlauf, der Este und der Bille kann man mit einer leichten „Hilfsströmung“ von etwa 0,5-1 km/h rechnen. Auf den Innenstadtkanälen oder der Neetze sowie Dove-, bzw. Gose-Elbe strömt es dagegen fast überhaupt nicht.

WIND, WETTER, WELLEN

Der Wind ist für Stand up Paddler eine besonders wichtige Komponente. Wind der Stärke 1-2 Beaufort ist für Gelegenheitspaddler gut in alle Richtungen zu paddeln. Schon mäßiger Gegenwind Stärke 3 reicht, um das Paddeltempo zu halbieren. Noch stärkerer Wind macht es Gelegenheitspaddlern schwer, über-

Windstärke wird in Beaufort angegeben. Der Beaufort grad reicht von **1 = leichter Windzug** bis **12 = Orkan**.

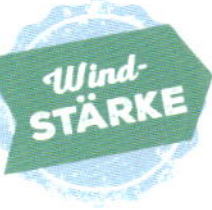

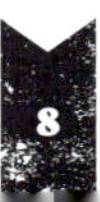

haupt vorwärts zu kommen. Weht der Wind von hinten, schiebt er den Paddler hilfreich an, sofern die aufgeworfenen Wellen nicht zu Balanceproblemen führen.

Wird man von Wind der Stärke 3-4 Beaufort überrascht, besteht eine Notlösung darin, auf Knien weiter zu paddeln, bis man sicher anlanden kann. Fortgeschrittenen SUPern machen Rückenwindwellen dieser Art oft Spaß und sorgen auf offenen Wasserflächen sogar für beglückende Surfmomente.

Ab Windstärke 5 sollten auf offenen Gewässern nur noch absolute Cracks auf dem Board unterwegs sein.

Weiterhin zu beachten sind plötzliche Wetteränderungen, wie aufziehende Gewitter, denen wir nicht auf dem Wasser begegnen wollen. Vor der Tour ist es daher immer sinnvoll, sich den aktuellen Wetterbericht anzuschauen.

Windy www.windy.com
Windfinder www.windfinder.com

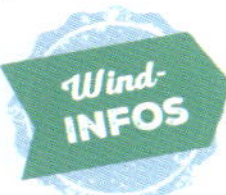

DIE SUP-AUSRÜSTUNG

Zu jeder Jahreszeit gilt der Wassertemperatur angepasste Kleidung zu tragen. Das reicht vom Bikini oder Boardshort im Sommer bis zum Neoprenanzug bzw. Trockenanzug im Winter. Wer im Frühling oder Herbst, wenn die Außentemperaturen zwar hoch, das Wasser aber noch oder schon wieder frisch ist, in Badebekleidung vom Brett fällt, kühlt in kürzester Zeit aus und gerät in Lebensgefahr.

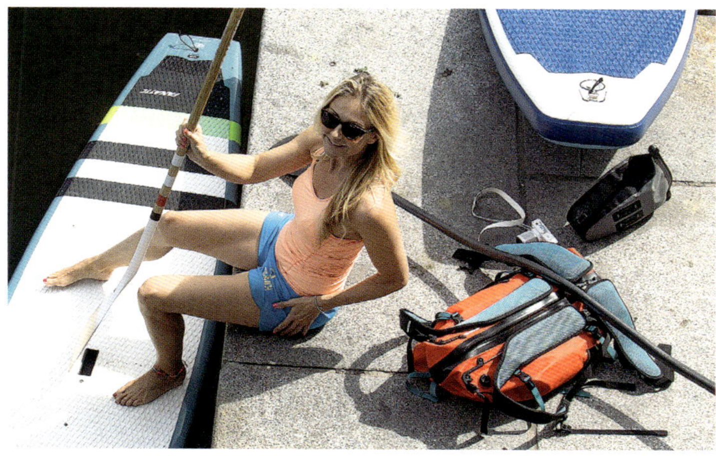

Eine Schwimmweste in fester, bzw. kompakter Form (als selbstaufblasbare Auftriebshilfe in Form eines Hüftgurtes getragen, die von einigen Herstellern in verschiedener Art angeboten wird), sollte selbstverständlich sein, insbesondere außerhalb der wirklich warmen Sommertage und bei Querung größerer Wasserflächen oder wenn nicht in unmittelbarer Nähe des Ufers gepaddelt wird.

Zur „Schönwetterausstattung“ gehören: Badeschuhe, Neoprenschuhe oder alte Turnschuhe, ggf. Wechselkleidung, Handtuch, Sonnencreme, Mückenschutz, Sportbrille mit Brillenband, Kopfbedeckung und bei längeren Touren ein Snack und ausreichend zu trinken. Die Gefahr der Auskühlung, aber auch die der intensiven Sonneneinstrahlung, darf nicht unterschätzt werden.

Auch eine Winter-Tour hat ihre Reize. Kuschelige Wärme bringen dann ein Trockenanzug mit warmer Fleece-Unterwäsche und dicke Neopren-Schuhe. Ruhig ein bis zwei Nummern größer, damit die dicken Socken drunter passen. Wichtig sind darüber hinaus eine dicke Mütze und Neoprenhandschuhe.

Für die Mitnahme von Ersatzkleidung und Kleinkram gibt es wasserdichte Transportsäcke in verschiedenen Größen, die sich einfach im Gepäcknetz des Boards verstauen lassen. Ein 2-Liter-Beutel reicht für Handy, Schlüssel und Geld, ein 15-Liter-Sack bietet in der Regel genug Stauvolumen für Pulli, Windjacke und Schuhe.

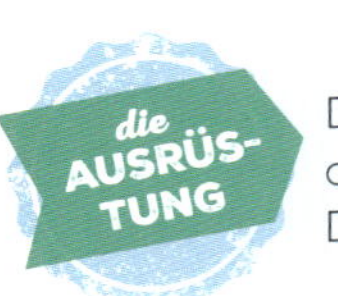

Die Stehpaddel-Ausrüstung besteht neben der entsprechenden Kleidung aus **SUP-Board, Paddel** und **Leash**. Die Wahl des SUP-Boards hängt vom Einsatzbereich ab.

SUP-BOARDS

Grundsätzlich unterscheiden wir feste (laminierte) Hardboards und aufblasbare Boards (iSUP bzw. inflatable SUP). Die Vorteile der Hardboards liegen in den besseren Fahreigenschaften, dagegen sind iSUPs besser zu lagern und zu transportieren. Für sie benötigt man eine Luftpumpe, die in der Regel bei jedem Board im Lieferumfang dabei ist. Je nach Hersteller sorgen 15-18 psi Druck für eine gute Stabilität (1 bar = 14,504 psi).

Die Steifigkeit des Boards ist entscheidend. Mit zu wenig Luft hängt es mittig durch und reagiert nicht präzise genug auf Paddelschläge. Stattdessen haben wir eine weiche, schwabbelige Standfläche, die nur als Badeponton Spaß macht. Verlockend günstige Angebote lassen eine wenig stabile Bauweise des SUPs vermuten.

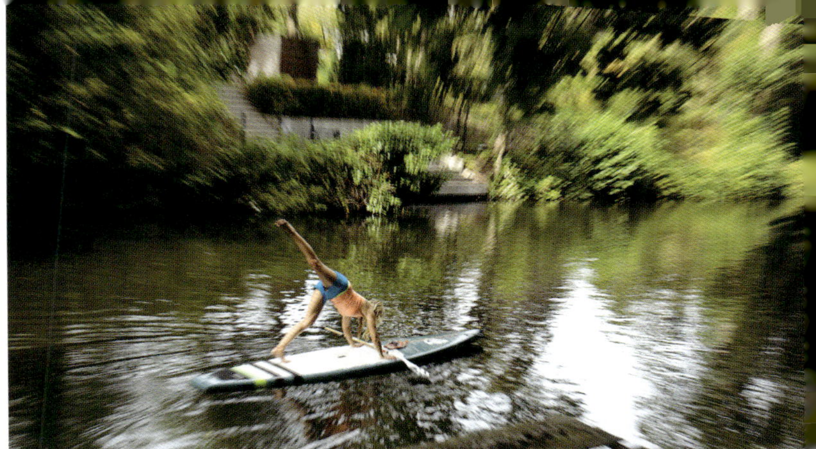

Für die Größe des Boards sind Maßangaben in Fuß und Zoll üblich: Die Länge wird in Fuß angegeben: 1 Fuß = 30,48 cm; die Breite und Dicke wird in Zoll berechnet: 1 Zoll = 2,54 cm. Je mehr Fläche auf dem Wasser aufliegt, desto kippsicherer ist das Board, ein Einsteigerboard ist daher größer und breiter als ein Raceboard. Vor dem Kauf ist es hilfreich, an einer SUP-Station mehrere Boards zu testen.

TOURING-BOARDS

Geeignet für Einsteiger und Flachwasser-Enthusiasten. Je länger das Brett, desto schneller ist es und desto einfacher ist das Geradeausfahren. Für Tagestouren empfehlen wir eine Länge von etwa 12.6 Fuß. Für mehrtägige Gepäcktouren eignen sich Board-Längen zwischen 12.6 und 14 Fuß. Entscheidend bei der Wahl des Boards ist aber auch das Volumen, welches in Litern angegeben wird. Hierbei bitte unbedingt die Herstellerangaben beachten. Ein Board, konstruiert für eine Gewichtsklasse bis 90 kg, ist definitiv nichts mehr für einen 150-kg-Fahrer. In der Breite gilt es, die Gratwanderung zwischen Schnelligkeit und Kippeligkeit an das eigene Können anzupassen, damit der Spaßfaktor stimmt. Gängig sind Breiten zwischen 30 und 33 Zoll.

SUP-FINNEN

Die Finne, im Heck auf der Unterseite befestigt, sorgt für Spurtreue des Boards. Ohne Finne paddelt man im Kreis oder der Wind bläst einen einfach übers Wasser. Je länger und größer die Finne, umso besser ist der Geradeauslauf. Passende Finnen werden bei den Boards mitgeliefert. Auf Flüssen nehmen wir bei Niedrigwasser kürzere Finnen, um nicht mit dem Boden in Kontakt zu geraten.

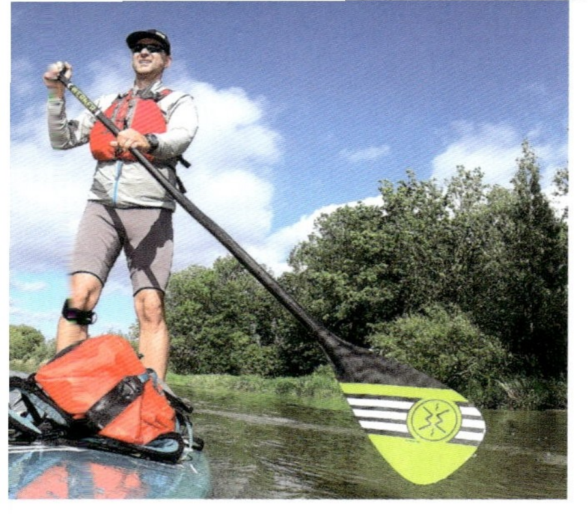

SUP-PADDEL

Die Hersteller bieten feste und in der Länge verstellbare Paddel an. Letztere sind gegen ein unabsichtliches Verdrehen der beiden Schaftteile extra gesichert.

Stabilität und Gewicht des Paddels sind entscheidend. Paddel mit einem Schaft aus schwerem Aluminium wiegen rund 300-400 g mehr, als solche aus leichtem Carbon. Ein Paddel mit einem verstellbaren Schaft aus Glasfasermaterial und einem Blatt aus Kunststoff ist als Einsteigermodell preislich und qualitativ gut geeignet.

LEASH

Sicherheit bietet neben einer guten Fahrtechnik und Kondition vor allem die Leash, eine Leine, die den Paddler mit dem Brett verbindet. Im Falle eines Sturzes ins Wasser treibt das Board nicht ab, ein Wiederaufsteigen ist somit problemlos möglich. Boardseitig wird sie fest fixiert, am Paddler ist sie am Knöchel durch einen leicht und schnell zu öffnenden Klettverschluss befestigt.

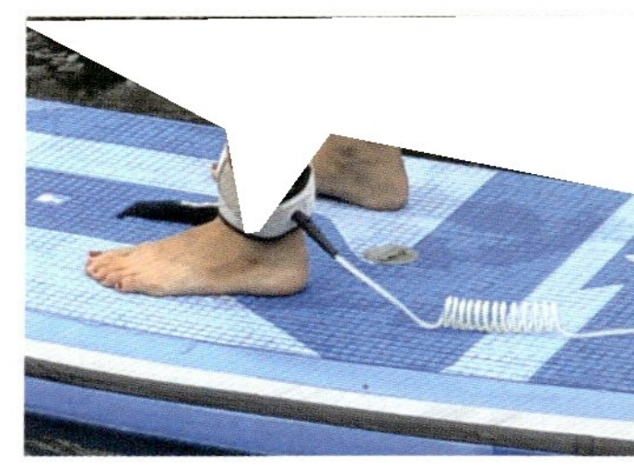

Unter sommerlichen Bedingungen ist dies in der Regel auf kleinen Gewässern für die meisten SUP-Paddler ausreichend.

TRANSPORT & LAGERUNG

Die meisten Boards haben eine spezielle Mulde bzw. einen Griff, um das Board seitlich am Körper zu tragen. Mit einem Gewicht von 11-13 kg sind sie zwar recht handlich, für das Tragen über größere Strecken ist ein SUP-Tragegurt zu empfehlen oder ein SUP-Transportwagen.

Zum Transport mit dem PKW können mehrere Hardboards übereinander auf dem Dachträger mit Spanngurten befestigt werden (Zwischenpolsterung und Polsterung des Dachträgers mit Heizungsrohrisolierung aus Schaumstoff). Wer nicht genug Platz auf dem Autodach hat, kann das SUP-Board in einem im Fachhandel erhältlichen speziellen Bügel hochkant transportieren.

SUP-PADDELTECHNIK

ERMITTLUNG DER RICHTIGEN PADDELLÄNGE

Stell das Paddel neben Dich, strecke Arm und Hand (der Arm ist dabei fast durchgestreckt) entlang des Paddelschaftes nach oben und lege jetzt die Hand um den Griff. Je länger das Paddel, umso aufrechter die Standposition auf dem Board. Wenn ich sportlicher fahren möchte, wähle ich einen kürzeren Schaft.

PADDELHALTUNG

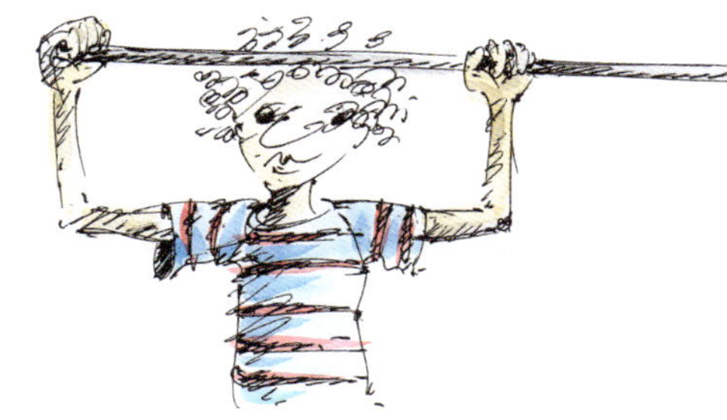

Die richtige Griffbreite ermitteln – Mit der einen Hand den Knauf umfassen, mit der anderen den Schaft. Paddel so auf den Kopf legen, dass die Unterarme im rechten Winkel nach oben zeigen.

Bei einem SUP-Paddel ist in der Regel das Blatt im Verhältnis zum Schaft leicht abgewinkelt. Das Paddel wird korrekterweise so gehalten, daß beim Eintauchen das abgewinkelte Blatt – vom Paddler aus gesehen – nach vorne zeigt.

ERSTE VERSUCHE

Wer seine ersten Versuche auf einem SUP-Board bestreitet, kann erstmal kniend starten, um ein Gefühl für sich und das Board zu bekommen. Hierzu etwa in die Mitte des Boards mit Blick nach vorne hinknien. In aufrechter Haltung mit beiden Händen am Paddelschaft vorwärts paddeln. Nach der Eingewöhnung aufstehen und mit der oberen Hand den Knauf greifen.

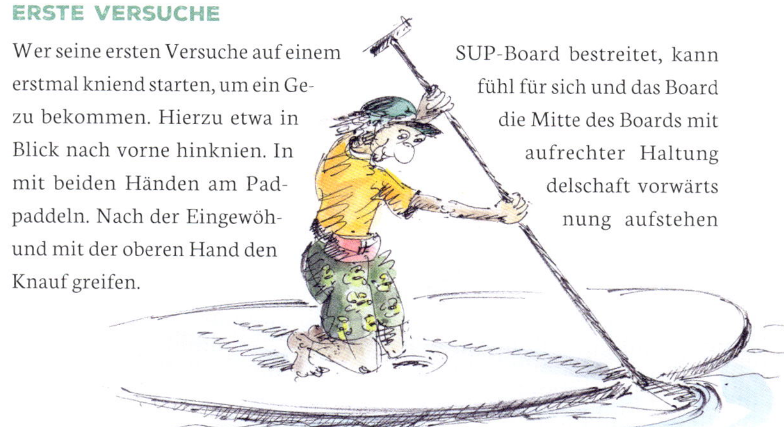

VORWÄRTSSCHLAG

Mit Blick nach vorne (Richtung Bug) stehen wir mit paralleler Beinstellung etwa in der Mitte des Boards. Die Trageschlaufe dient hier als Anhaltspunkt. Das Paddel wird weit vorne und nahe neben dem Board eingetaucht. Dabei ist der untere Arm (Hand am Schaft) nahezu gestreckt und der obere Arm (Hand auf dem Griff) leicht angewinkelt. Erst wenn das Paddel komplett im Wasser ist, wird der eigentliche Paddelzug eingeleitet.

Jetzt wird das Paddel in gerader Linie neben dem Board bis zum Körper (Füße) durchgezogen, wobei der Paddelschaft immer in einem sehr steilen Winkel (von vorne oder hinten gesehen) zum Wasser bleiben sollte. Dabei wird der obere Arm gestreckt und der untere Arm leicht angewinkelt.

Vorwärtsschlag von der Seite gesehen

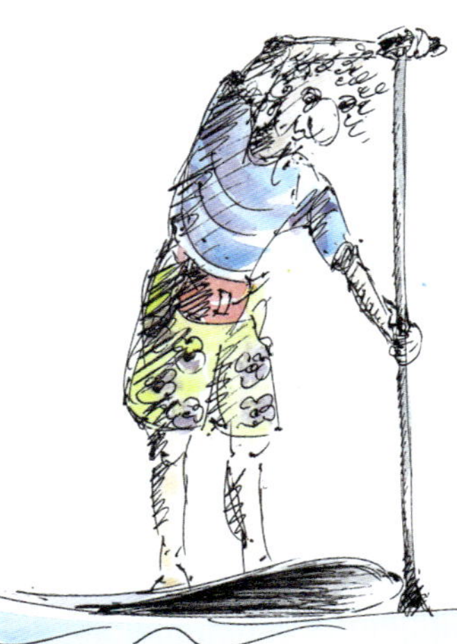

Vorwärtsschlag von vorne gesehen

Knapp hinter dem Körper wird das Paddel aus dem Wasser genommen und mit horizontal gedrehter Blattfläche wieder nach vorne in die Eintauchposition geführt. Durch Rotation des Oberkörpers während des Durchziehens des Paddels wird die Wirkung (Kraft nach vorne) gesteigert (Schulter auf der Paddelseite ist beim Eintauchen leicht nach vorne und beim Ausheben des Paddels leicht nach hinten gedreht). Je besser ich mein Paddel im Wasser „verankere“ (Widerstand des Wassers nutzen), desto effizienter ist die Bewegung des Boards nach vorne.

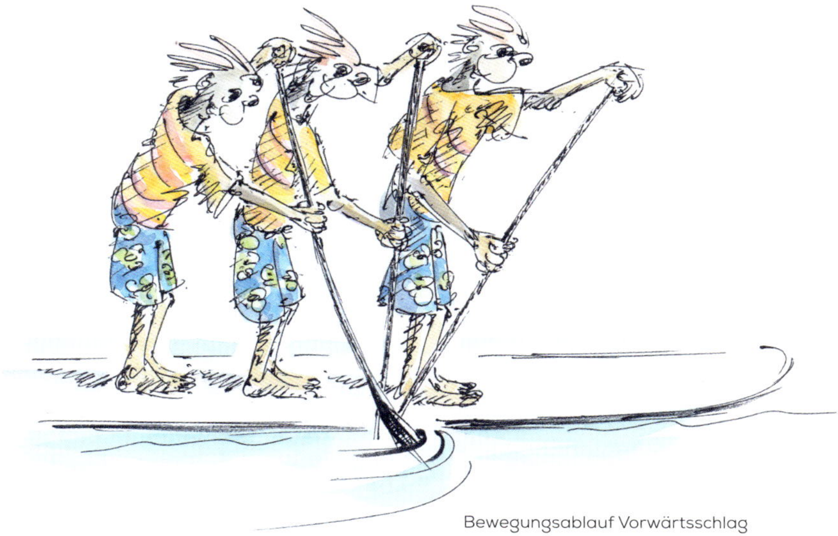

Bewegungsablauf Vorwärtsschlag

VORWÄRTS FAHREN

Um „Kurs zu halten“ und ungewollte Kurvenfahrt zu vermeiden ist es hilfreich, auf ein anvisiertes Ziel in der Ferne zuzuhalten und nach mehreren Schlägen immer mal wieder die Seite zu wechseln.

KURVEN FAHREN

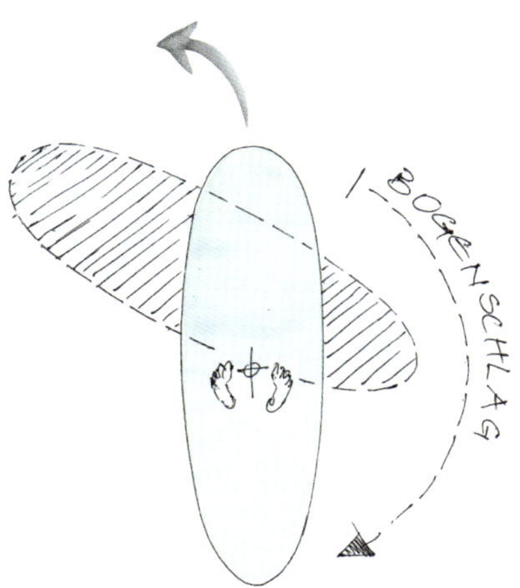

Hier kann als leicht zu lernende Technik der Bogenschlag angewendet werden. Das Paddelblatt wird möglichst weit vorne direkt am Board eingesetzt und dann in einem weiten Bogen am Körper vorbei bis nach hinten ans Heck durchgezogen. Je weiter ich bei diesem Manöver hinten auf dem Board stehe, umso effizienter wird der Bogenschlag.

Als fortgeschrittene Technik kann auch der sogenannte Crossbow-Turn eingesetzt werden. Hier wird das Paddel

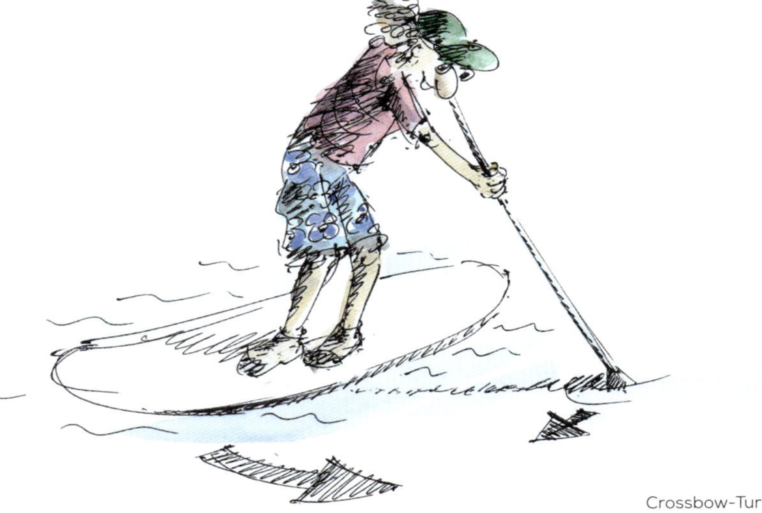

Crossbow-Turn

aus der Fahrt heraus auf der Gegenseite des Boards - unter Beibehaltung der ursprünglichen Paddelhaltung - möglichst weit außen in einem Winkel von rund 45 Grad zum Board eingesetzt und dann in einem Bogen vorne über den Bug wieder auf die ursprüngliche Paddelseite geführt. Mit dieser Übergriff-Technik kann das Board mit einem Schlag um 180° gedreht werden.

PADDELN BEI GEGENWIND

Wer gegen den Wind ankommen möchte, macht sich klein - bis hin zum Paddeln im Knien. Auf diese Weise reduziere ich den Luftwiderstand. Die Griffhand greift dabei weiter unten am Schaft.

DOWNWIND-PADDELN

Das SUP-Paddeln mit ordentlich Wind im Rücken gilt als die Königsdisziplin auf dem See und bleibt erstmal dem wirklich Erfahrenen vorbehalten. Es erfordert eine an Wind und Wellen angepasste Fußstellung. Um ein Bohren des Bugs zu verhindern, versetzt man einen Fuß nach weiter hinten. Je mehr Wind, desto weiter hinten steht man. Mit dem Paddel im Wasser kann das Board in den Wellen stabilisiert werden.

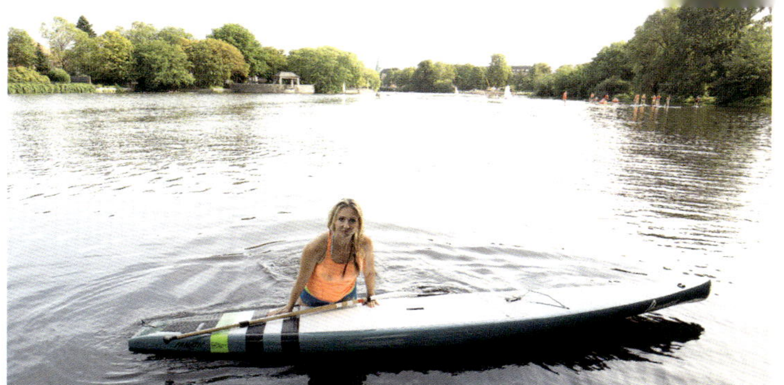

ZU GUTER LETZT:

- Schwach motorisierte Wasserfahrzeuge „schleichen sich“ gerne mal unbemerkt von hinten an, so dass es sinnvoll ist, sich immer mal wieder umzuschauen.
- Im Falle eines Sturzes ins Wasser zuerst zum Board schwimmen, bevor der Wind dieses abtreibt (eine Leash verhindert das!), dann das Paddel bergen.
- Nie das Board verlassen, um zum Ufer zu schwimmen, denn es ist auch Deine „Rettungsinsel“!
- Führe ein wasserdicht verpacktes Handy mit, um im Notfall Hilfe rufen zu können.

Literatur-TIPPS

BUCH-EMPFEHLUNGEN

SUP – STAND UP PADDLING: MATERIAL – TECHNIK – SPOTS, VERLAG DELIUS KLASING

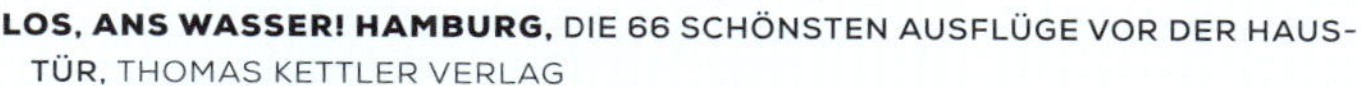

LOS, ANS WASSER! HAMBURG, DIE 66 SCHÖNSTEN AUSFLÜGE VOR DER HAUSTÜR, THOMAS KETTLER VERLAG

SUP-GUIDE **"OSTESEEKÜSTE & HOLSTEIN"** | **"ZWISCHEN HEIDE & HARZ"** & KANU KOMPAKT **HOLSTEINISCHE SCHWEIZ** | **LIPPE** | **EMS** | **WESER** KANUTOURENFÜHRER MIT TOPOGR. WASSERWANDERKARTEN | THOMAS KETTLER VERLAG

WOCHENENDER – **HOFLÄDEN UND MANUFAKTUREN UM HAMBURG,** FRENZ VERLAG

ZEITSCHRIFTEN

SUP BOARD MAGAZIN, MSV MEDIEN BADEN-BADEN

SUP POWERED BY SURF, DELIUS KLASING

STAND UP MAGAZIN, MIKE JUCKER

LINKS & APPS

PADDELN-MACHT-SPASS.DE – DIE JÄHRLICHE „ROADSHOW“ AUF AUSGEWÄHLTEN CAMPINGPLÄTZEN INFORMIERT ÜBER KANU UND SUP

SUPSCOUT.DE – PLATTFORM FÜR SUP-SPOTS UND -TOUREN

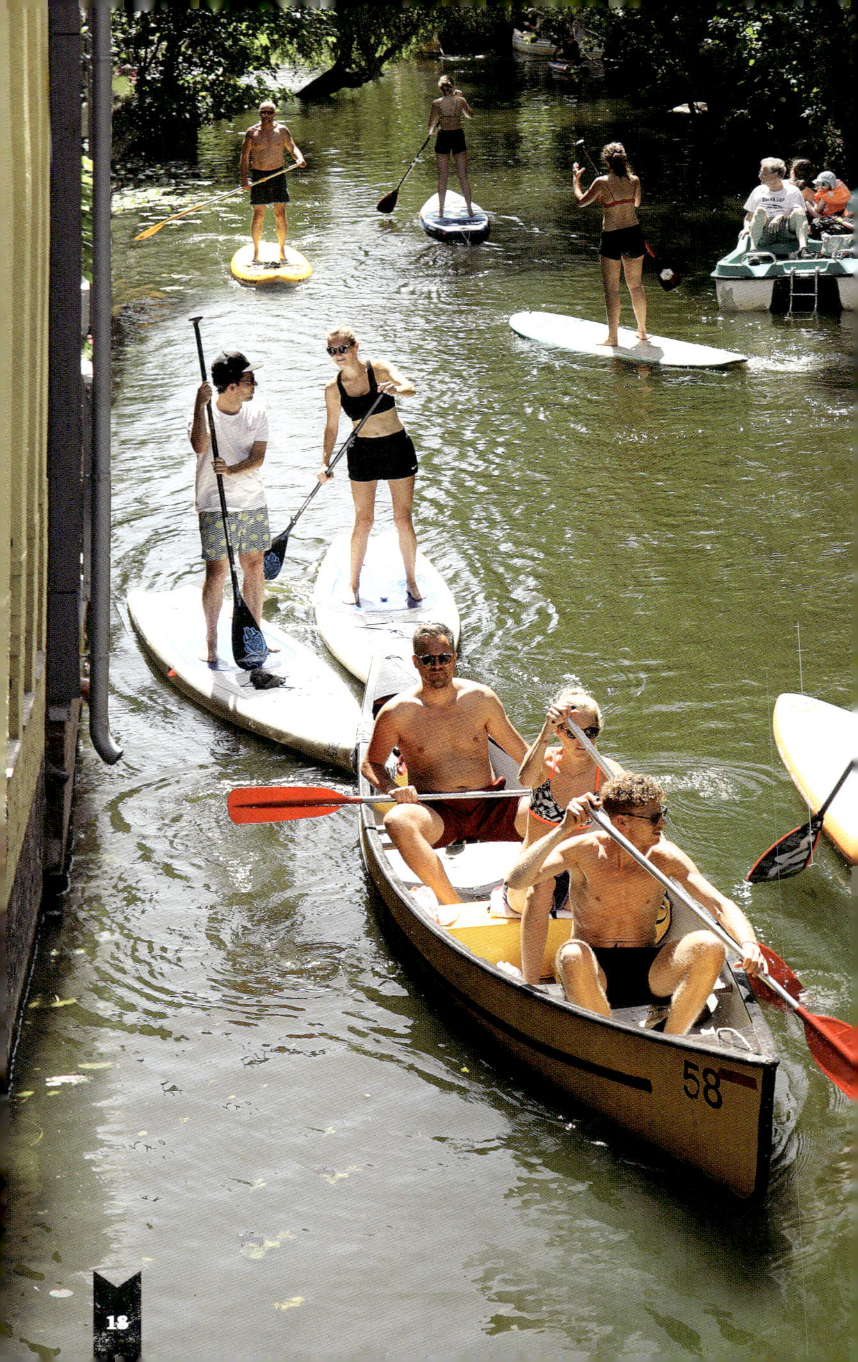

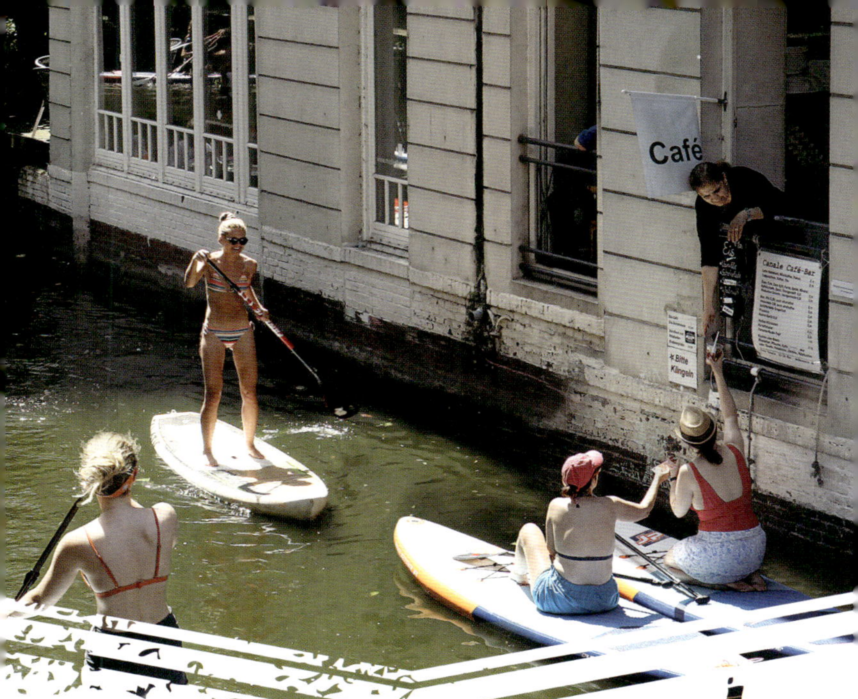

ALSTER-KANÄLE

ANSPRUCH

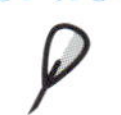

EINKEHR

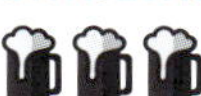

Sowohl für „Quiddjes", wie Zugezogene hier scherzhaft genannt werden, als auch für alteingesessene Hanseaten, ist diese Tour über verschlungene Alsterkanäle ein wunderschönes Erlebnis. Neben der grünen Oase Stadtpark sind es auch die Zeugnisse Hamburger Industriekultur, die diese Fahrt so spannend macht.

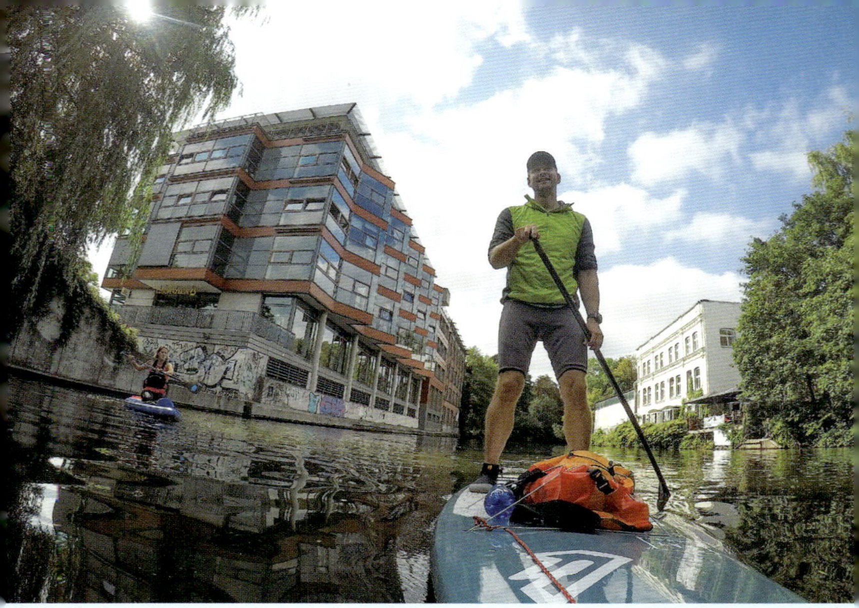

WIND & WETTER

In den Alsterkanälen genießt man hervorragenden Windschutz.

BEFAHRUNGSREGELN

Die auf den teils engen Kanälen verkehrenden Ausflugsschiffe haben immer Vorfahrt.

ANFAHRT MIT DEM PKW

Vom Hauptbahnhof geht es über die Straße „An der Alster" entlang des Alsterostufers in den Mundsburger Damm. Nach Queren der großen Kreuzung mit den Mundsburg-Hochhäusern hält man sich auf der Oberaltenallee links und biegt nach etwa 500 m links ab Richtung „City Nord / Flughafen". Auf der Adolph-Schönfelder-Str. geht es dann ein ganzes Stück Richtung Norden. Nach Überquerung des Osterbekkanals und 500 m weiter des Goldbekkanals, biegt man unmittelbar dahinter links ab in den Südring, welcher den Stadtparksee an seinem Südende umschließt.
Fahrzeit ab HH-Hbf ca. 0:15 h.

PARKEN

Viele Parkplätze auf dem Seitenstreifen des Südrings.

ANFAHRT MIT ÖPNV

Vom Hauptbahnhof mit der U3 zur Station Saarlandstraße. Von hier 10 Minuten Fußweg bis zum Stadtparksee. Gesamtfahrzeit ca. 0:36 h.

BADEN

- **Naturbad Stadtparksee** mit naturbelassenem, gefiltertem Wasser, Eintritt (www.baederland.de).
- **"wilde" Badestellen** am Stadtparksee

SEHENSWERT

» Das **PLANETARIUM** (1930) im Stadtpark ist das meistbesuchte Sternentheater Deutschlands. Den Besucher erwarten Reisen durch die Weiten des Universums in atemberaubenden 360-Grad-Aufnahmen, Lasershows und in 3D!

» Das sehenswerte **MUSEUM DER ARBEIT** in ehemaliger Kautschukfabrik präsentiert Ausstellungen zum industriellen Erbe Hamburgs. Leckere Flammkuchen gibts im angeschlossenen Restaurant T.R.U.D.E.

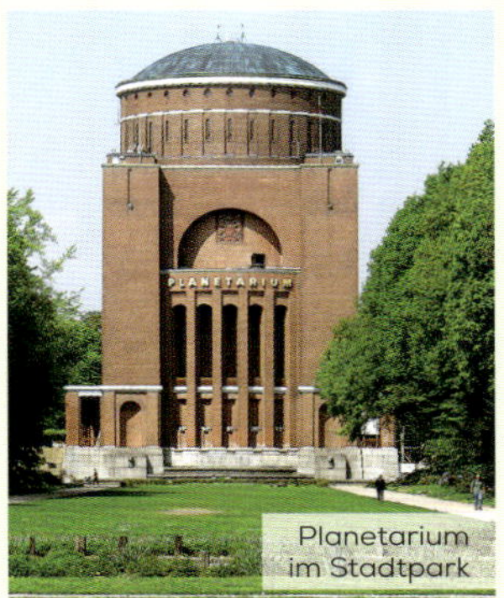

Planetarium im Stadtpark

EXTRA-TIPPS

» **SUP LIGHT NIGHT-TOUR** – geführte SUP-Tour abends auf beleuchteten Boards durch die Kanäle rund um die Alster, www.sup-port-hamburg.de

» Der weitläufige **STADTPARK** ist für Erholungssuchende ein beliebter Treffpunkt. Egal ob chillen oder grillen auf der riesigen Liegewiese, Fußball, Volleyball, Joggen, Kanu & Tretboot fahren, Minigolf, Schach, eine kleine Erfrischung im Biergarten oder das Lesecafé am Rosengarten – jeder wird hier fündig. Im Sommer strömen zu den alljährlichen Stadtparkkonzerten Tausende Musikfreunde zur Freilichtbühne.

» **KAMPNAGEL**, die ehemalige, 1865 gegründete Maschinenfabrik in Hamburg-Winterhude, wird heute als Veranstaltungsort für zeitgenössische darstellende Kunst genutzt. Das Internationale Sommerfestival Hamburg, das internationale Tanztheater-Festival und andere künstlerische Veranstaltungen finden hier statt.

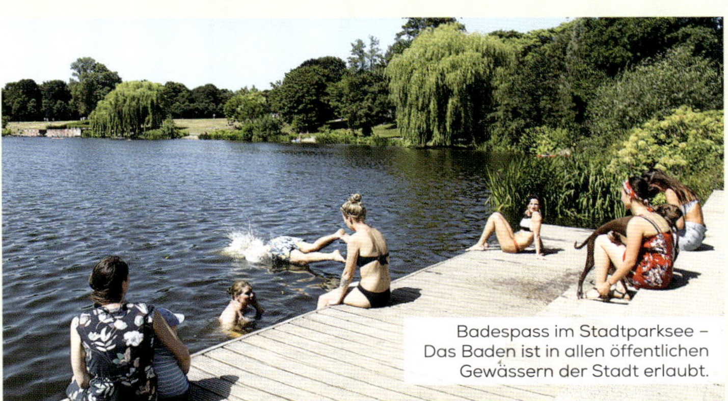

Badespass im Stadtparksee – Das Baden ist in allen öffentlichen Gewässern der Stadt erlaubt.

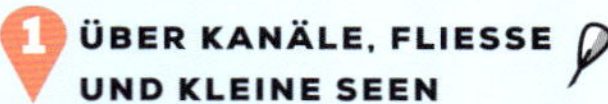

1 ÜBER KANÄLE, FLIESSE UND KLEINE SEEN

Leichte Alsterkanalrunde meist im Windschutz der Kanäle.
Auf die Ausflugsschifffahrt ist Rücksicht zu nehmen!

| **LÄNGE** 9 km | **DAUER** 2-3 h

EIN- & AUSSTIEG

An der leicht abfallenden Wiese am **Stadtparksee** vis-à-vis der Liebesinsel.

SUP-VERMIETUNG

1 SUP STRAND (AM STADTPARKSEE)
Südring 5 b, 22303 Hamburg
Tel. 0160-956 222 55
www.sup-strand.de

2 SUP LEGION
Körnerstraße 1 (am Mühlenkamp)
22301 Hamburg, Tel. 0151-50 99 28 13
www.sup-legion.com

3 SUPPER CLUB
Isekai 13, 20249 Hamburg
Tel. (040) 47 34 61, www.supperclub.de

4 SUP CLUB HAMBURG
Isekai 1, 20249 Hamburg
Tel. 0151-651 027 49
www.supclubhamburg.de

5 SUPPORT HAMBURG
Mobiler Vermieter, geführte Light Night-Tour, Ausgabe-Station: Harvestehuder Weg / Am Steg hinterm Anglo German Club, Tel. 0174-564 72 24,
www.sup-port-hamburg.de

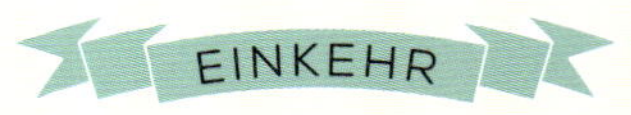

1 SALUT!

Moorfuhrtweg 9, 22301 Hamburg
Tel. (040) 27 07 54 44
www.salut.hamburg
Mi+So 12-22, Do-Sa 12-23, Küche bis 21

KLASSIKER Grill & Bar
French American Cuisine

2 CAFÉ CANALE

Poelchaukamp 7, 22301 Hamburg
Tel. (040) 270 01 01
www.cafecanale.de
Tägl. 10-19 Uhr

KLASSIKER
Blechkuchen direkt aufs „Brett“

3 KAILUA POKÉ

Hofweg 103, 22085 Hamburg
Tel. (040) 360 357 80
www.kailuapoke.de
Mo-Sa 11.30-22, So 12-22 Uhr

KLASSIKER Super leckere hawaiianische Poké Bowls

4 CAFÉ „ZUR GONDEL“ & BOOTSVERMIETUNG DORNHEIM

Kaemmererufer 25, 22303 Hamburg
Tel. (040) 279 41 84
www.bootsvermietung-dornheim.de
Tägl. 10-23 Uhr

KLASSIKER Tagliatelle mit Pilzen in Parmesan-Trüffel-Sauce

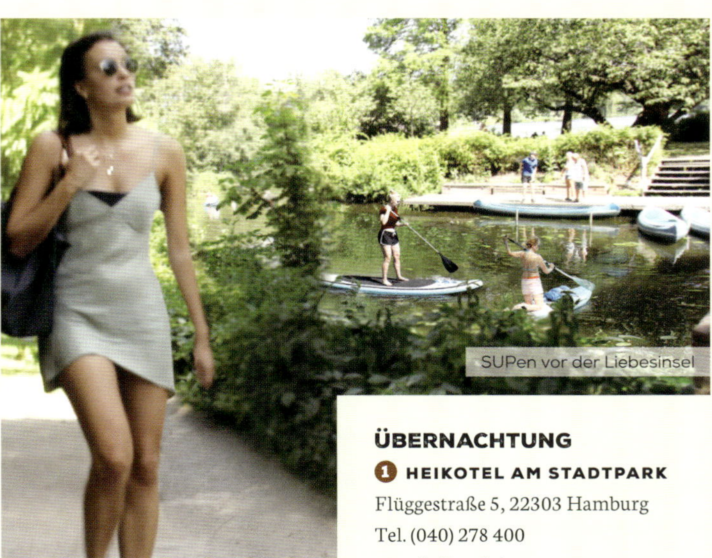

SUPen vor der Liebesinsel

ÜBERNACHTUNG

1 HEIKOTEL AM STADTPARK

Flüggestraße 5, 22303 Hamburg
Tel. (040) 278 400
www.heikotel.de

2 HOTEL CRISTOBAL

Dorotheenstraße 52, 22301 Hamburg
Tel. (040) 357 03 00
www.hotel-cristobal.de

3 ALSTER-CANOE-CLUB

Ludolfstraße 15, 20249 Hamburg
www.alster-canoe-club.org
Nach Online-Anmeldung für DKV-Mitglieder Zeltmöglichkeit

5 CAFÉ SOMMERTERRASSEN

Südring 44, 22303 Hamburg
Tel. (040) 270 62 74
www.sommerterrassen-hamburg.de
Apr-Sep tägl. 10-23 Uhr

KLASSIKER Gelöste Hähnchenkeule mit BBQ-Sauce

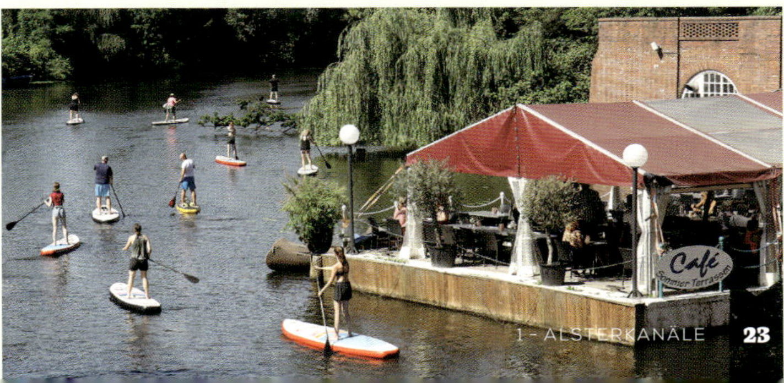

ZWISCHEN GRÜNER IDYLLE UND ALTER INDUSTRIEKULTUR

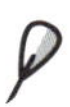

1 Noch bis in die 1960er-Jahre waren Hamburgs Kanäle sowohl für den öffentlichen Nahverkehr, als auch für Gewerbe und Industrie von Bedeutung. Schließlich mussten die mit Gütern beladenen Schuten die Betriebe erreichen können. Heute noch sieht man daher alte, teils hübsch gemauerte Wendebecken und Reste dieser regen Gewerbetätigkeit in Winterhude, Eppendorf und Alsterdorf. Inzwischen spielt nur noch der Ausflugsverkehr eine Rolle auf den Kanälen, auf denen wir mit dem SUP-Board zu einer Entdeckungstour aufbrechen wollen.

Wir sind nicht die ersten, die ihre Boards am Seitenstreifen des Südrings von den Autodächern holen. Kein Wunder, denn der **STADTPARKSEE** gehört zu den beliebtesten Einsetzpunkten für Stand up Paddler in Hamburg. Auch der SUP Board Vermieter **SUP STRAND** 1 hat hier seine Station. Unsere ersten Paddelschläge führen uns, vorbei an der romantischen Liebesinsel, auf den Stadtparksee hinaus. Auf dem kleinen, windgeschützten See können Frischlinge in sicherer Umgebung die ersten Paddelschläge üben. An der niedrigen Mauer, die das Naturschwimmbad vom See abtrennt, hangeln wir uns entlang und fahren

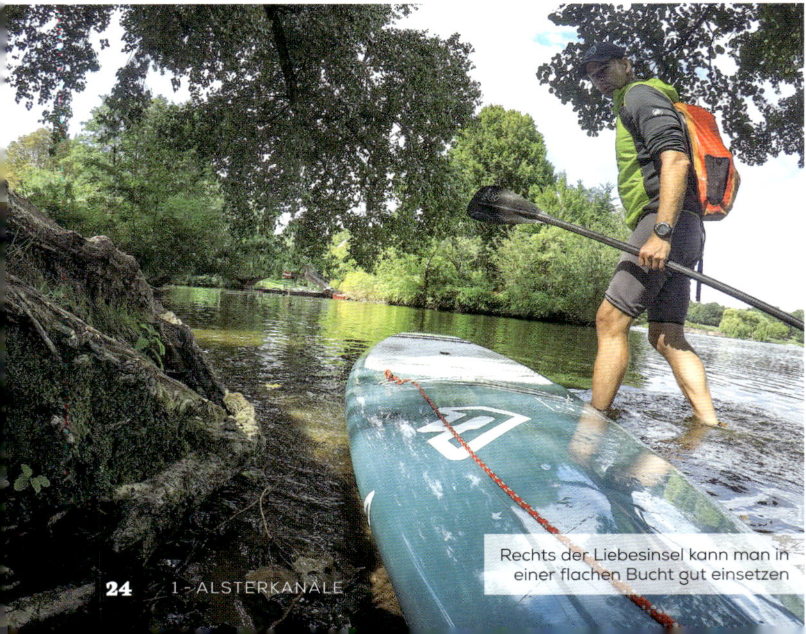

Rechts der Liebesinsel kann man in einer flachen Bucht gut einsetzen

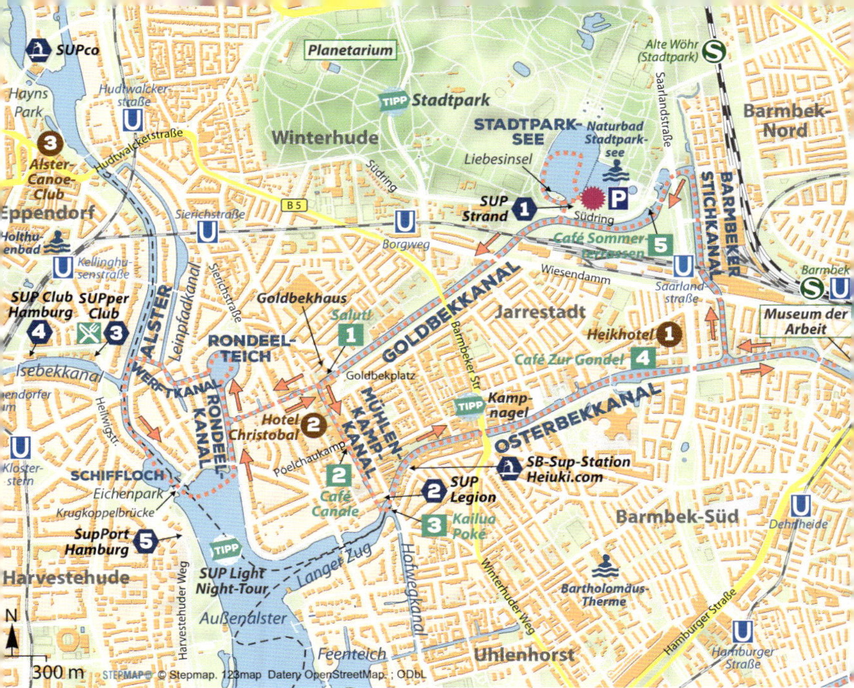

in einem weiten Bogen einmal rund um den See. Wir genießen dabei den Blick auf die Festwiese des **STADTPARKS** TIPP und das dahinterliegende **PLANETARIUM**. An diesem heißen Sommermorgen haben sich schon einige Badende am Ufer niedergelassen, andere springen vom hölzernen Steg ins Wasser und tollen ausgelassen herum.

Auf der Rückseite der Liebesinsel geht es unter einer reizenden Klinkerbrücke hindurch und gleich rechts über eine Verbindung in den **GOLDBEKKANAL**. Mitte des 19. Jahrhunderts, im Zuge der industriellen Entwicklung Winterhudes, wurde die Goldbek schiffbar gemacht. Heutzutage verkehren fast nur noch Ausflugsschiffe und Freizeitkapitäne, bis auf die Zufahrt zu einigen kleinen, am Kanal liegenden Schiffswerften. Die fast durchgehende Ufervegetation, meist gemütliche Kleingärten, trägt zum idyllischen Charakter bei und man hat nicht das Gefühl mitten in der Stadt unterwegs zu sein.

Knapp 100 m hinter der Straßenbrücke Moorfuhrtweg könnte man rechts am kleinen Steg des Kulturzentrums **GOLDBEKHAUS** vom Board steigen. Entweder um sich auf der lauschigen Terrasse des **SALUT!** 1 niederzulassen oder

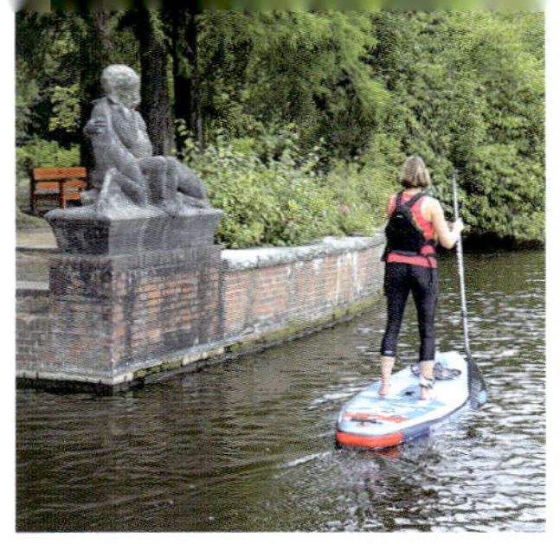

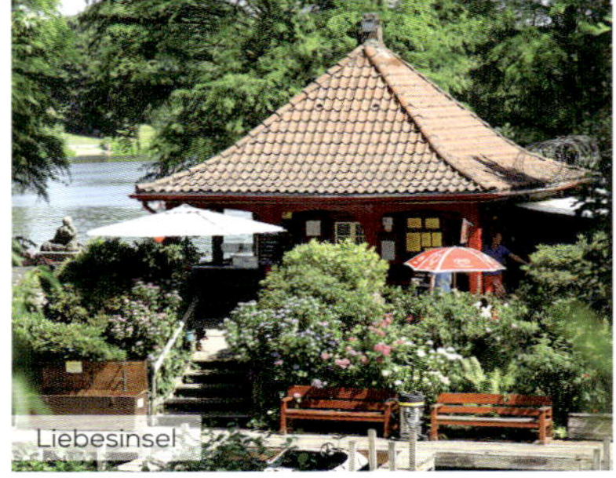

Liebesinsel

sich auch sonst die Beine zu vertreten. Die Kreativschmiede Winterhudes, das **GOLDBEKHAUS**, bietet ein breit gefächertes Veranstaltungsprogramm. Neben In- und Outdoor-Flohmärkten, Theaterworkshops oder der legendären "Winterhuder Tanznacht", jeden dritten Samstag im Monat, gibt es regelmäßig Konzerte aus dem Bereich Weltmusik. Der immer dienstags, donnerstags und samstags stattfindende **WOCHENMARKT AM GOLDBEKUFER**, mit frischen Lebensmitteln aus der Region, ist einer der beliebtesten und schönsten der Stadt.

Flotte Paddelschläge bringen uns voran in Richtung Außenalster. Doch zuvor biegen wir an der nächsten Möglichkeit rechts ab in den **RONDEELKANAL** der uns zum kreisrunden **RONDEELTEICH** bringt. Was für eine Idylle! Weiße Jugenstilvillen gruppieren sich sternförmig um den etwa 140 Meter breiten Teich und uralte Bäume säumen die gepflegten Gärten der Grundstücke. Nur der Weg über das Wasser führt zu diesem Ort. Das macht den Rondeelteich so einzigartig.

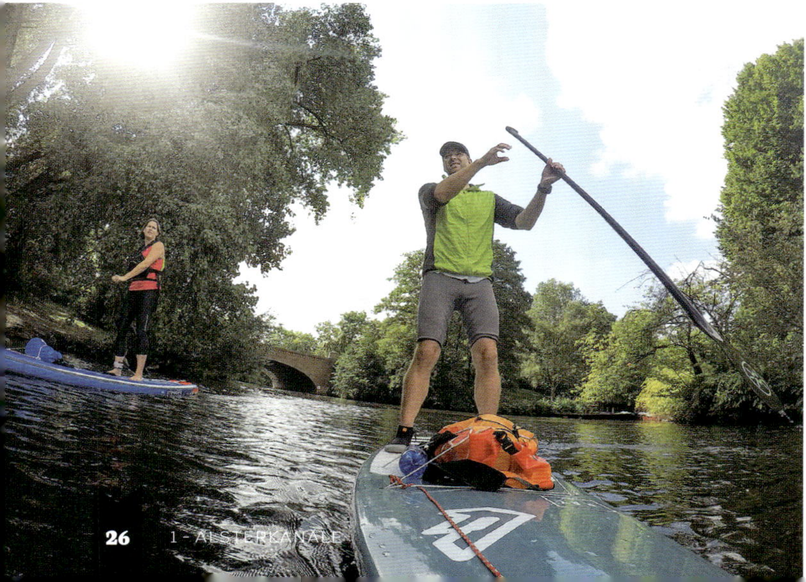

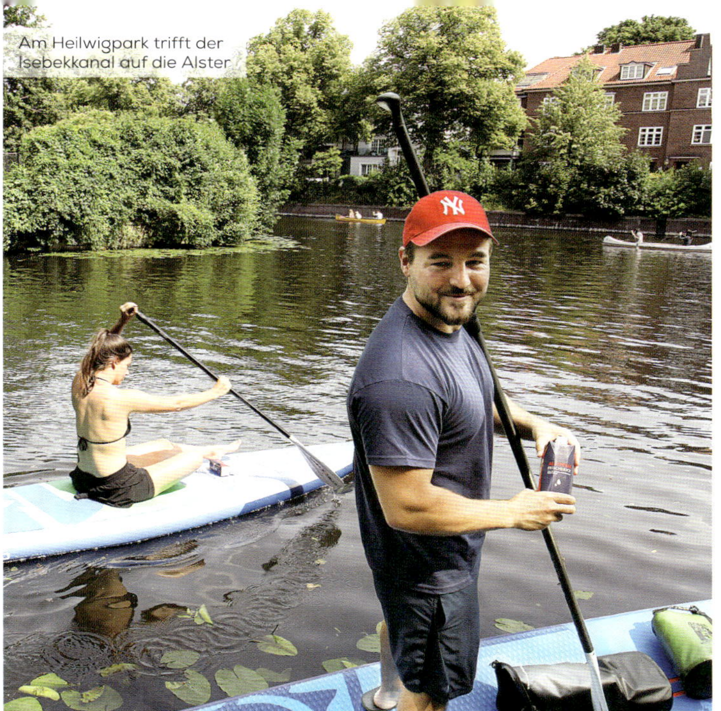

Am Heilwigpark trifft der Isebekkanal auf die Alster

Eine Kultstätte deutscher Musik ist die am östlichen Teil des Teichs gelegene "Villa Kunterbunt", in der unter anderem Udo Lindenberg, Otto Waalkes und Marius Müller-Westernhagen in den 1970er-Jahren eine Wohngemeinschaft bildeten.

Vom Teich aus nehmen wir den Abzweig in den **WERFTKANAL**, der seinen Namen der 1870 entstandenen Werft im Leinpfadkanal verdankt. Die feinen Anwohner fühlten sich damals wohl durch Lärm und Gestank belästigt und sorgten für eine Verlegung ins Arbeiterviertel Barmbek. Den Abzweig in den Leinpfad lassen wir rechts liegen und biegen hinter der Werftbrücke nach links in die Alster und folgen ihr bis zur Mündung in die **AUSSENALSTER** an der **KRUGKOPPELBRÜCKE**. Zuvor landen wir für eine kleine Pause im kleinen See **SCHIFFLOCH** am flachen Ufer des Eichenparks oder davor am Steg der Kanueinsetzstelle an. Wer jetzt unbedingt einkehren möchte, könnte dies entweder oben in der an der Krugkoppelbrücke gelegenen **RED DOG BAR** oder hinter der Brücke im etwas in die Jahre gekommenen Restaurant **BOBBY REICH**, das immerhin über einen großen Bootssteg verfügt.

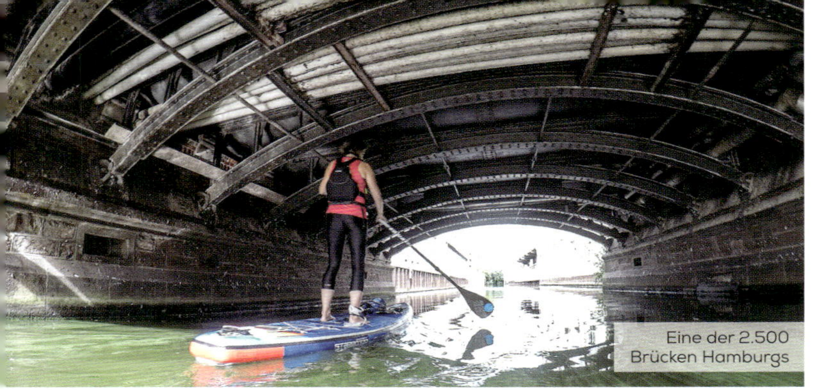
Eine der 2.500 Brücken Hamburgs

Der Wind hat aufgefrischt, aber zum Glück schwenken wir ja gleich wieder nach links in den bisher von uns unbefahrenen Teil des **RONDEELKANALS** ein. Ein kurzes Stück paddeln wir dann auf dem uns schon bekannten **GOLDBEKKANAL** zurück und biegen bald rechts in den engen **MÜHLENKAMPKANAL** ab. Gleich zu Anfang blicken wir auf die Backsteinfassade der unter Denkmalschutz stehenden ehemaligen Metallgießerei Rieck & Melzian, die zu Beginn des 20. Jahrhunderts ihre Rohstoffe über die Wasserwege bekam und die fertigen Erzeugnisse auf gleichem Wege abtransportierte. Heute serviert hier die **KAFFEERÖSTEREI PUBLIC COFFEE ROASTERS** in lichtdurchflutetem Raum Kaffee und leckere Avocado-Stullen, während nebenan im gleichen Gebäude „Peter Pane Burgergrill" sitzt. Auch in diesem Kleinod von Kanal mischen sich saftiges Grün und eine ansprechende Bebauung zu einer schönen Symbiose. Ein Highlight der Tour ist sicherlich das **CAFÉ CANALE** 2 hinter der Brücke des **POELCHAUKAMPS**, an dessen Tresen-Fenster wir vom Wasser aus Kaffee und köstlichen Blechkuchen bestellen können, um diesen dann, auf dem Brett treibend, zu genießen.

Weiter geht es bis zur Bucht **LANGER ZUG**, welche die Außenalster mit dem Osterbekkanal verbindet. Gleich nach Verlassen des Mühlenkampkanals blicken wir auf das quirlige Treiben auf dem Wasser. An diesem Knotenpunkt treffen sich SUPer, Kanufahrer und die Schiffe der Alster-Touristik, die gegenüber ihren Anleger haben und nebenan, auf der Terrasse von **KAILUA POKÉ** 3, genießt ein buntes Völkchen das Aloha-Summer-Feeling mit

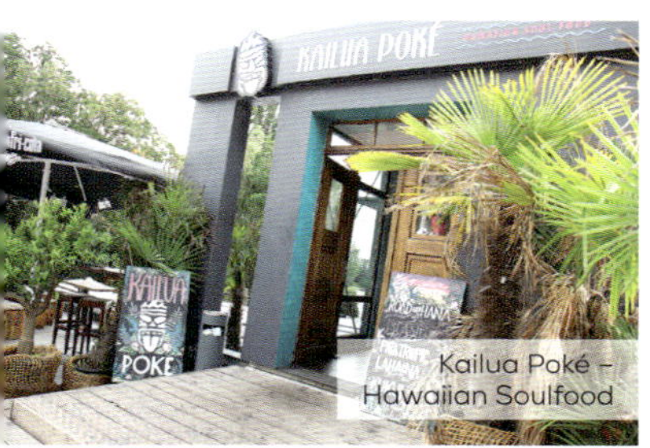

Kailua Poké – Hawaiian Soulfood

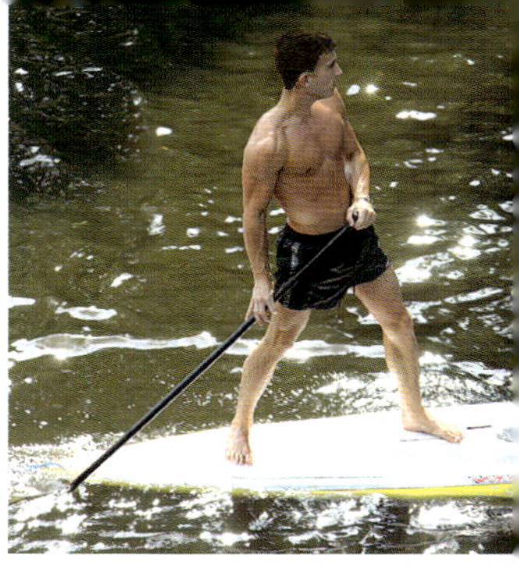

Blick aufs Wasser bei einer leckeren hawaiianischen Poké Bowl. Nach rechts käme man auf die Außenalster und geradeaus über den Hofwegkanal und den Uhlenhorster Kanal zum Feenteich. Wir aber steuern unsere Boards nach links in den **OSTERBEKKANAL** und blicken vor der Brücke auf das Grundstück der **SUP-LEGION** 2. Coole Typen vollführen vor dem Steg des Vermieters akrobatische Kunststückchen auf dem Board, andere genießen einen Drink an der Fruit-Bar oder chillen auf Lounge-Sesseln. Der **OSTERBEKKANAL** zeigt sich dann deutlich breiter als die bislang gepaddelten Kanäle und wird erst einmal begleitet von Häuserfronten. Mit dem parallel verlaufenden Goldbekkanal hat er gemein, dass auch er vor langer Zeit als Bach durch die Wiesen floss und ab der 1860er Jahre immer weiter ausgebaut wurde, um die Wirtschaft zu fördern und die damals bedeutende Industrie anzulocken.

Wer die Tour auf dem schnurgeraden Kanal etwas auflockern möchte, legt am **CAFÉ & RESTAURANT „ZUR GONDEL"** 4 an, das zur Bootsvermietung Dornheim gehört. In der ehemaligen Werft befindet sich einer der großen Kanu-, Ruder- und Tretbootvermieter und eben das Restaurant, wo man von Pizza bis Pasta, über Fisch und Fleisch alles für den kleinen und großen Hunger bekommt.

Wo es links in den Barmbeker Stichkanal abgeht, halten wir uns für einen kleinen Abstecher noch geradeaus. Nach Unterquerung von zwei Brücken blicken wir unter einem historischen blauen Kran auf einen niedrigen Anleger am linken Ufer. Oberhalb, auf einem großen Areal, informiert das **MUSEUM DER ARBEIT** über ein Stück Hamburger Industrie-, Technik- und Sozialgeschichte. Auf dem weitläufigen Museumshof steht T.R.U.D.E., mit der die 4. Elbtunnelröhre gegraben wurde, die damals größte Tunnelbohrmaschine der Welt.

Zurück biegen wir ab in den **BARMBEKER STICHKANAL**, der uns geradewegs zum Goldbekkanal bringt. Über ihn wurde einst der Transport von Kohle zum Kraftwerk der Hamburger Hochbahn befördert. Nebenbei wurde sein Wasser auch als Kühlwasser benutzt. Man muss aber schon genau hinsehen, um die ehemalige industrielle Nutzung am grünen Ufer noch zu erkennen.

Im **GOLDBEKKANAL** sind es dann nur noch ein paar Paddelschläge, vorbei am kultigen **CAFÉ SOMMERTERRASSEN** 5, zur Einfahrt zurück in den **STADTPARKSEE** und zum Ende unserer spannenden Tour.

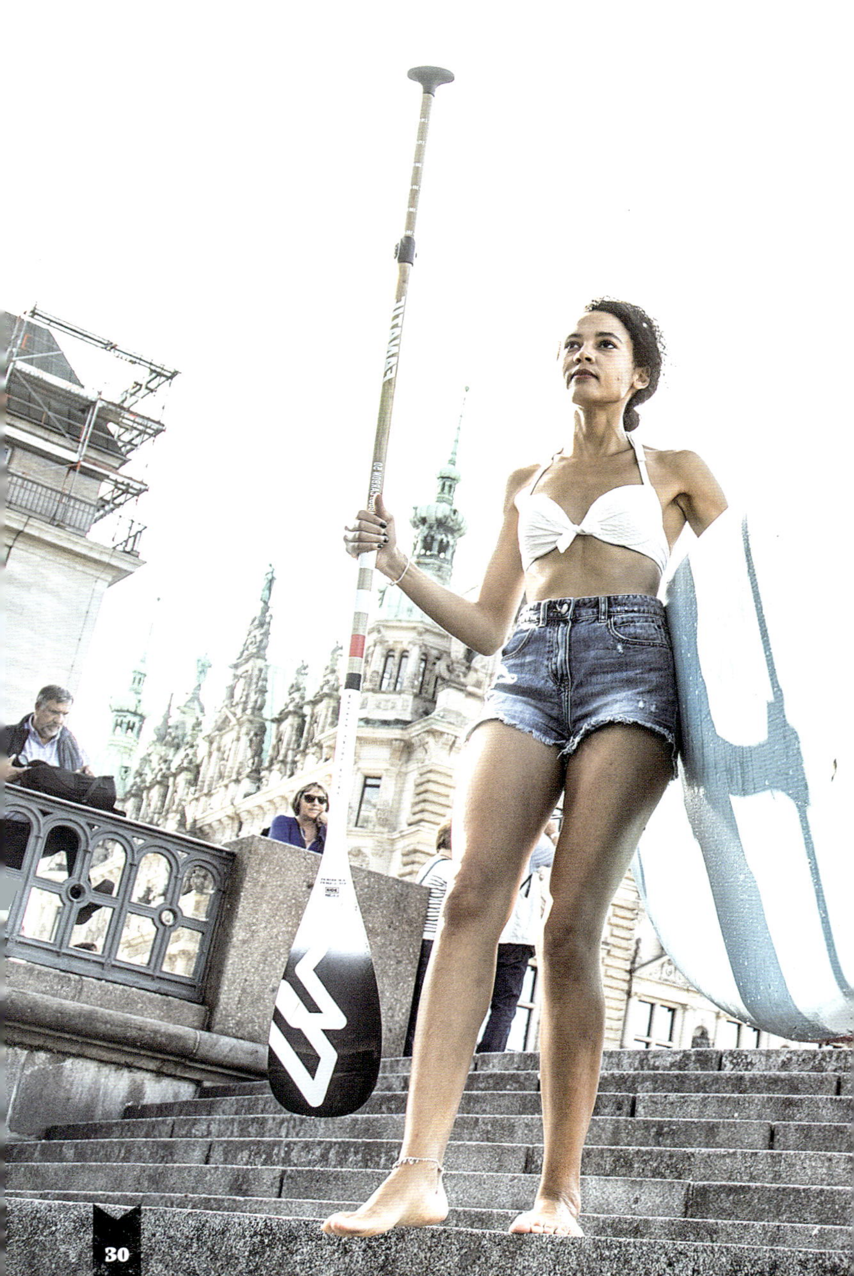

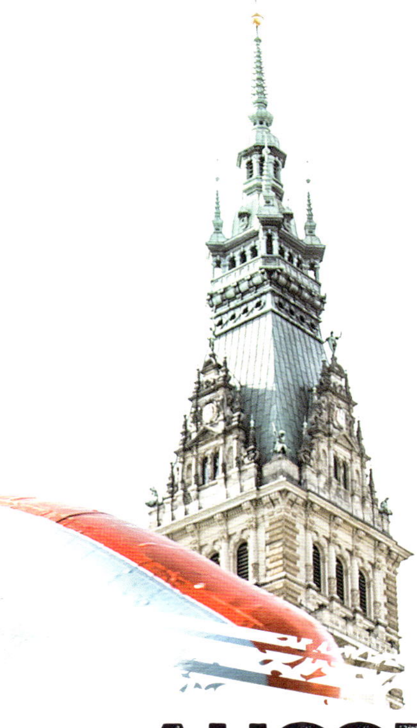

AUSSEN- & BINNENALSTER

ANSPRUCH

EINKEHR

Was machen die Hamburger an einem strahlenden Sommertag? Sie laufen um die beiden Seen, oder genießen eine SUP-Tour um die stattlichen Gewässer, deren Uferlinie immerhin rund 10 Kilometer misst. Viel Grün, stilvolle Villen und schöne Ausblicke lassen einen dabei den Großstadttrubel vergessen. Highlight ist sicherlich der Blick aufs Rathaus – eines der schönsten und imposantesten Gebäude der Hansestadt.

WIND & WETTER

Die Außenalster ist wegen der Größe und der wechselnden Winde (mitunter ausgelöst durch Gebäudestrukturen und Düseneffekte am Ufer) etwas anspruchsvoller zu paddeln, als die kleine Binnenalster. Wer die ganze Runde plant, sollte einen Blick auf den Wetterbericht nicht vergessen.

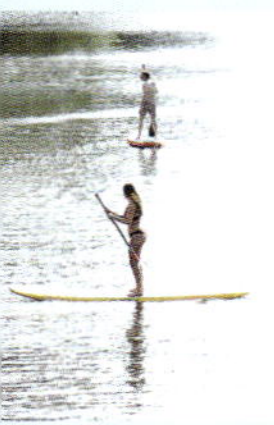

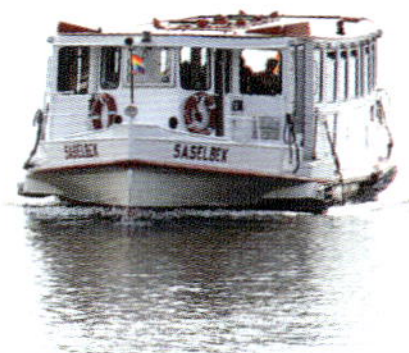

BEFAHRUNGSREGELN

- Ausflugs- und Berufsschifffahrt aller Art hat Vorfahrt.
- Auf Binnen- & Außenalster gilt das Rechtsfahrgebot. Ein Abweichen bei guter Verkehrslage ist erlaubt.
- Bei Nacht sind Lichter „zu führen".
- Von der Rathausschleuse (Stand up Paddler werden nicht geschleust!) am Jungfernstieg ist weiträumig Abstand zu halten, es besteht potentielle Lebensgefahr. Besondere Aufmerksamkeit gilt hier, wenn drei rote Lichter aufleuchten und die Laufschriftanzeige auf „Starke Strömung" steht. In diesem Fall ist wegen Regulierung der Wassermassen mit besonders starker Strömung zu rechnen.
- Vorsicht walten lassen auch bei regem Verkehr von schnellen und langsamen Wassernutzern aller Art, besonders an Brennpunkten wie Brückendurchfahrten und Steganlagen.

ANFAHRT MIT DEM PKW

Vom Hauptbahnhof über Kennedybrücke und Alsterglacis bis zum Dammtorbahnhof fahren. Dort rechts ab in den Mittelweg und diesem lange folgen. Kurz nachdem er in die Straße „Frauenthal" übergegangen ist, geht es rechts ab in die Heilwigstraße. Fahrzeit rund 0:20 h.

PARKEN

Parkplätze in den Straßen der Umgebung. **Parkgebühren** 3.-€ /Std..

ANFAHRT MIT ÖPNV

START RATHAUS Vom Hbf mit der U 3 bis „Rathaus". Dort 2 Minuten Fußweg zu der Freitreppe vor dem Rathaus.

START HEILWIGSTRASSE Vom Hbf U 1 bis Klosterstern +700 m Fußweg oder Bus 19 bis Streekbrücke +400 m Fußweg.

BADEN

Die Wasserqualität der **Alster** ist gut und das Baden nicht explizit verboten. Aufgrund des Schiffsverkehrs (Alsterdampfer, Ruderer, Segelboote) sowie des Mülls (nicht selten Fahrräder oder Einkaufswägen) im trüben Wasser aber nicht unbedingt zu empfehlen.

- **Alster-Schwimmhalle** Hamb. größtes Schwimmbad (www.baederland.de)

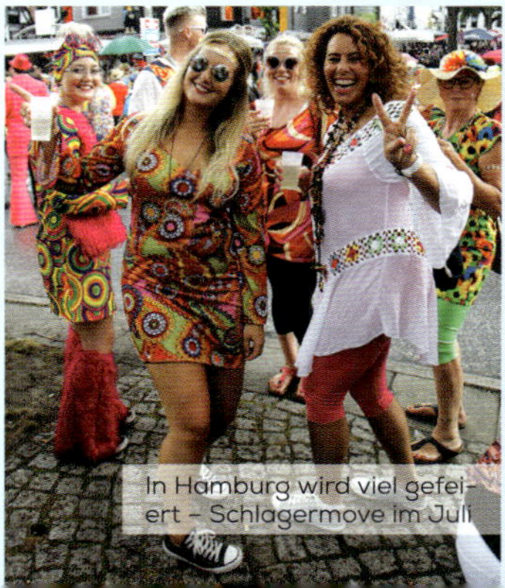

In Hamburg wird viel gefeiert – Schlagermove im Juli

SEHENSWERT

» Die **IMAM-ALI-MOSCHEE**, auch Blaue Moschee genannt, ist eine der ältesten Moscheen in Deutschland und steht unter Denkmalschutz.

» **FEENTEICHBRÜCKE** von 1884.

» **HAMBURGER KUNSTHALLE** – Museum mit Kunst aus sieben Jahrhunderten.

» Das prachtvolle **HAMBURGER RATHAUS** wurde 1886 im Neorenaissance-Stil erbaut.

» Das **BUCERIUS KUNST FORUM** hinter dem Rathaus zeigt jährlich vier Ausstellungen mit Kunstwerken zu Themen von der Antike bis zur Gegenwart.

» **MARKK – MUSEUM AM ROTHENBAUM** – Kulturen und Künste der Welt, ethnologisches Museum mit über 350.000 Objekten weltweiter Kulturen. Direkt dahinter finden Sie ein wahres Kleinod - den **YU GARDEN:** Moderne chinesische Küche wird im traditionellen Teehaus bzw. Teespezialitäten im Teepavillon oder auf der Terrasse, umgeben von einer Gartenanlage nach dem berühmten Vorbild Shanghai Yuyuan, serviert.

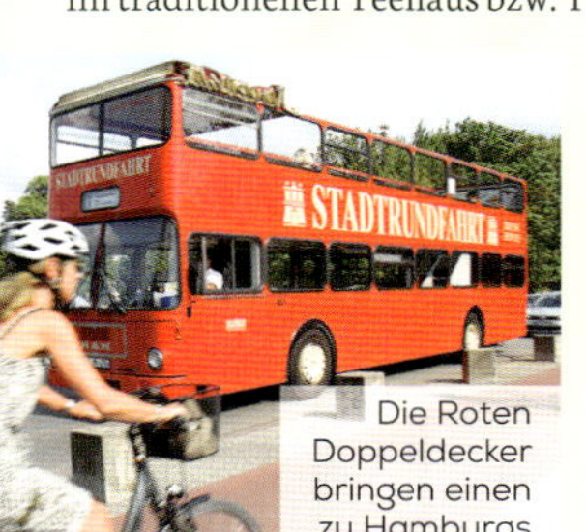

Die Roten Doppeldecker bringen einen zu Hamburgs Highlights

EXTRA-TIPPS

» Mit dem jährlich Mitte / Ende Mai stattfindenden **KIRSCHBLÜTENFEST** bedankt sich die japanische Gemeinde Hamburg bei der Hansestadt für deren Gastfreundschaft mit einem **SPEKTAKULÄREN FEUERWERK**, das traditionell am Freitagabend des Festwochenendes um 22.30 Uhr an der Außenalster stattfindet und von zahllosen Paddlern, Ruder- und Tretbootfahrern bewundert wird.

» **HAMBURG WASSER TRIATHLON** – der weltweit größte Triathlon findet jeden Sommer im Herzen Hamburgs statt (hamburg.triathlon.org).

» Das **LITERATURHAUS** am Schwanenwik ist Heimat für Nobelpreisträger und Nachwuchsautoren, für Künstler und Theaterleute, für Philosophen und Diskutierfreudige. Neben literarischen Abenden gibt es in der weißen klassizistischen Stadtvilla mehrtägige Festivals wie die „Nordischen Literaturtage" oder die „Hamburger Graphic Novel Tage". Ein Besuch lohnt sich auch im dazugehörigen stuckverzierten **LITERATURHAUSCAFÉ** mit seinen prächtigen Kronleuchtern.

» Wer mal so richtig Lust aufs **SHOPPEN** hat, kann dies hervorragend zwischen **MÖNCKEBERGSTRASSE**, **JUNGFERNSTIEG** und **GROSSE BLEICHEN**.

» Die **TROPENGEWÄCHSHÄUSER** des alten Botanischen Gartens im Park **PLANTEN UN BLOMEN** sind neben verschiedenen Themengärten wie z.B. dem Japanischen Landschaftsgarten zu jeder Jahreszeit einen Besuch wert. Im Sommer finden in dem beliebten Ausflugsziel auch öffentliche Theatervorstellungen für Kinder, Wasserlichtkonzerte und Musikdarbietungen statt.

TOUREN

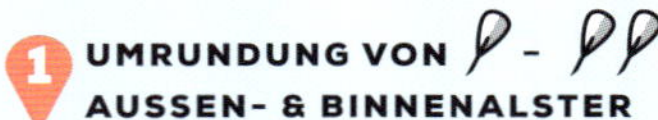

1 UMRUNDUNG VON AUSSEN- & BINNENALSTER

Mit Abstecher in die Kleine Alster zum Rathaus.

| **LÄNGE** 10 km | **DAUER** 2-4 h

EIN- & AUSSTIEG

Bei **PKW-ANFAHRT** ist der Holzsteg am Ende der **Heilwigstraße** am kleinen See **Schiffloch** eine gute Wahl.

ANFAHRT MIT ÖPNV Start an der Freitreppe vor dem **Hamburger Rathaus**. **Achtung:** Abstand zur Rathausschleuse halten!

SUP-VERMIETUNG

1 SUPPER CLUB BOOTSVERLEIH
Isekai 13, 20249 Hamburg
Tel. (040) 47 34 61, www.supperclub.de

2 SUPPORT HAMBURG
Mobiler Vermieter, geführte Light Night-Tour, Ausgabe-Station: Harvestehuder Weg / Am Steg hinterm Anglo German Club, Tel. 0174-564 72 24, www.sup-port-hamburg.de

3 SUP-LEGION
Körnerstraße 1, 22301 Hamburg
Tel. (040) 764 696 86, www.sup-legion.com

4 HANSA STEG SUP
Schöne Aussicht 20 a, 22085 Hamburg
Tel. (040) 226 986 57, www.hansa-steg.de

5 ALSTERSURFER
Armgartstraße 7, 22087 Hamburg
Tel. 0174-934 45 66
www.alster-surfer.com

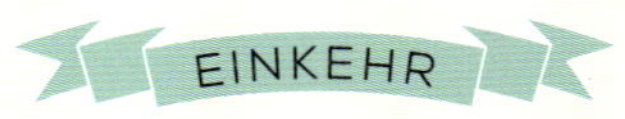

EINKEHR

1 ALSTERPERLE

Eduard-Rhein-Ufer 1, 22087 Hamburg
Tel. (040) 227 482 73, www.alsterperle.com
Tägl. ab 8 Uhr

KLASSIKER Belegte Brötchen

2 SPANISCHE TREPPE

Armgartstraße 7, 22087 Hamburg
Tel. (040) 181 007 57
www.spanische-treppe.com
Tägl. ab 10 Uhr

KLASSIKER Große Auswahl an Tapas

3 CAFÉ PRÜSSE

An der Alster 47, 20099 Hamburg
Tel. (040) 429 122 17
www.cafepruesse.de
Sa+So ab 10 Uhr, Mo-Fr ab 11 Uhr

KLASSIKER Elsässer Flammkuchen mit Speck und Zwiebeln

4 ALEX HAMBURG

Jungfernstieg 54, 20354 Hamburg
Tel. (040) 350 18 70
www.dein-alex.de/hamburg
Tägl. ab 9 Uhr

KLASSIKER Extra Beef Burger mit Süßkartoffel-Pommes

5 ALSTERCLIFF

Fährdamm 13, 20148 Hamburg
Tel. (040) 44 27 19; www.alster-cliff.de
Sa+So ab 9.30 Uhr, Mo-Fr ab 10 Uhr

KLASSIKER Currywurst vom Kalb, hausgemachte Sauce, Pommes & Cole Slaw

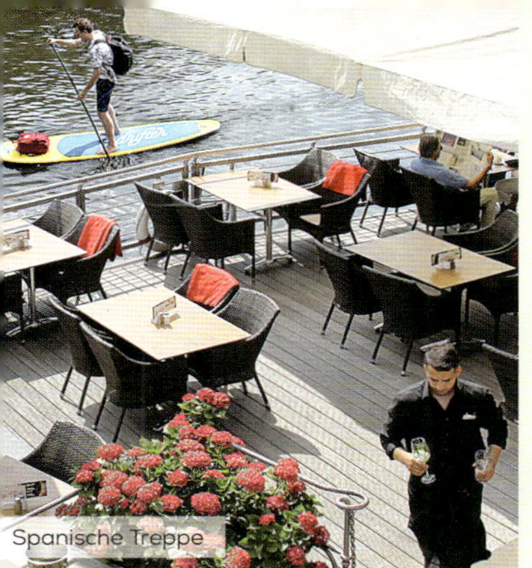
Spanische Treppe

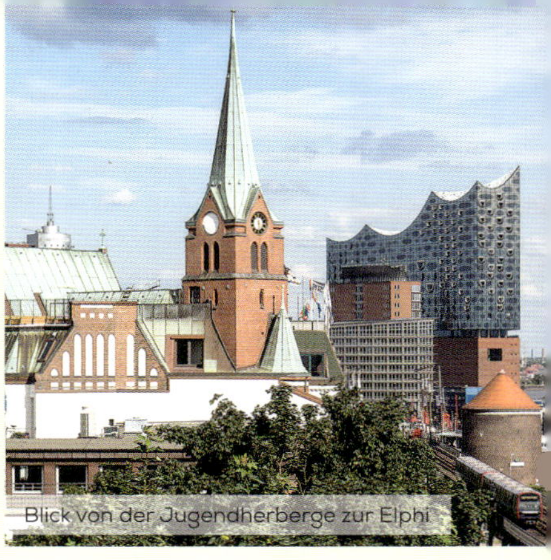
Blick von der Jugendherberge zur Elphi

ÜBERNACHTUNG

1 HOTEL-PENSION ALPHA HAMBURG
Koppel 4-6, 20099 Hamburg
Tel. (040) 24 53 65
www.alphahotel.biz

2 NOVUM STYLE HOTEL - THE NIU FUSION
Steindamm 68-70, 20099 Hamburg
Tel. (040) 411 88 20
www.novum-hotels.com

3 SUPERBUDE ST. GEORG
Spaldingstrasse 152, 20097 Hamburg
Tel. (040) 380 87 80
www.superbude.de

4 DJH JUGENDHERBERGE „AUF DEM STINTFANG"
Alfred-Wegener-Weg 5
20459 Hamburg
Tel. (040) 570 15 90
www.hamburg-stintfang.jugendherberge.de

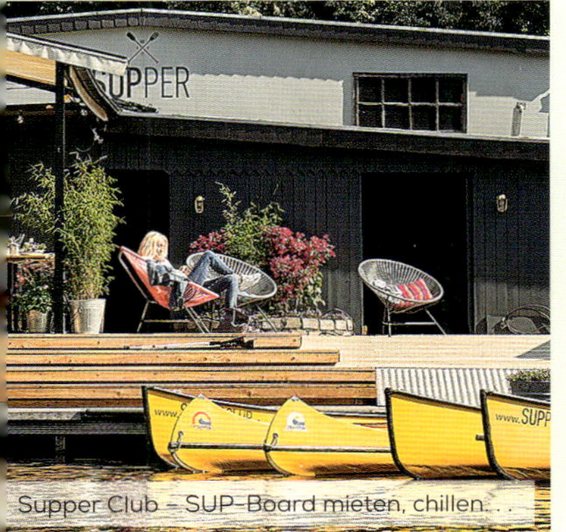

Supper Club – SUP-Board mieten, chillen . . .

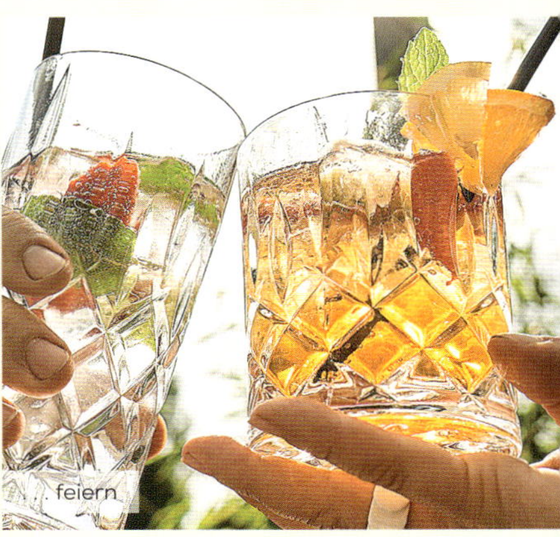
. . . feiern

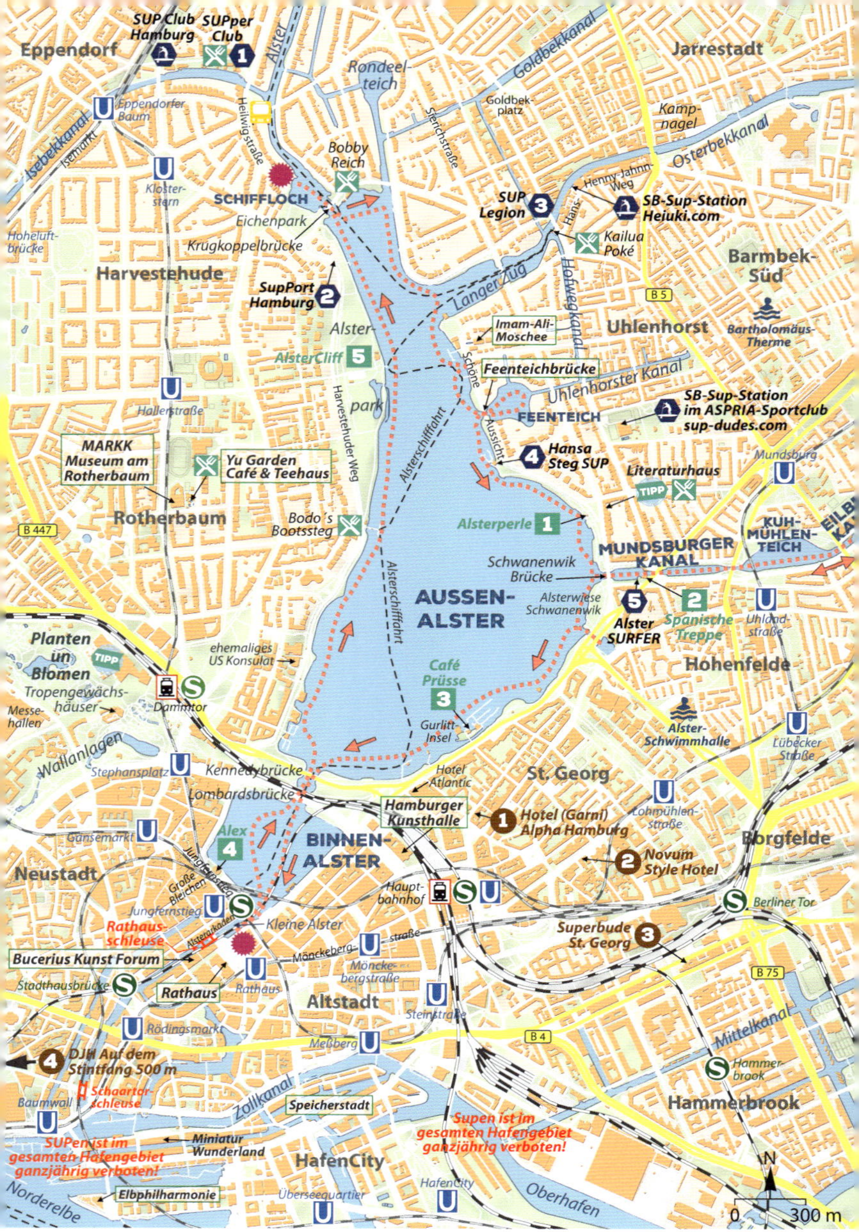

SUP Club Hamburg
SUPper Club 1
Eppendorf
Alster
Rondeelteich
Goldbekkanal
Jarrestadt
Eppendorfer Baum
Isebekkanal
Isemarkt
Heilwigstraße
Goldbekplatz
Kampnagel
Osterbekkanal
Sierichstraße
Bobby Reich
Klosterstern
SCHIFFLOCH
Eichenpark
Henny-Jahnn-Weg
SUP Legion 3
SB-Sup-Station Hejuki.com
Hans-
Hoheluftbrücke
Krugkoppelbrücke
Kailua Poké
Barmbek-Süd
Harvestehude
Langer Zug
Hofwegkanal
SupPort Hamburg 2
B 5
Alster-
Imam-Ali-Moschee
Uhlenhorst
Bartholomäus-Therme
AlsterCliff 5
Schöne
Feenteichbrücke
park
Uhlenhorster Kanal
Harvestehuder Weg
Alsterschifffahrt
Aussicht
FEENTEICH
SB-Sup-Station im ASPRIA-Sportclub sup-dudes.com
Hallerstraße
Mundsburg
MARKK Museum am Rotherbaum
Yu Garden Café & Teehaus
4 Hansa Steg SUP
Literaturhaus
TIPP
Rotherbaum
Bodo's Bootssteg
Alsterperle 1
KUHMÜHLENTEICH
EILBEKKANAL
B 447
MUNDSBURGER KANAL
Schwanenwik Brücke
Alsterschifffahrt
AUSSEN-ALSTER
Alsterwiese Schwanenwik
5 Alster SURFER
2 Spanische Treppe
Uhlandstraße
Planten un Blomen
TIPP
ehemaliges US Konsulat
Hohenfelde
Café Prüsse 3
Tropengewächshäuser
Dammtor
Messehallen
Gurlitt-Insel
Alster-Schwimmhalle
Lübecker Straße
Wallanlagen
Stephansplatz
Kennedybrücke
Hotel Atlantic
St. Georg
Lombardsbrücke
Hamburger Kunsthalle
1 Hotel (Garni) Alpha Hamburg
Lohmühlenstraße
Alex 4
BINNEN-ALSTER
Gänsemarkt
Borgfelde
2 Novum Style Hotel
Neustadt
Jungfernstieg
Große Bleichen
Hauptbahnhof
Jungfernstieg
Berliner Tor
Rathausschleuse
Alsterarkaden
Kleine Alster
Superbude St. Georg 3
Mönckeberg-straße
Mönckebergstraße
Bucerius Kunst Forum
B 75
Stadthausbrücke
Rathaus
Rathaus
Altstadt
Steinstraße
Rödingsmarkt
Mittelkanal
Meßberg
B 4
4 DJH Auf dem Stintfang 500 m
Hammerbrook
Schaartorschleuse
Zollkanal
Speicherstadt
Hammerbrook
Baumwall
Supen ist im gesamten Hafengebiet ganzjährig verboten!
SUPen ist im gesamten Hafengebiet ganzjährig verboten!
Miniatur Wunderland
HafenCity
Norderelbe
Elbphilharmonie
Überseequartier
HafenCity
Oberhafen
N
0 300 m

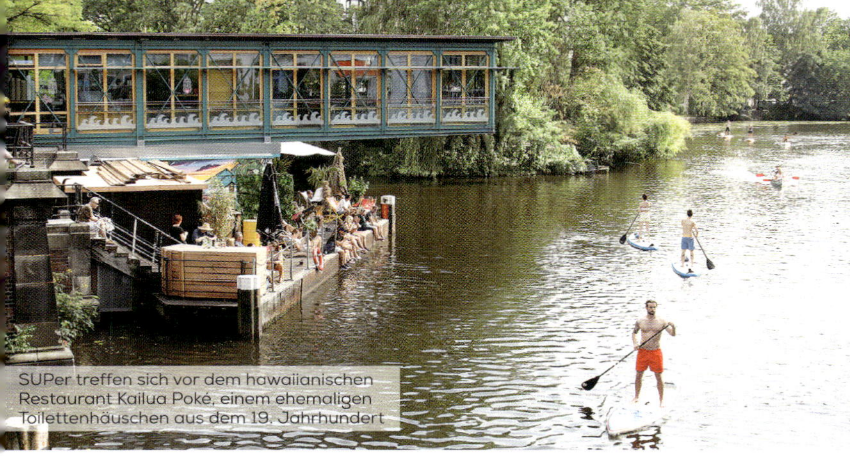

SUPer treffen sich vor dem hawaiianischen Restaurant Kailua Poké, einem ehemaligen Toilettenhäuschen aus dem 19. Jahrhundert

HAMBURGS BLAUE MITTE

Im Grunde genommen kann man die Tour überall beginnen, wo man an der **AUSSENALSTER** Zugang zum Wasser hat. Wir finden, dass bei Anreise mit dem PKW der **HÖLZERNE STEG** am Ende der Heilwigstraße kurz vor dem Eichenpark eine perfekte Wahl ist. Die ersten Schläge auf dem kleinen See **SCHIFFLOCH** lassen uns sofort in einen guten Rhythmus kommen und schnell paddeln wir unter der Krugkoppelbrücke hindurch auf die Außenalster. Etwas südlich von hier gibt der mobile SUP-Vermieter **SUPPORT HAMBURG** 2 seine Boards aus.

Für uns geht es jetzt nach links, an der großen Steganlage von **BOBBY REICH** und der Einfahrt in den Rondeelkanal vorbei, zum Ostufer der Außenalster, dem wir Richtung Süden folgen. Bald öffnet sich linkerhand die Bucht Langer Zug, die zum Osterbekkanal führt. An ihrem Ende treffen sich im Sommer immer viele SUPer vor dem Gelände der **SUP LEGION** 3 und der Terrasse des hawaiianischen Restaurants **KAILUA POKÉ**. Doch wir lassen die Bucht links liegen. Hinter den Stegen des Norddeutschen Regattavereins ragt das schöne Clubhaus empor, genau an der Stelle, wo die Alster sich nach Süden zum malerischen See weitet. „Schöne Aussicht" heißt die Uferstraße von jeher und zu Recht. Neben dem Fähranleger steigen wir für einen kurzen Landgang vom Board, denn wir wollen einen Blick auf die hübsche **IMAM-ALI-MOSCHEE** werfen, die hinter dem Regattaverein liegt. Auch "Blaue Moschee" genannt, sieht das türkis gekachelte Bauwerk mit den zwei Türmen und dem Brunnen davor aus, wie aus 1001 Nacht.

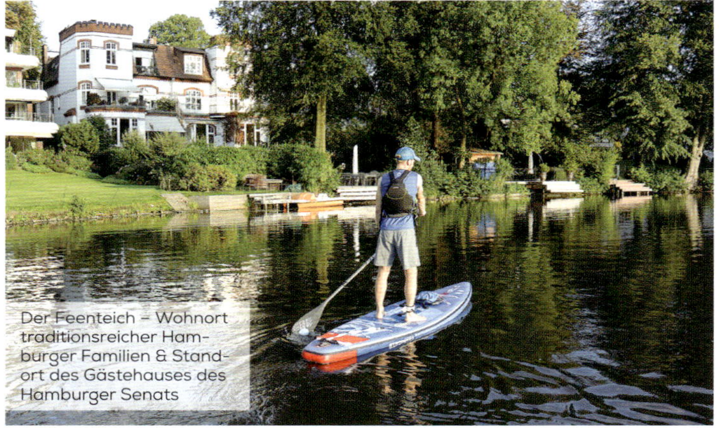
Der Feenteich – Wohnort traditionsreicher Hamburger Familien & Standort des Gästehauses des Hamburger Senats

Ein kleines Stück weiter kommt man an der 1884 erbauten **FEENTEICHBRÜCKE** zu einer der exklusivsten Wohnlagen Hamburgs. Die Brücke spannt sich als beeindruckender Feldsteinbogen mit acht Metern Spannweite und schmückenden Löwenfiguren über eine Abzweigung, die gleich darauf in einem ruhigen kleinen See, dem Feenteich, endet. Wer die Durchfahrt unter der Brücke auf dem Board in Angriff nimmt, der wird belohnt mit einem Ensemble aus Jugendstil-Villen und parkartigen Gärten. Gleich rechts der Brücke liegt das Gästehaus des Hamburger Senats, in dem schon der Dalai Lama, Prinzessin Diana, Henry Kissinger und sogar die englische Königin Queen Elizabeth genächtigt haben. Ein Abstecher, der eigentlich zu jeder Alsterumrundung gehört.

Wir schlüpfen zurück durch das Nadelöhr der Brücke und folgen dem Ufer, vorbei am **CAFÉ HANSA STEG**, der von üppigem Grün begleiteten Promenade und legen beim angesagten Imbiss-Lokal **ALSTERPERLE** 1 eine Pause ein. Vor dem ehemaligen Klohäuschen trifft sich ein hippes Publikum im kleinen Biergarten unter Sonnenschirmen. Bei schönem Wetter zieht verführerischer Duft auf die Alster hinaus, denn dann wird gegrillt.

In Richtung Alsterwiese **SCHWANENWIK** begleitet uns eine Schwanenmutter mit ihren Küken. Die Hamburger Alsterschwäne sind das lebende Wahrzeichen der Hansestadt und stehen unter besonderem Schutz, was das eigens eingeführte Amt des Schwanenwesens verdeutlicht - einziger Mitarbeiter, der Schwanenvater, den es seit 1674 gibt.

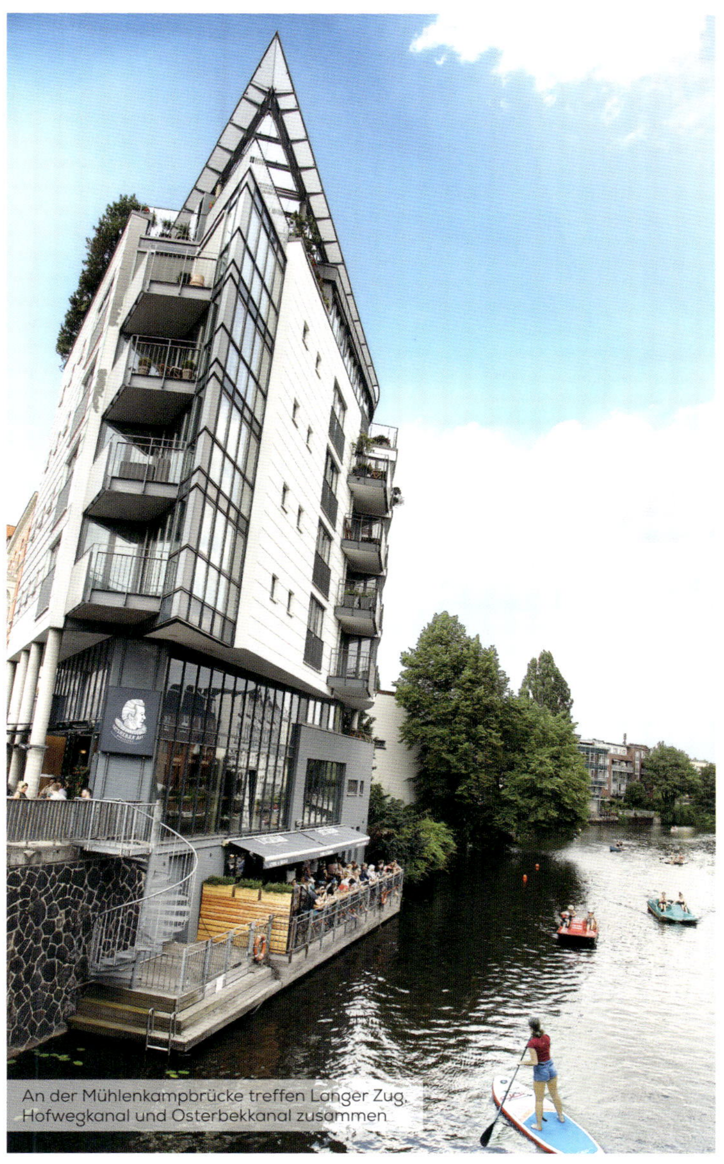

An der Mühlenkampbrücke treffen Langer Zug, Hofwegkanal und Osterbekkanal zusammen

An der nächsten Einmündung nutzen wir die Möglichkeit zu einem weiteren lohnenden Abstecher über den **MUNDSBURGER KANAL** zum **KUHMÜHLENTEICH** und anschließend in den **EILBEKKANAL**, der als Sackgasse endet. Beschaulich und relativ verkehrsarm geht es vorbei an hübschem Grün, vor dem sogar Hausboote vertäut liegen. Mit der SUP-Vermietung **ALSTER SURFER** 5 an der Tapas Bar **SPANISCHE TREPPE** 2 sowie den Einsetzstellen am Kuhmühlenteich und am Eilbekkanalpark, gibt es hier eine SUP-freundliche Infrastruktur. Die interessante Sackgasse bringt vier zusätzliche Kilometer auf die Paddel-Uhr.

Wieder auf der Außenalster, halten wir auf die **GURLITT-INSEL** zu, einzige Insel auf der Außenalster, die an ihrer schmalsten Stelle durch einen nur drei Meter breiten Wasserarm vom Ufer getrennt ist, über den sich eine Brücke spannt. In den 1940er-Jahren machte sich als heimliche Opposition die damalige Swing-Jugend auf der Gurlitt-Insel breit, die auch Kontakte zur wohl bekanntesten Widerstandsgruppe des Dritten Reiches, der "Weißen Rose" unterhielt.

Rund 200 Meter weiter liegt das legendäre **GRANDHOTEL ATLANTIC** am Ufer, eines der besten Hotels Deutschlands. Im Jahre 1909 wurde es zu Beginn des damaligen Kreuzfahrtbooms für die Passagiere der Hamburg-Amerika-Linie gebaut und ist noch heute Inbegriff von Luxus und hanseatischer Noblesse. In der Bar und in der Galerie kann man die "Likörelle", die mit Likör gemalten Bilder von Udo Lindenberg bewundern, der im Hotel seinen Dauerwohnsitz hat. Wesentliche Teile des James Bond-Films "Tomorrow never dies" wurden hier gedreht.

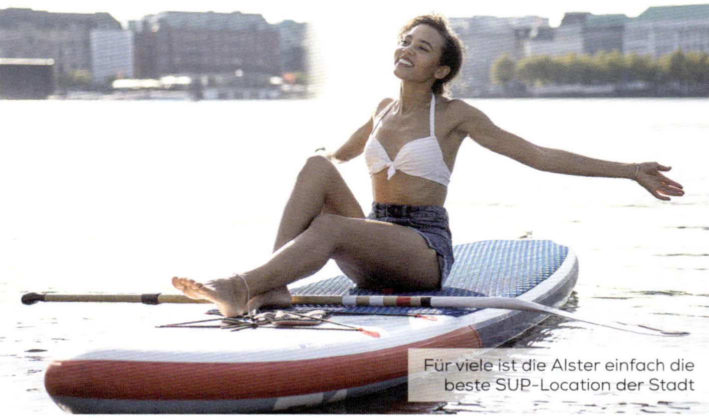

Für viele ist die Alster einfach die beste SUP-Location der Stadt

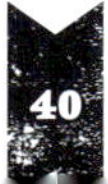

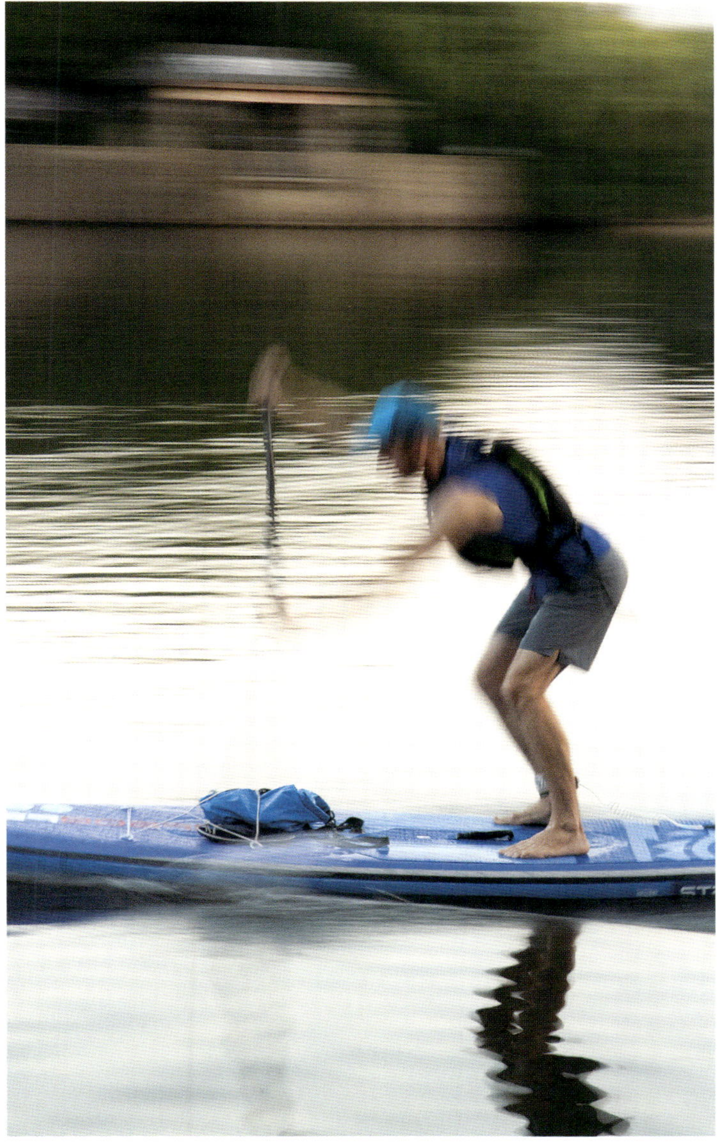

Die Durchfahrt in die **BINNENALSTER** wird durch die Kennedy- und Lombardsbrücke überspannt, deren Wände mit bunten Graffiti besprüht sind. Nun kommen auch die imposanten Gebäude am Ufer in unseren Focus, die zuvor am Horizont nur wenig von uns wahrgenommen wurden. Die historische Flaniermeile **JUNGFERNSTIEG** ist Dreh- und Angelpunkt im Zentrum der Hansestadt und bei schönem Wetter genießen Tausende Menschen das Panorama und den Blick auf die in die Binnenalster einpaddelnden Stand up Boarder.

Wer sich stärken möchte, kann im Restaurant **ALEX** 4 mit tollen Blick auf die Binnenalster Station machen. Weil aber hier die Alsterrundfahrten beginnen, ist unbedingt auf den starken Verkehr der Ausflugsdampfer zu achten! Eine Durchfahrt unter der engen Jungfernstieg-Brücke führt uns in die **KLEINE ALSTER** und direkt vor das **HAMBURGER RATHAUS**, eines der schönsten und imposantesten Gebäude der Hansestadt, wo uns breite Steintreppen geradezu zum Pausieren einladen. Von der **RATHAUSSCHLEUSE** neben den Treppen sollten wir aber weiträumig Abstand halten. Gegenüber versprühen die weißen Rundbögen der **ALSTERARKADEN** venezianisches Flair inmitten der Hamburger Innenstadt. Sie gehören mit zur ältesten Einkaufs- und Flaniermeile Hamburgs.

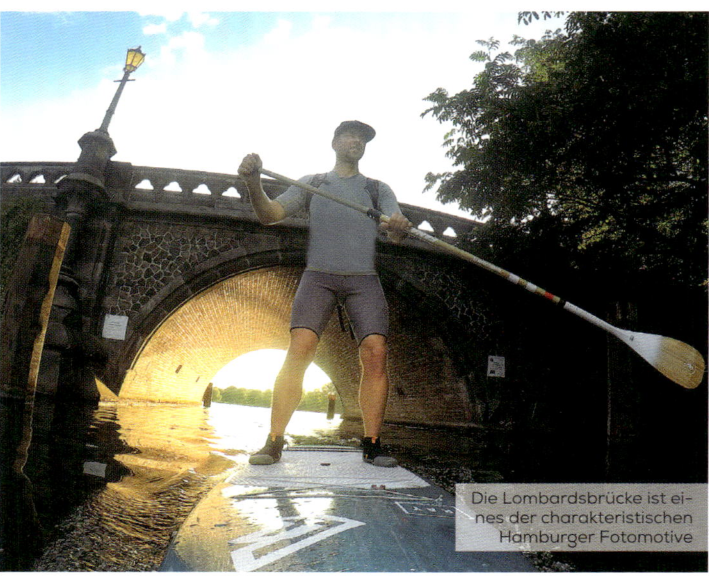

Die Lombardsbrücke ist eines der charakteristischen Hamburger Fotomotive

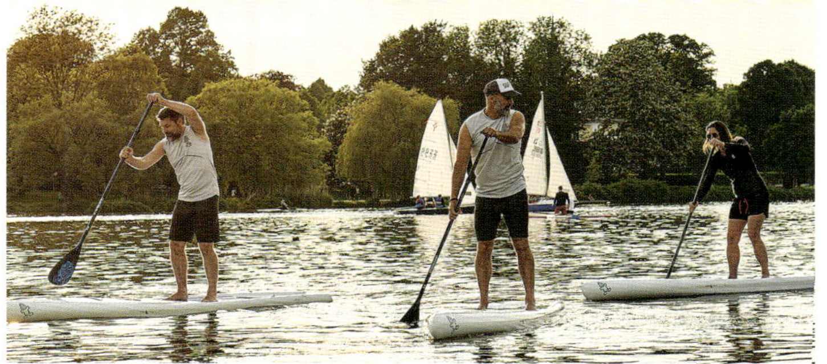

Zurück auf der Außenalster erwartet uns noch ein ordentliches Stück Paddelei entlang des Westufers. Gleich hinter dem Hamburger und Germania Ruder Club von 1836 fällt unser Blick auf das **„WEISSE HAUS“**, so wird das ehemalige Amerikanische Generalkonsulat genannt, ein markanter Bau im klassizistischen Stil, gerne. Im Jahre 1790 als eines der ersten US-amerikanischen Konsulate in Deutschland gegründet, gehörte es zu den bestbewachten Orten Hamburgs. Nun ist es in die Hafencity umgezogen und im "Weißen Haus" soll ein Hotel entstehen.

Hauptsächlich wegen der traumhaften Lage legen wir nochmal bei **BODO'S BOOTSSTEG** an. Der fitte Inhaber Bodo Windeknecht eröffnete 1956 das Café und den Bootsverleih und verfügt über schicke hölzerne Ruderboote aus jener Zeit. Der Bootssteg ist beliebte Kulisse für Film und Fernsehen - Evelyn Hamann und Iris Berben haben schon am Anleger gedreht und auch die Polizisten des Großstadtreviers ermittelten hier. Jan Fedder kam sogar gerne privat zu Besuch. Der hier beginnende **HARVESTEHUDER WEG** ist als "Straße der Millionäre" bekannt. Schon 1911 wohnte dort die Hälfte der Hamburger Millionäre, die sich schicke Villen im Historismus und Jugendstil erbauen ließen. Die hinter dem Bootssteg aufragende neogotische Sloman-Burg mit ihren Türmchen und Zinnen wurde 1848 vom Reeder Robert M. Sloman im Tudorstil errichtet.

Nun begleitet uns der mit Zierkirschen bepflanzte **ALSTERPARK** mit seiner großen Liegewiese. Die Plastiken verschiedener Künstler und das blendende Weiß der Parksessel machen den Ort für viele Müßiggänger und Jogger zum schönsten Platz Hamburgs. Zum **KIRSCHBLÜTENFEST** TIPP Ende Mai hat man von hier, wenn man nicht sowieso auf dem Wasser ist, eine schöne Sicht aufs Feuerwerk.

Wer hat jetzt noch Energie für ein wenig Sport? Am Ende des Parks bietet der mit Anleitungstafeln ausgestattete Trainings-Parcour eine Klimmzug-Plus-Stange sowie drei TrimmFit-Trainingszonen, an denen alle wichtigen Muskelpartien trainiert werden können.

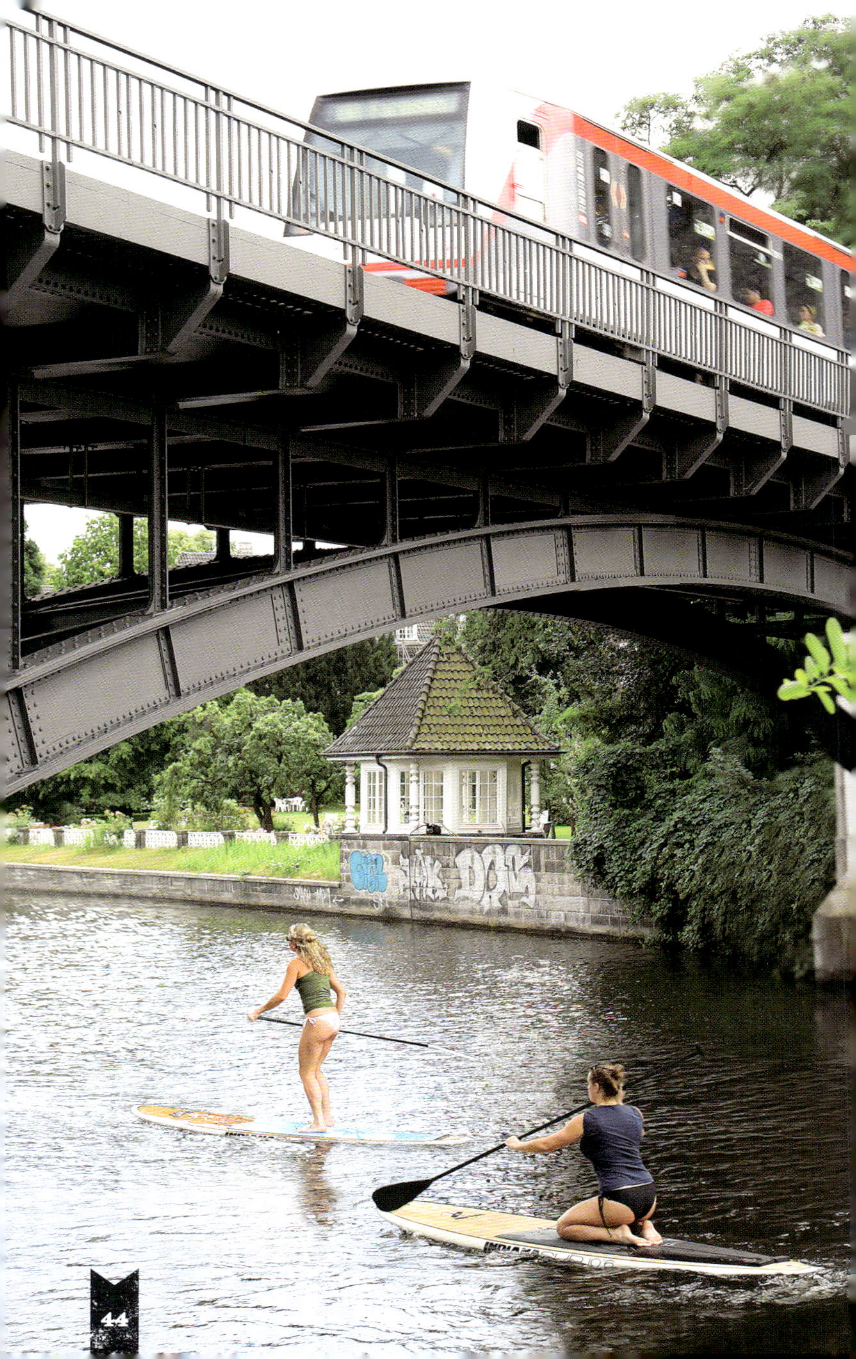

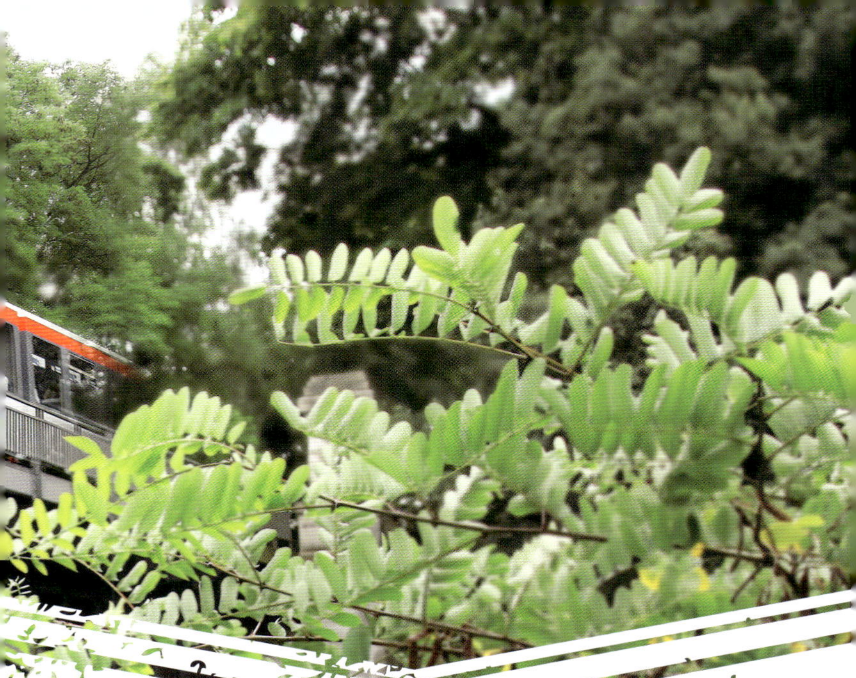

EPPENDORF, ALSTERDORF, EIMSBÜTTEL

ANSPRUCH

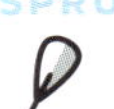

EINKEHR

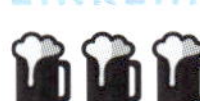

Während es auf der Alster durchs gediegene Eppendorf nach Alsterdorf geht, wo sich pittoreske Ecken mit Parks, Villen und Kleingärten abwechseln, vermittelt das hippe Eimsbüttel mit herrschaftlichen Altbauten entlang des idyllischen Isebekkanals sympathisches City-Flair.

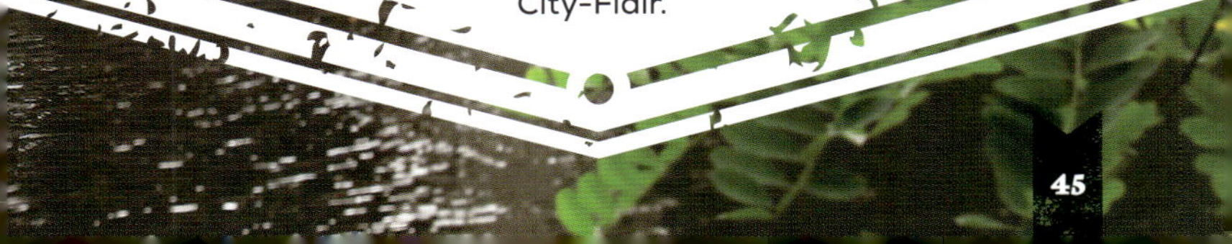

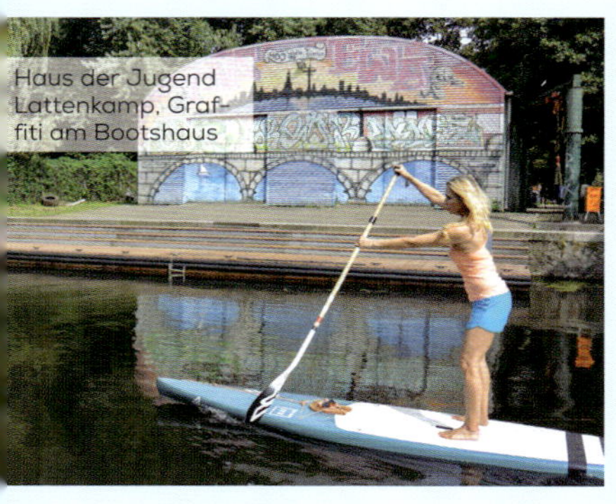
Haus der Jugend Lattenkamp, Graffiti am Bootshaus

WIND & WETTER

Auf Teilen der Strecke genießt man guten Windschutz im Isebekkanal, oder in den grünen Seitenkanälen Leinpfadkanal, Inselkanal, Skagerrakkanal und Brabandkanal. Der Hauptlauf der Alster ist allerdings schon recht breit und somit anfällig für einfallende Böen. Hier kann der Wind je nach Richtung zum wichtigen Faktor einer Tourenplanung werden. Auf der zweiten Tour bietet der schmale Isebekkanal perfekten Windschutz.

BEFAHRUNGSREGELN

Die Ausflugsschiffe die auch auf den teils sehr engen Kanälen unterwegs sind, haben immer Vorfahrt.

ANFAHRT MIT DEM PKW

Vom Hauptbahnhof über die Kennedybrücke und Alsterglacis zum Dammtorbahnhof. Dort rechts ab in den „Mittelweg" und diesem lange folgen. Kurz nachdem er in die Straße „Frauenthal" übergegangen ist, geht es rechts ab in die „Heilwigstraße".
Fahrzeit ab Hbf rund 0:20 h.

PARKEN

Parkplätze in den Straßen der näheren Umgebung.

ANFAHRT MIT ÖPNV

Vom Hbf/Mönckebergstraße mit dem Bus 19 Richtung U Alsterdorf (auch ab Bhf. Dammtor möglich) bis zur Haltestelle „Streekbrücke" in der Maria-Louisen-Straße. Fahrzeit ab Hbf ca. 0:21 h. Dann sind es noch 400 m Fußweg zum hölzernen Steg am Ende der Heilwigstraße. Wer sich ein Board mieten will, startet beim SUPper Club oder SUP Club Hamburg. Ca. 200 m / 600 m Fußweg.

Alternativ vom Hbf mit der U 1 in 0:10 h bis Klosterstern, dann 700 m Fußweg zur Heilwigstraße oder 400 m zum Sup Club.

BADEN

- **Kaifu-Bad** (Frei- und Hallenbad) in Eimsbüttel (www.baederland.de).
- **Holthusenbad**: Hallenbad & beheiztes Freibad an der U-Bahn-Station Kellinghusenstr (www.baederland.de).
- **Familienbad Ohlsdorf**: neues modernes Frei- & Hallenbad am S+U-Bahnhof Ohlsdorf (www.baederland.de).
- **"wilde" Badestellen** an der Alster, z. B. Hayns Park und Meenkwiese.

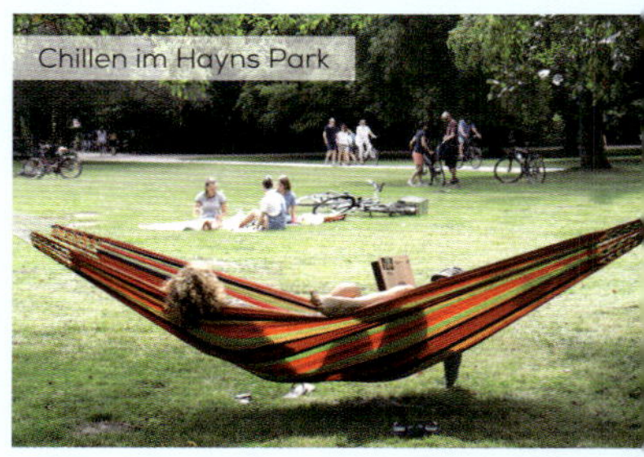
Chillen im Hayns Park

SEHENSWERT

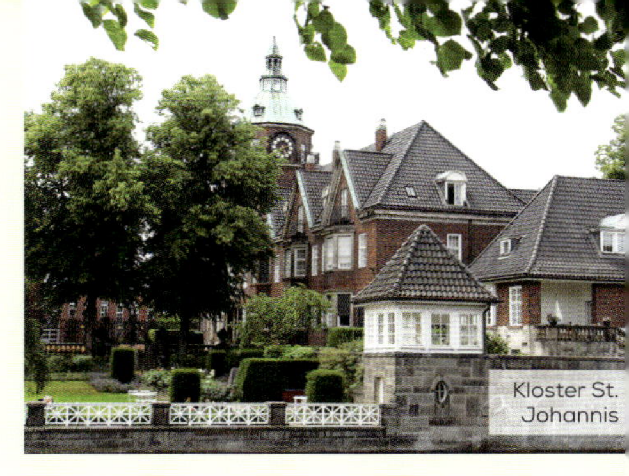
Kloster St. Johannis

» Die **GALERIE VERA MUNRO** in der Heilwigstraße 64 zeigt seit 1977 moderne Kunst.

» Das in einem großzügigen Garten liegende **KLOSTER ST. JOHANNIS** in der Heilwigstraße 162 wurde zwischen 1912 und 1914 erbaut und ist heute ein evangelisches Damenstift. Besonders ist der Uhrturm am Eingangsbereich und die Anlage nach Art mittelalterlicher Kreuzgänge. Die Eingangshalle ist mit weißem Marmor ausgelegt und die Treppenhäuser bestehen aus Eichenholz.

» Die romantische **ST. JOHANNISKIRCHE** (1622) mit ihrem alten Fachwerk, ist weithin als „Hochzeitskirche" bekannt.

» Die Ende des 19. Jh. für die Arbeiter der hier ansässigen Fahrzeugwerke erbauten Häuser der **FALKENRIED-TERRASSEN** sind ein denkmalgeschütztes Wohnquartier. Das Schlendern durch die schmalen Häusergassen inmitten des im Sommer blühenden, idyllischen Paradieses ist ein Genuss.

 EXTRA-TIPPS

» **EPPENDORF** rockt! **LANDSTRASSENFEST** mit Live-Bühnen, Flohmarkt und viel Spaß für Kids. Von der Bühne am Eppendorfer Marktplatz bis zum Flohmarkt am Eppendorfer Baum wird im Juni auf zwei Kilometern geschlemmt und gefeiert.

» Der **ISEMARKT** ist einer der größten und schönsten Wochenmärkte Deutschlands. Das über die gesamte Länge von rund 600 Metern verlaufende Hochbahn-Viadukt zwischen den U-Bahnstationen Hoheluftbrücke und Eppendorfer Baum bietet dienstags und freitags vormittags beim Einkauf ein schützendes Dach.

» Lohnender Spaziergang durchs **NSG EPPENDORFER MOOR**, das einen hohen Stellenwert als Lebensraum moortypischer Tier- und Pflanzenarten besitzt. Vom SUP-Vermieter „Anleger Hamburg" ist es nur 400 m entfernt, vom kleinen Park „Am Alsterkanal" noch kürzer. Keine andere deutsche Großstadt hat ein so zentral gelegenes Naturschutzgebiet.

» Ein Besuch des **OHLSDORFER FRIEDHOFS** ist ein Erlebnis. Mit 389 Hektar Gesamtfläche, über 36.000 Bäumen und 15 Teichen ist er der größte Parkfriedhof der Welt. Dank seiner historischen Grabstätten, 800 Skulpturen und der eindrucksvollen Gartenarchitektur gilt er als Gesamtkunstwerk von internationalem Rang. Neben Fußwegen erschließen ihn 17 Kilometer Straßennetz und zwei Buslinien.

TOUREN

VON EPPENDORF NACH ALSTERDORF & ZURÜCK

Über den Hauptlauf der Alster und die Seitenkanäle Leinpfad-, Insel-, Skagerrak-, Brabandkanal paddelt man verschlungene „Achten".

| **LÄNGE** 18 km | **DAUER** 5-6 h

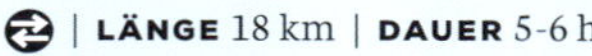

| **ONE-WAY** 9 km | **DAUER** 2-3 h

2 KLEINE KANAL-TOUR

Auf dem Isebekkanal durch Eimsbüttel & zurück.

| **LÄNGE** 7 km | **DAUER** 2-3 h

EIN- & AUSSTIEGE

Holzsteg am Ende der **Heilwigstraße,** am **Harvestehuder Weg** (Boardausgabestelle von SupPort Hamburg) oder bei den SUP-Vermietern am **Isekai**.

SUP-VERMIETUNG

1 SUPPORT HAMBURG
Mobiler Vermieter, Ausgabestelle: Harvestehuder Weg / Steg hinter dem Anglo-German Club, Tel. 0174-564 72 24
www.sup-port-hamburg.de

2 SUPPER CLUB
Isekai 13, 20249 Hamburg
Tel. (040) 47 34 61
www.supperclub.de

3 SUP CLUB HAMBURG
Isekai 1, 20249 Hamburg
Tel. 0151-651 027 49
www.supclubhamburg.de

4 SUPCO
C/O BOOTSHAUS BARMEIER
Eppendorfer Landstr. 180
20251 Hamburg
Tel. 0160-312 77 36
www.sup-co.com

5 ANLEGER HAMBURG
Deelbögenkamp 2-3, 20297 Hamburg
Tel. (040) 51 77 01
www.anleger-hamburg.de

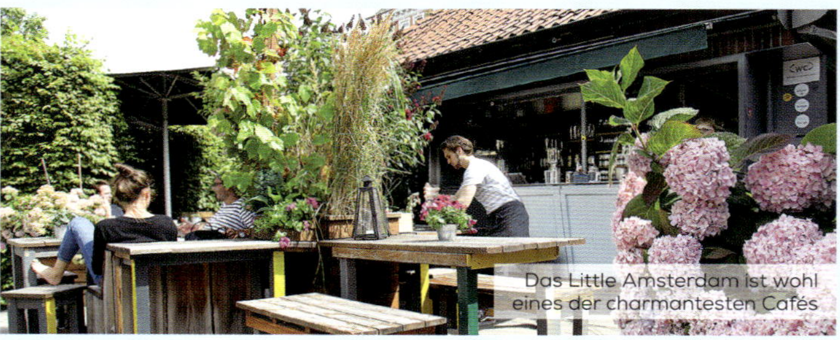

Das Little Amsterdam ist wohl eines der charmantesten Cafés

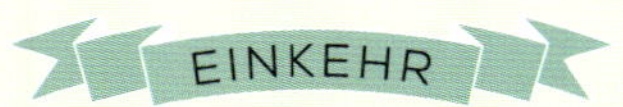

1 SUPPER CLUB

Isekai 13, 20249 Hamburg
Tel. (040) 47 34 61
www.supperclub.de

KLASSIKER Frühstück mit Elbgold Kaffee oder mittags Flatbreads mit Fenchelsalami oder Spinat Trüffel

2 BARMEIER'S GARTEN CAFÉ

Eppendorfer Landstraße 180
20251 Hamburg
Tel. (040) 507 435 30
Tägl. 12-20 Uhr

KLASSIKER Mexikanische Limonaden (Guave, Ananas, Basilikum-Limonen)

3 BRABAND BISTRO & WEIN

Alsterdorfer Damm 18
22297 Hamburg
Tel. (040) 386 771 61
www.braband-bistro.de
Tägl. außer Mo von 12-24 Uhr

KLASSIKER
Flammkuchen und tolle Weine

4 PETIT CAFÉ

Hegestraße 29
20249 Hamburg
Tel. (040) 460 57 76
www.petitcafe-hamburg.de
Di-So ab 10 Uhr

KLASSIKER Sensationelle, hausgemachte Streuselkuchen vom Blech

5 LITTLE AMSTERDAM

Klosterallee 69, 20144 Hamburg
Tel. (040) 333 703 28
Tägl. ab 12 Uhr

KLASSIKER Leckere Sandwiches

6 UFER RESTAURANT & WEINBAR

Bismarckstraße 151, 20253 Hamburg
Tel. (040) 55 89 13 43
www.ufer-hamburg.de
Mo-Do ab 17, Fr ab 15, Sa-So ab 10 Uhr

KLASSIKER Komplett hausgemachte Flammkuchen, aber auch sonst ist alles regional, frisch und eine Wucht

ÜBERNACHTUNG

1 ROMANTIK HOTEL DAS SMOLKA

Isestraße 98, 20149 Hamburg
Tel. (040) 48 09 80
www.hotel-smolka.de

2 BEST WESTERN PLAZA HOTEL

Alsterdorfer Str. 575a,
22337 Hamburg, Tel. (040) 226 36 60
www.plazahotels.de

3 BEDROOMFORYOU

Tornquiststraße 1, 20259 Hamburg
Tel. (040) 401 861 37
www.bedroomforyou.de

4 ALSTER-CANOE-CLUB

Ludolfstraße 15, 20249 Hamburg
www.alster-canoe-club.org
Nach Online-Anmeldung für DKV-Mitglieder Zeltmöglichkeit

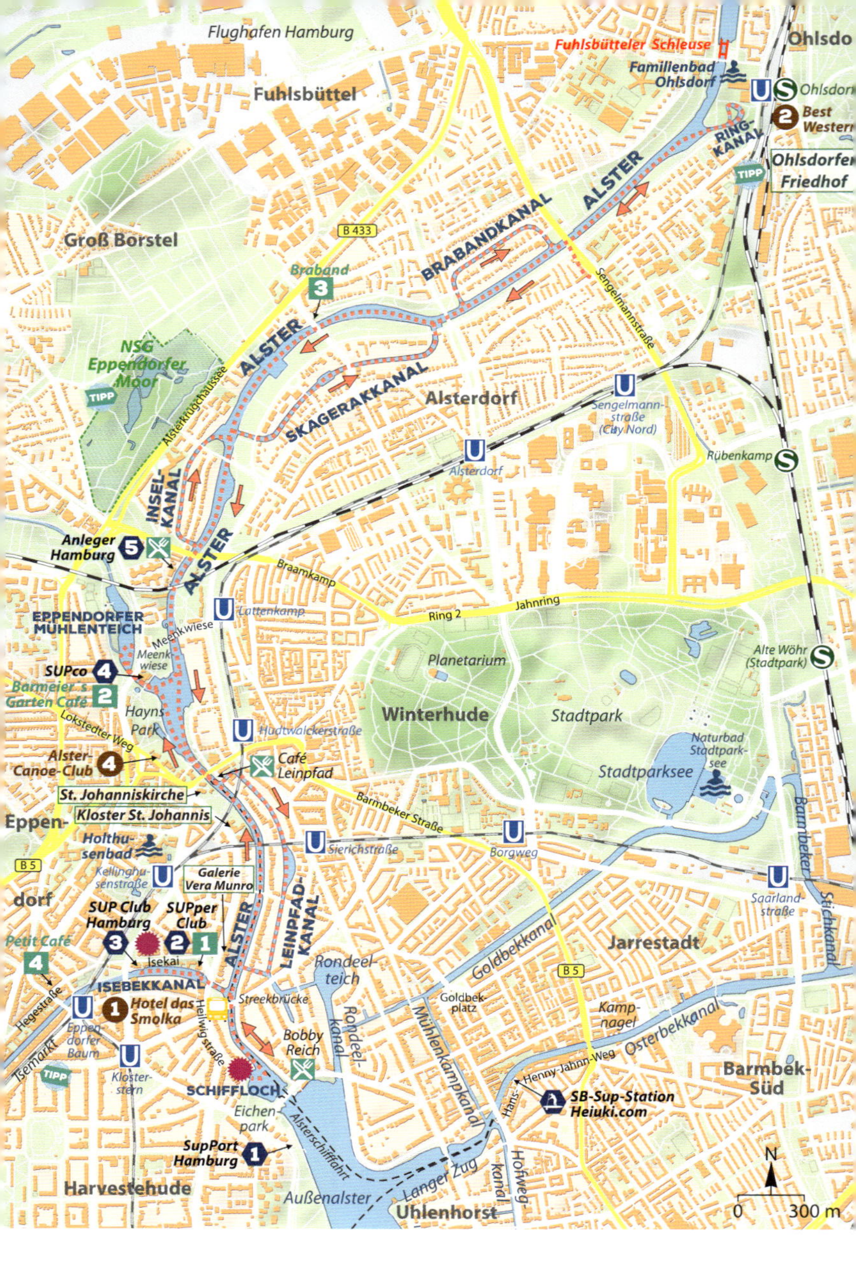
Flughafen Hamburg
Fuhlsbüttel
Fuhlsbütteler Schleuse
Familienbad Ohlsdorf
Ohlsdorf
Best Western
RING-KANAL
Ohlsdorfer Friedhof
TIPP
ALSTER
BRABANDKANAL
B 433
Groß Borstel
Braband
3
Sengelmannstraße
NSG Eppendorfer Moor
TIPP
Alsterkrugchaussee
ALSTER
SKAGERAKKANAL
Alsterdorf
Sengelmann-straße (City Nord)
Alsterdorf
Rübenkamp
INSEL-KANAL
ALSTER
Anleger Hamburg
5
Braamkamp
Lattenkamp
Ring 2
Jahnring
EPPENDORFER MÜHLENTEICH
Meenkwiese
SUPco
4
Barmeier's Garten Café
2
Planetarium
Alte Wöhr (Stadtpark)
Hayns Park
Winterhude
Stadtpark
Lokstedter Weg
Hudtwalckerstraße
Alster-Canoe-Club
4
Café Leinpfad
Naturbad Stadtparksee
Stadtparksee
St. Johanniskirche
Kloster St. Johannis
Barmbeker Straße
Eppen-dorf
Holthusenbad
Sierichstraße
Borgweg
B 5
Kellinghusenstraße
Galerie Vera Munro
Saarlandstraße
SUP Club Hamburg
SUPper Club
3
2
1
ALSTER
LEINPFAD-KANAL
Goldbekkanal
Jarrestadt
Petit Café
4
Isekai
Rondeelteich
B 5
ISEBEKKANAL
Hotel das Smolka
1
Streekbrücke
Goldbekplatz
Kampnagel
Osterbekkanal
Hegestraße
Eppendorfer Baum
Heilwigstraße
Bobby Reich
Rondeelkanal
Mühlenkampkanal
Isemarkt
TIPP
Klosterstern
SCHIFFLOCH
Henny-Jahnn-Weg
Barmbek-Süd
Eichenpark
Alsterschifffahrt
SB-Sup-Station Heiuki.com
1
Hans-
SupPort Hamburg
1
Langer Zug
Hofweg-kanal
Harvestehude
Außenalster
Uhlenhorst
N
0
300 m
Barmbeker Stichkanal

GEDIEGEN BIS HIPP 

1 Am Ende der Heilwigstraße beim Eichenpark befindet sich ein feiner **HÖLZERNER STEG** am kleinen See **SCHIFFLOCH**, der uns schon bei unserer Tour über die Außenalster als Startpunkt diente. Wenige Hundert Meter südlich an der Außenalster, gibt der mobile Vermieter **SUPPORT** 1 seine Boards aus. Dort oder am Isekai 2 3 kann man auch starten.

In einem sanften Bogen lenken wir unser Board nach links in den Flusslauf der **ALSTER** Richtung Norden. Den Abzweig in den Isebekkanal lassen wir links liegen, den behalten wir uns für die **ROUTE 2** vor, ebenso den Abzweig rechts zum Leinpfadkanal, den wir am Abend als Rückweg wählen werden.

Herrschaftliche Villen zu beiden Seiten des hoch eingefassten Ufers. Besonders gefällt uns der Blick auf das hübsche **KLOSTER ST. JOHANNIS**, das sich hinter der ersten Bahnbrücke am linken Ufer zeigt. Nur wenige Paddelschläge weiter locken die weißgedeckten Tische des **CAFÉ LEINPFAD** auf dem alten Anleger **„WINTERHUDER FÄHRHAUS“**, aber so kurz nach dem Tourenstart ist uns noch nicht nach Pause. Schon rückt der überaus sympathische **HAYNS PARK** in unser Blickfeld. Neben dem Steinpavillon nach antikem griechischen Vorbild, dem sogenannten Monopteros, haben es sich viele, überwiegend junge Leute, im Gras bequem gemacht. Manchmal spielt dort sogar ein Streichquartett auf. Hängematten schaukeln zwischen den Bäumen, Kinder toben im Planschbecken und Frisbeescheiben schwirren durch die Luft. Alles in allem ein Sommertag, von denen es in Hamburg ruhig noch mehr geben könnte.

Unter der schmalen Fußgängerbrücke biegen wir nach links ab zum herrlich grün eingewachsenen **EPPENDORFER MÜHLENTEICH**, dem Winterquartier der Alsterschwäne. Hinter der Brücke hat sich der SUP-Board-Vermieter **„SUPCO“** 4 beim **BOOTSHAUS BARMEIER** einquartiert. Vorteil: Die Jungens können jederzeit nebenan bei **BARMEIER'S GARTEN CAFÉ** 2 von den

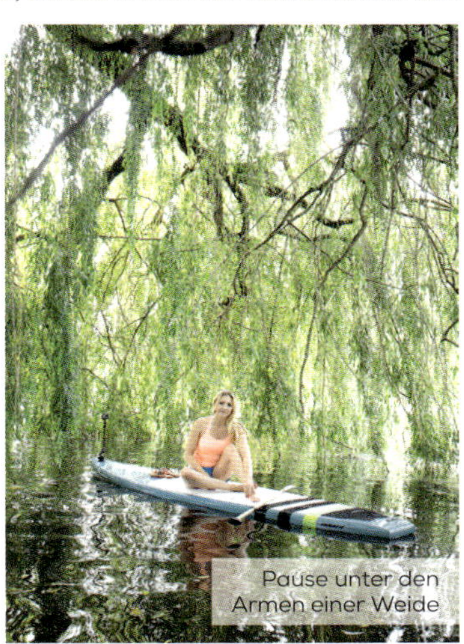

Pause unter den Armen einer Weide

leckeren mexikanischen Limonaden kosten. Nach der kurzen Stipvisite und entlang der Steintreppe an den **MEENKWIESEN**, die einen komfortablen Ein- und Ausstieg ermöglicht, hat uns der breite Alsterlauf wieder.

Gegen die kaum merkliche Strömung paddeln wir unter der Eisenbahnbrücke hindurch, vorbei an parkartigem Grün und modernen Wohnhäusern, deren Balkone über dem Wasser schweben. Quirliges Treiben herrscht beim SUP- und Kanuvermieter **ANLEGER HAMBURG** 5. Die Liegestühle im aufgeschütteten Sandstrand des **BEACH CLUBS** scheinen alle belegt zu sein und vor dem Bistro hat sich eine kleine Schlange gebildet.

Hinter der nächsten Straßenbrücke finden wir links die etwas versteckte Einfahrt in den **INSELKANAL** und landen unerwartet in einer richtig grünen Oase. Der Wasserlauf wirkt von den vielen Bäumen der Anlegergärten förmlich eingewachsen. Fast kommt man sich vor, als würde man durch einsamen Wald paddeln. Wir bestaunen immer wieder die schönen Grundstücke und Häuser am Ufer und bedauern ein bißchen, nach gut 500 Metern zurück zum Alsterhauptlauf zu kommen. Doch fast gegenüber biegen wir nach rechts schon in den nächsten Seitenkanal ein. Der **SKAGERRAKKANAL** ist deutlich länger, aber ebenso grün wie sein Vorgänger. Ab und an weichen wir Baumstämmen aus, die ins Wasser gefallen sind. Kleine Brücken überspannen den Kanal. Eine Gruppe Kinder schaut fröhlich zu uns herunter, winkt und bombardiert uns mit Fragen.

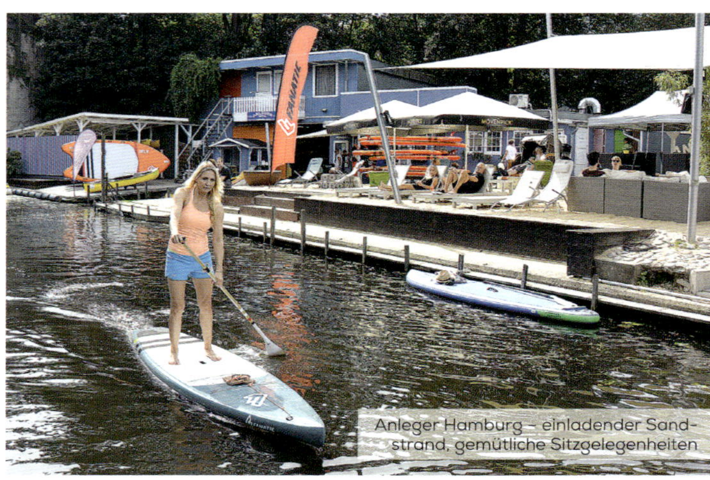
Anleger Hamburg – einladender Sandstrand, gemütliche Sitzgelegenheiten

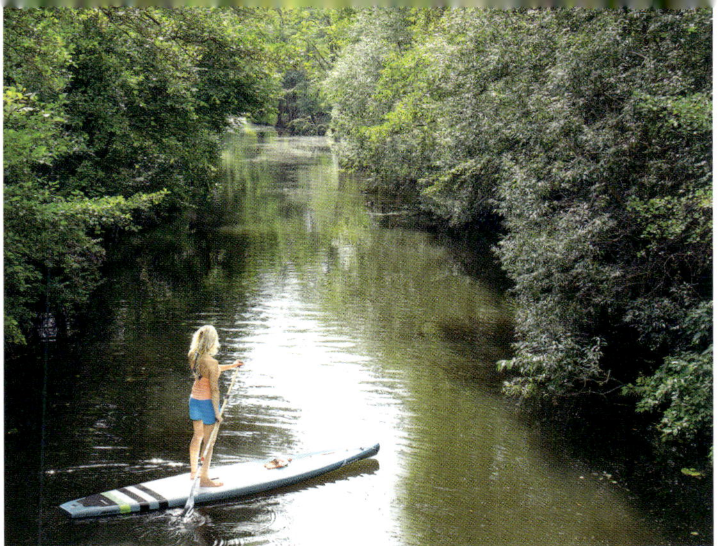

Zurück auf dem Hauptfluss sind es wieder nur ein paar Paddelschläge, bis wir nach links in den **BRABANDKANAL** einbiegen. Auch der dritte Nebenarm glänzt mit dichtem Grün an seinem Ufer. Wir sind wirklich erstaunt, wieviel Natur und Ruhe man heute hier finden kann. Ursprünglich waren am Alsterkanal in Alsterdorf im 19. Jahrhundert vor allem Bleichereien und Wäschereien beheimatet. Um 1920 wurden, wie beispielsweise an der Brabandstraße, auch Villenviertel gebaut, ganz im Stil dieser Zeit oft in traditionellem Backstein.

Vor der **FUHLSBÜTTELER SCHLEUSE** ist dann Schluss. Rechts, im **RINGKANAL**, finden wir einen **STEG**, an dem wir bequem aussetzen könnten. Entweder für eine Pause vor dem Rückweg oder um zur nahen S+U-Bahn Ohlsdorf zu gehen. Sehenswert gegenüber – der **FRIEDHOF OHLSDORF** TIPP, größter Parkfriedhof der Welt und besonders schön zur Rhododendronblüte Ende April bis Anfang Juni.

Zurück zum Einstieg paddeln wir auf dem uns schon bekannten Weg zurück, bleiben dieses Mal aber auf dem Alsterlauf und machen am Ende der Tour den Schlenker durch den auf dem Hinweg ausgelassenen **LEINPFADKANAL**. Der romantische Kanal ist gesäumt von Weiden, deren Äste tief ins Wasser hängen. Darunter haben Enten ihre Nester gebaut. Gibt es denn einen schöneren Ort in Hamburg? Kein Straßenlärm, kein Rauschen von S- und U-Bahn dringt hierher. Wo kann man besser entspannen als mit dem SUP-Board auf diesem Kanal. Nur schade, dass auch schon andere davon Wind bekommen haben müssen … !

VON EPPENDORF NACH EIMSBÜTTEL 

Ein etwa 7 Kilometer langer Abstecher (hin & zurück) vom **STEG** an der Heilwigstraße über den Isebekkanal ins Herz von Eimsbüttel beschert uns ebenfalls viel Natur. Vom kleinen See **SCHIFFLOCH** gehts ein paar Paddelschläge auf der Alster, dann biegen wir links in den **ISEBEKKANAL**. Beim **SUPPER-CLUB** 2 1 am **ISEKAI** herrscht reges Treiben an diesem sonnigen Sommertag und die gemütliche Holzterrasse lädt schon zu Beginn der Tour zu einem leckerem Frühstück, Snack oder kühlen Drink. Wer sich eh eine Board mietet, kann hier prima starten.

Spätestens ab der nächsten Brücke und der nachfolgenden U-Bahn-Brücke über die gerade die U 3 hinwegrumpelt, stellt sich städtisches Flair ein, allerdings nur soviel, wie der sympathische und äußerst beliebte Stadtteil eben hergibt – schöne Altbauten mit vielen Grünflächen kombiniert mit gelebter Stadtteilkultur.

Unterhalb der U-Bahnstation **EPPENDORFER BAUM** legen wir zwischen der Bahn- und der nachfolgenden Straßenbrücke an einer Mini-Treppe am rechten Ufer an, um im nahen **PETIT CAFÉ** 4 eine erste Pause einzulegen. Schon mal den legendären Blechkuchen probiert? Ob Apfel, Himbeer oder Pflaume, die knackigen Streusel aus Zucker und Butter machen den Kuchen unwiderstehlich. Wartezeit in dem beliebten Café muss man allerdings hinnehmen.

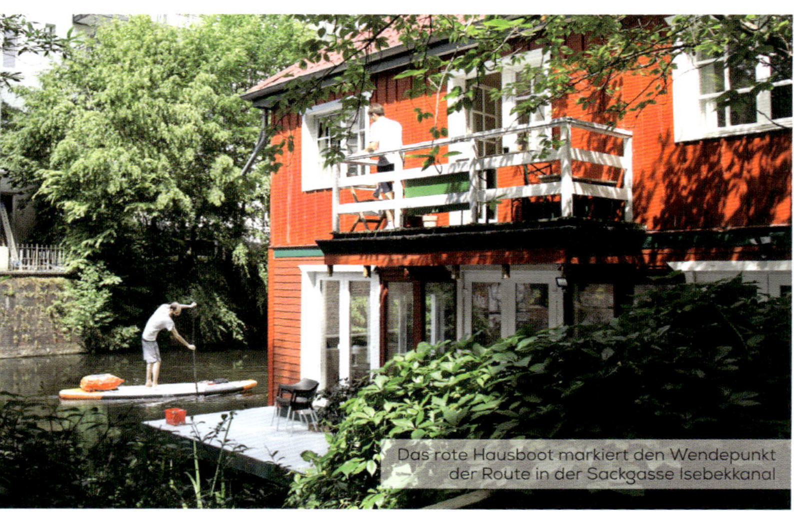

Das rote Hausboot markiert den Wendepunkt der Route in der Sackgasse Isebekkanal

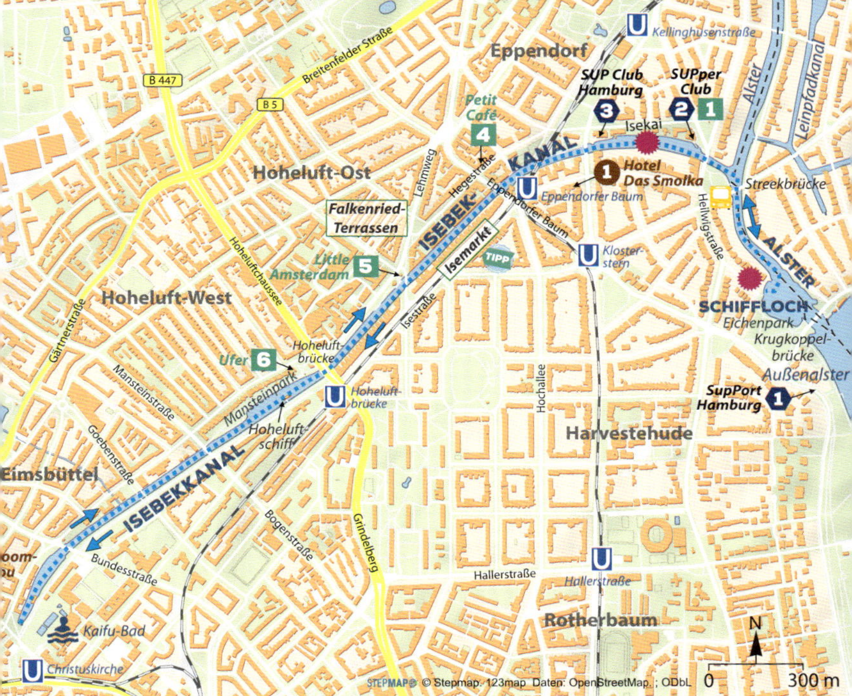

Über die Brücke am Eppendorfer Baum rollt reger Autoverkehr ohne Unterlass. Spaziergänger auf Shoppingtour winken uns freundlich zu. Viele sind auf dem Weg zum nahen **ISEMARKT** TIPP, der seit 1949 an Markttagen Tausende Besucher zum Bummel und Klönschnack unter die Hochbahnbrücke lockt.

Wir bestaunen vom Wasser aus die Gründerzeithäuser, die sich zur Linken zwischen Kanal und Isestraße schieben, mit ihren Acht-Zimmer-Wohnungen, um die 250 Quadratmeter groß, und mit zu Penthouses ausgebauten Dachetagen. Über die Miet- und Kaufpreise in einer der beliebtesten Wohnstraßen Hamburgs wollen wir lieber nicht nachdenken. Wer weiß übrigens, dass die spätere Bundeskanzlerin Angela Merkel hier nach ihrer Geburt die ersten Wochen mit ihrer Mutter bei der Oma lebte, bis sie dem Vater in die DDR folgte?

Das Board verlassen können wir direkt hinter der nächsten Brücke rechts an einer Eisenleiter. Entweder um dem nahen Isemarkt (Di-Fr vormittags) einen Besuch abzustatten, oder im blumenberankten Garten des sonnigen Terrassen-Cafés **LITTLE AMSTERDAM** 5 – übrigens ehemals ein Klohäuschen – einzukehren.

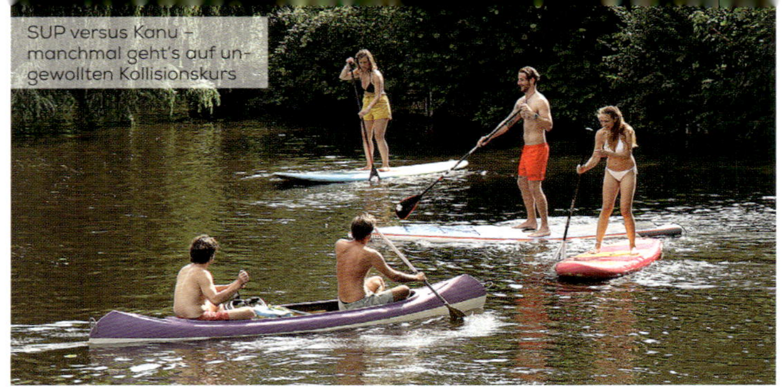
SUP versus Kanu – manchmal geht's auf ungewollten Kollisionskurs

Bald schmiegt sich zu beiden Seiten des Kanals der **MANSTEINPARK** ans Wasser. Die von Lindenbäumen gesäumte Flaniermeile Eimsbüttels bildet einen schmalen Park mit einer Uferbepflanzung, deren überhängende Äste für uns Stand up Paddler eine herrlich verwunschene Stimmung schafft. Mit mehr als 30 Brutvogelarten ist der Grünzug eine Naturoase. Das am Ufer vertäute **HOHELUFTSCHIFF**, eine ehemalige Getreideschute, gehört zur Theaterschule Zeppelin und wird als Aufführungsort für deren Eigenproduktionen genutzt.

Überhaupt eignet sich der Isebekkanal wunderbar für eine Anfängertour. Es gibt keinen motorisierten Verkehr auf dem Kanal und auch sonst sind weniger Wassersportler unterwegs als auf den restlichen 22 Alsterkanälen. Ein schöner Steg für den **EIN- UND AUSSTIEG** und ausreichend Platz um das Board aufzupumpen, findet sich hinter der Mansteinbrücke. Den Umkehrpunkt markiert ein hübsches, rot-weiß gestrichenes Hausboot in der Kanal-Sackgasse.

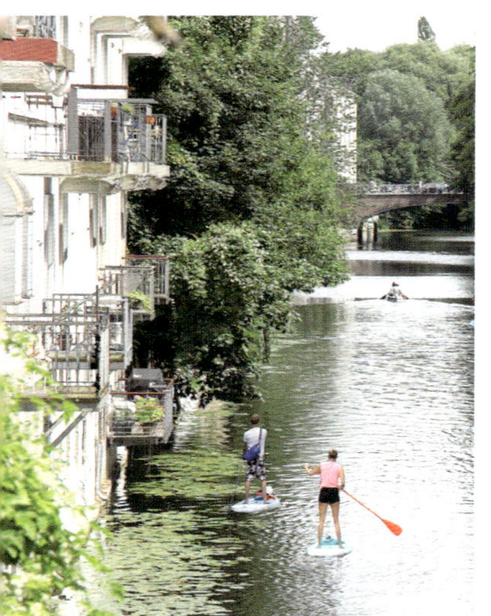

Auf dem Rückweg hangeln wir uns am nördlichen Ufer vor der **HOHELUFTBRÜCKE** die Böschung hinauf, um oben im **RESTAURANT „UFER"** 6 eine letzte Pause einzulegen – entweder im idyllischen Garten oder drinnen im ehemaligen Lichtwärter-Häuschen – hier hatten vor mehr als 80 Jahren, als der Stadtteil noch mit Gaslampen beleuchtet wurde, die Eimsbütteler Beleuchter ihr Hauptquartier.

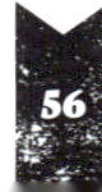

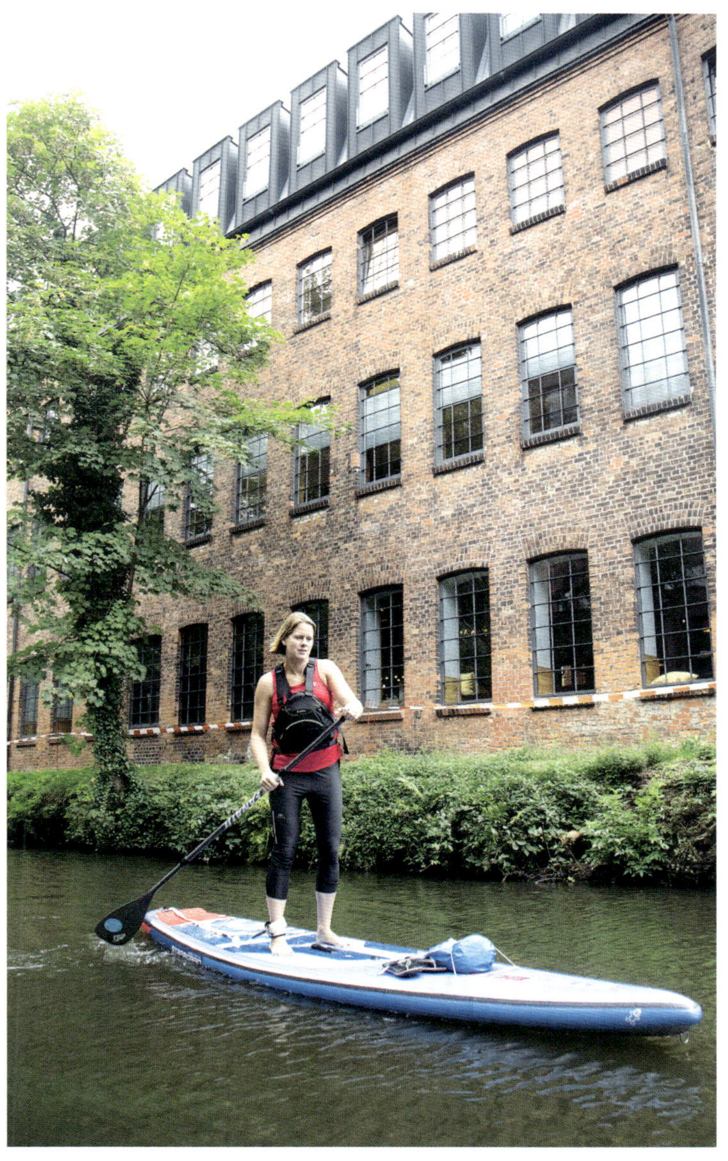

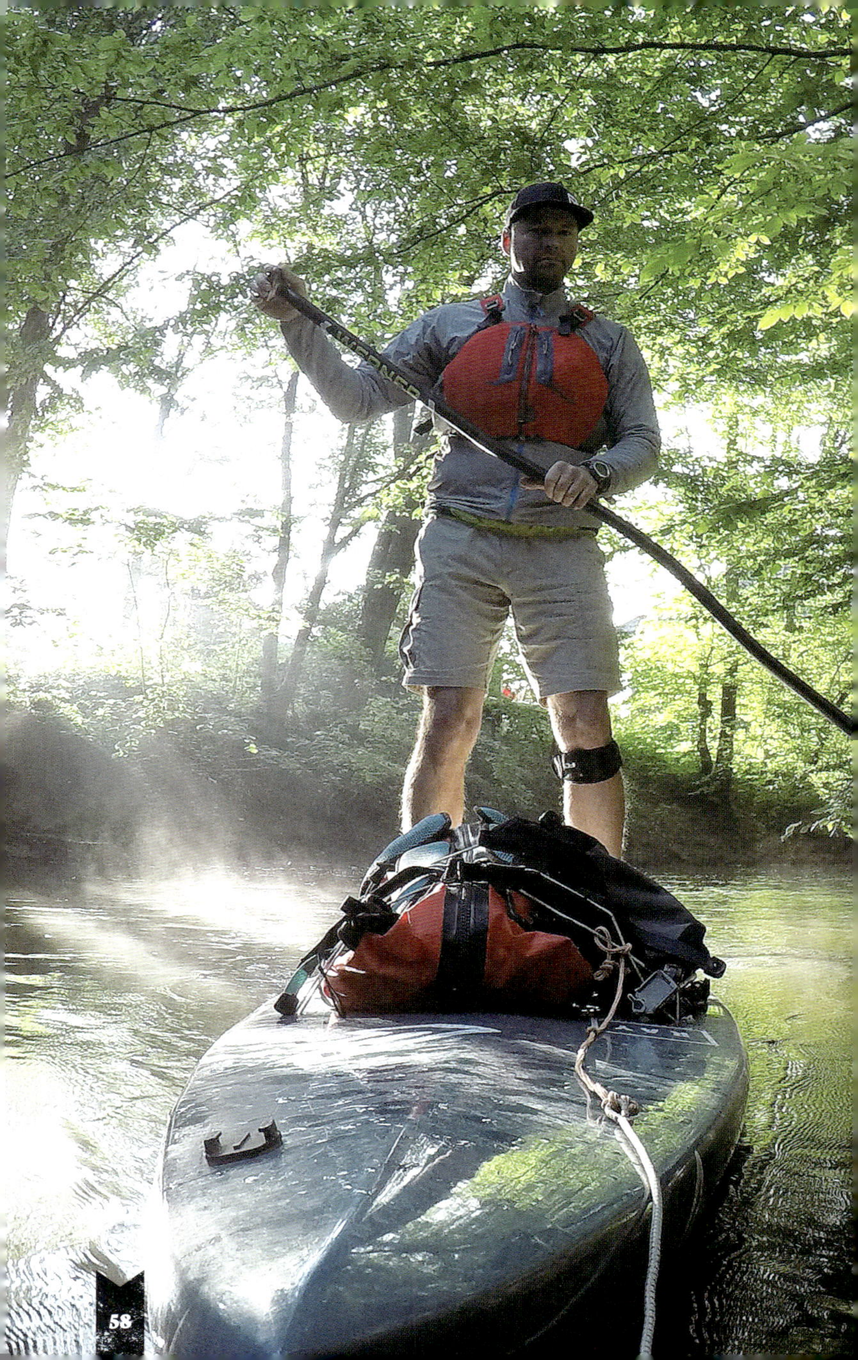

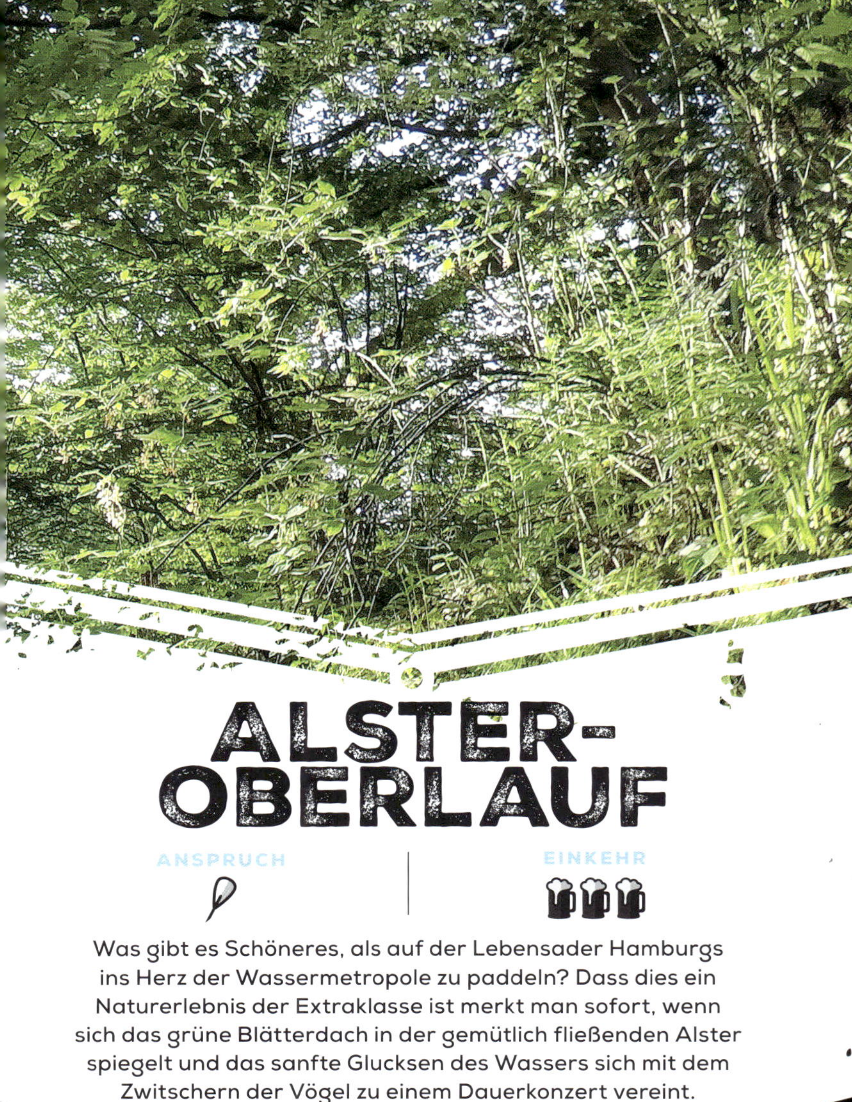

ALSTER-OBERLAUF

ANSPRUCH | EINKEHR

Was gibt es Schöneres, als auf der Lebensader Hamburgs ins Herz der Wassermetropole zu paddeln? Dass dies ein Naturerlebnis der Extraklasse ist merkt man sofort, wenn sich das grüne Blätterdach in der gemütlich fließenden Alster spiegelt und das sanfte Glucksen des Wassers sich mit dem Zwitschern der Vögel zu einem Dauerkonzert vereint.

WIND & WETTER

Da die Alster auf diesem Abschnitt fast durchgängig im Wald verläuft, gibt es immer guten Windschutz, selbst wenn dieser auf dem umliegenden Flachland ordentlich über die Felder bläst.

BEFAHRUNGSREGELN & SCHWIERIGKEITEN

- Die Alster ist oberhalb von Naherfurth aus Naturschutzgründen ganzjährig gesperrt.
- Je nach Intensität der winterlichen Sturmsaison können auch unterhalb der Wohldorfer Schleuse ab und an Baumstämme den Weg versperren.
- Wegen einiger unter der Wasseroberfläche lauernden Äste könnte es nicht schaden, sich für eine kurze Finne zu entscheiden.
- Für den Teil bis Poppenbüttel braucht man einen ordentlichen Wasserstand. Unterhalb von Poppenbüttel ist die Alster in der Regel ganzjährig befahrbar. An Wochenenden und Feiertagen ist besonders auf dem letzten Abschnitt ab Poppenbüttel mit vermehrtem Aufkommen von Mietkanus zu rechnen.

ANFAHRT MIT DEM PKW

Vom Hamburger Hauptbahnhof geht es an der Alster vorbei in gerader Linie in Richtung Nordosten (Ausschilderung: Bargteheide / City Nord / Barmbek) mit ständigem Wechsel der Straßennamen. Über Wandsbek und Bergstedt kommt man dann zum Schleusenredder in Wohldorf, wo die Timmermannbrücke die Alster quert. Fahrzeit ca. 0:45 h.

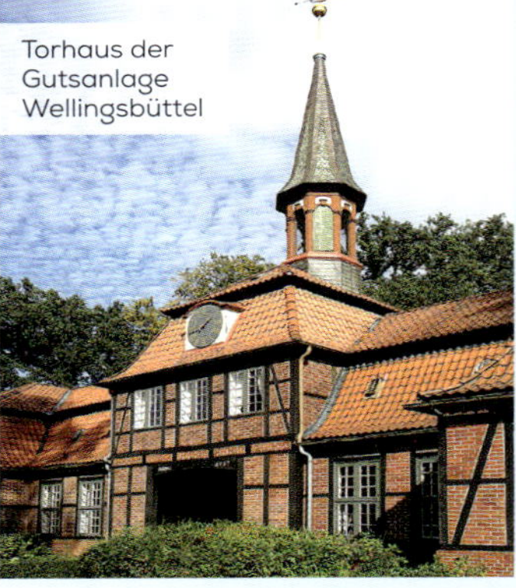

Torhaus der Gutsanlage Wellingsbüttel

PARKEN

AM EINSTIEG In der Straße „Schleusenredder", 100 Meter östlich der Timmermannbrücke, gibt es auf dem Seitenstreifen kostenfreie Parkplätze.

AUSSTIEG An der Aussetzstelle in Fuhlsbüttel muss man in den Anwohnerstraßen nach freien Parkflächen suchen.

ANFAHRT MIT ÖPNV

Vom Hamburger Hauptbahnhof (Süd) geht es mit der U1 bis Ohlstedt und von dort weiter mit dem Bus 276 Richtung Mellingburgredder wenige Minuten bis Haltestelle „Wohldorf". Von hier aus sind es 100 Meter Fußweg zum Einstieg am Schleusenredder. Fahrzeit ca. 0:50 h.

BADEN

- **Bredenbeker Teich** (7 km vom Einstieg entfernt): 35 Hektar großer Natursee nahe Ahrensburg mit ausgezeichneter Wasserqualität und schönem Strandbereich mit kleinen Schilfbuchten.
- **Naturbad Kiwittsmoor**, 5 km vom Ausstieg (www.naturbad-kiwittsmoor.de).
- **Familienbad Ohlsdorf**: neues modernes Frei- & Hallenbad am S+U-Bahnhof Ohlsdorf (www.baederland.de).

SEHENSWERT

» Das **NAHVERKEHRSMUSEUM KLEINBAHNHOF WOHLDORF** im ehemaligen Güterabfertigungsgebäude zeigt Originalteile, Dokumente, Modelle und Fotos zur Geschichte dieser bis 1961 noch als Walddörfer-Straßenbahn bis Ohlstedt verkehrenden Bahn sowie zur Geschichte des öffentlichen Nahverkehrs in Hamburg & Umgebung (www.vvm-museumsbahn.de). 2020 wegen Renovierung & Umbau geschlossen.

» **BURG HENNEBERG** mit Park (www.burg-henneberg.de), Hamburgs einzige und wohl kleinste Burg der Welt, wurde 1884 bis 1887 vom Gutsbesitzer Albert Henneberg auf dem „Park Marienhof" als Nachbau der Burg Henneberg in Thüringen im Maßstab 1:4 gebaut. Sie ist in Privatbesitz und außerhalb von Veranstaltungen nicht öffentlich zugänglich.

» Die Ende des 18. Jh. errichtete **GUTSANLAGE WELLINGSBÜTTEL** mit dem pittoresken **TORHAUS** (www.kulturkreis-torhaus.de), wo Ausstellungen, Konzerte, Lesungen stattfinden und in dem das **ALSTERTAL-MUSEUM** untergebracht ist (Sa+So 15-17 Uhr, www.alsterverein.de/torhaus-museum).

TIPP EXTRA-TIPPS

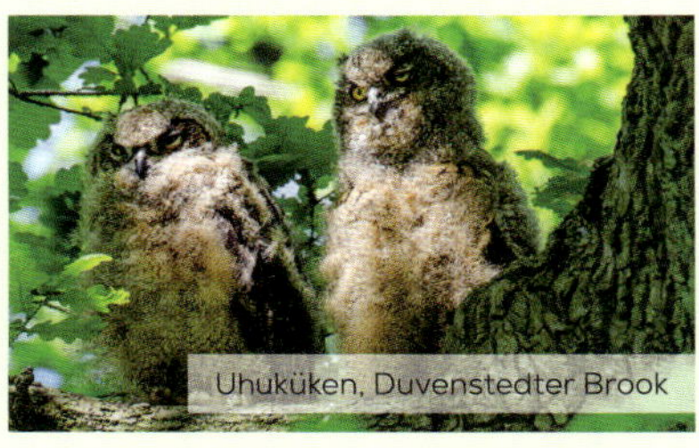
Uhuküken, Duvenstedter Brook

» Kaum ein Naturschutzgebiet in Hamburg beheimatet so viele Tier- und Pflanzenarten wie das **NSG DUVENSTEDTER BROOK**. Mehr als 600 Pflanzenarten kommen vor, über 100 Vogelarten brüten im Gebiet, in dem sich Wiesen mit Mooren und Heideflächen abwechseln und Bäche sich durch Bruchwälder schlängeln. Mit den angrenzenden Naturschutzgebieten stehen über 1.500 Hektar unter Schutz. Idealer Ausgangspunkt für eine Wanderung in die **NATURSCHUTZGEBIETE DUVENSTEDTER BROOK** und **WOHLDORFER WALD** ist das **DUVENSTEDTER BROOKHUS** mit wechselnden Ausstellungen, Vorträgen und kleinem NABU-Shop (www.hamburg.nabu.de).

» Wanderung durchs **NSG RODENBEKER QUELLENTAL**, eine hügelige Buchenwaldlandschaft mit Wasserläufen und Teichen, Wäldern, Wiesen und Weiden, durch deren Mitte eine der schönsten Wanderstrecken Hamburgs führt - der **ALSTERWANDERWEG** (Gesamtlänge von Kayhude bis zur Elbe etwa 37 km).

» Wegen der optimalen Lebensbedingungen gibt es im **NSG HAINESCH ILAND** den in Hamburg bedeutendsten Bestand des gefährdeten Eisvogels. Ein Spaziergang führt durch ein reizvolles Gebiet mit Weiden, Wiesen und Äckern und dem bewaldeten, steilhängigen Tal der Saselbek, einem Nebenfluß der Alster.

TOUREN

1 GEMÜTLICHE FAHRT Von Wohldorf nach Ohlsdorf. Auch für Anfänger geeignet.

| **LÄNGE** 15 km | **DAUER** 3-5 h

EIN- & AUSSTIEG

EINSETZEN Ein Fußweg neben der **"Timmermannbrücke"** an der Straße Schleusenredder führt nach 50 Metern zum flachen Alster-Einstieg im Wald.

Zum **AUSSETZEN** in Fuhlsbüttel eignet sich das flache Ufer neben der Susebek-Holzbrücke. Von hier trägt man gut 100 m durch den Wald bis zur Straße „Brombeerweg". Zur Bushaltestelle „Heinrich-Traun-Platz" sind es etwa 100 Meter nach links.

ZURÜCK ZUM EINSTIEG Mit dem Bus 179 bis S Poppenbüttel (Wenzelplatz), dort umsteigen in Bus 276 Richtung Ohlstedt und bis zur Haltestelle „Wohldorf" fahren. Fahrzeit ca. 0:42 h.

SUP-VERMIETUNG

1 ANLEGER HAMBURG
Deelbögenkamp 2-3, 22297 Hamburg
Tel. (040) 51 77 01
www.anleger-hamburg.de

2 SUPCO
C/O BOOTSHAUS BARMEIER
Eppendorfer Landstraße 180
20251 Hamburg
Tel. 0160-312 77 36
www.sup-co.com

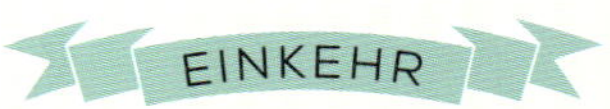

1 RASTHAUS ZUM HASELKNICK
Haselknick 77, 22397 Hamburg
Tel. (040) 605 04 94
www.haselknick.de
Sa-So ab 11, Mi-Fr ab 16 Uhr

KLASSIKER Hausgeräucherter Fisch

2 KLEINHUIS HOTEL MELLINGBURGER SCHLEUSE
Mellingburgredder 1, 22395 Hamburg
Tel. (040) 611 391 50
www.mellingburgerschleuse.de
Tägl. 12-21 Uhr

KLASSIKER Roastbeef mit Bratkartoffeln und hausgemachter Remoulade

3 THE LOCKS
Marienhof 6, 22399 Hamburg
Tel. (040) 611 66 00
www.the-locks.de
So 11.30-24 Uhr, Mo-Mi 12-24 Uhr, Do-Sa 12-01 Uhr

KLASSIKER Die Mittagskarte in dem ansonsten etwas hochpreisigen Restaurant verspricht Mo-Sa von 12-15 Uhr durchweg hochklassige preisgünstige Gerichte.

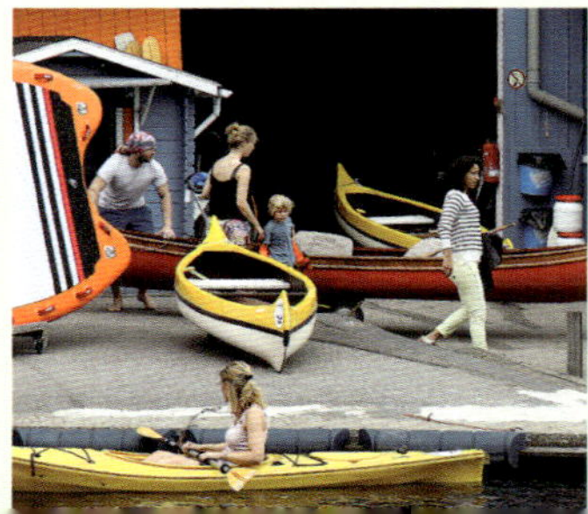

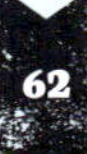

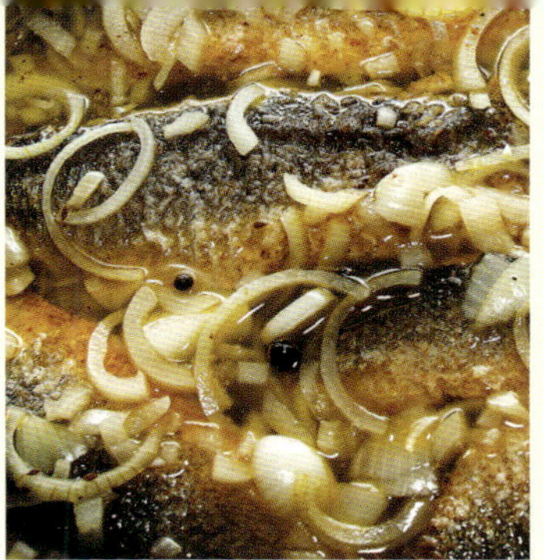

4 CAFÉ ALSTERWIESEN

Wellingsbütteler Landstr. 75
22337 Hamburg
www.facebook.com/cafe.alsterwiesen
Tägl. 11-17 Uhr

KLASSIKER Waffeln & Kakao im umgebauten Toilettenhäuschen

5 CAFÉ UND RESTAURANT ZUR RATSMÜHLE

Ratsmühlendamm 2
22335 Hamburg
Tel. (040) 50 55 54
Di-So ab 12 Uhr

KLASSIKER Eingelegte Bratheringe mit Bratkartoffeln

6 DAS KAFFEEHAUS

Woermannsweg 20
22335 Hamburg
Tel. (040) 85 10 90 00
www.daskaffeehaus.eu
Mo-Sa 9.30-18, So Brunch ab 10 Uhr

KLASSIKER große Frühstücks-Vielfalt, tolle Torten, Crêpes

ÜBERNACHTUNG

1 RASTHAUS ZUM HASELKNICK

Haselknick 77, 22397 Hamburg
Tel. (040) 605 04 94
www.haselknick.de
Übernachtung im Zelt auf dem angeschlossenen Campingplatz

2 KLEINHUIS HOTEL MELLINGBURGER SCHLEUSE

Mellingburgredder 1, 22395 Hamburg
Tel. (040) 611 391 50
www.mellingburgerschleuse.de

3 HOTEL POPPENBÜTTELER HOF

Poppenbütteler Weg 236
22399 Hamburg
Tel. (040) 608 780
www.poppenbuetteler-hof.de

4 CAMPING BREDENBEKER TEICH

Wulfsdorfer Weg, 22949 Ammersbek
Tel. 0171-149 18 20
www.camping-bredenbeker-teich.de

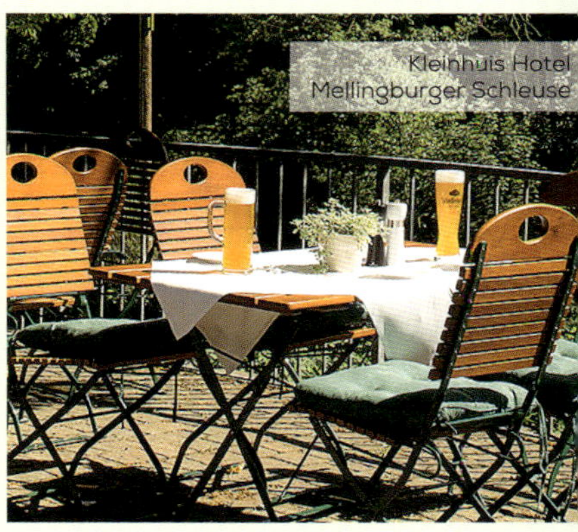

Kleinhuis Hotel Mellingburger Schleuse

EIN STAND UP WALD-ABENTEUER 

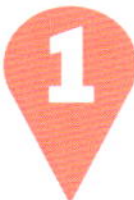

Von der Quelle der Alster in Schleswig-Holstein bis zur Mündung in die Elbe in Hamburg sind es Luftlinie nur 25 Kilometer. Durch ihren verschlungenen Verlauf dehnt sich die Gewässerlänge allerdings auf 60 Flusskilometer aus, von denen immerhin 43 ab der Einsetzstelle Naherfurth offiziell befahren werden dürfen. Da der **ALSTEROBERLAUF** aber oberhalb der Einsetzstelle **WOHLDORF** sehr eng, zugewachsen und schnell strömend ist und nur sporadisch von den Wintersturmschäden geräumt wird, gleicht eine Befahrung eher einem „Trapper-Erlebnis auf Knien“ denn einer entspannten SUP-Tour.

Aus diesem Grund starten wir die Tour erst hinter der **WOHLDORFER SCHLEUSE** bei der **TIMMERMANNBRÜCKE** an der Straße Schleusenredder. Noch während die ersten Paddelschlägen das dunkle Alsterwasser aufwühlen, zeigt sich der grüne Charakter des Flusses. Durch das Astwerk alter Bäume dringen die Strahlen der Sonne und treffen auf eine hauchdünne Nebelschicht, die über dem Fluss liegt. Für eine mystische Atmosphäre ist also gesorgt. Die Alster, die sich in engen Kurven dahinschlängelt, ist von einer hohen Böschung eingefasst. An manchen Stellen weist sie gar einen schluchtartigen Charakter auf. Gelegentliche Baumhindernisse und Steine nötigen uns bisweilen zu deutlichen Steuerschlägen. Es macht riesigen Spaß durch die Kurven unter dem grünen Blätterdach zu gleiten.

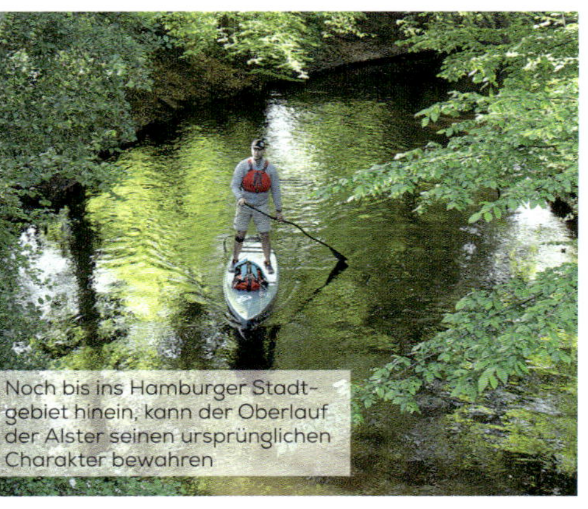

Noch bis ins Hamburger Stadtgebiet hinein, kann der Oberlauf der Alster seinen ursprünglichen Charakter bewahren

Da die Paddel ab und an Flussboden berühren, werden wir auf ein „unsichtbares“ Korsett aus Steinplatten aufmerksam. Ein Hinweis darauf, dass die Alster trotz natürlicher Anmutung schon bis zu einem gewissen Grad kanalisiert wurde. Zur Förderung des Handels sollte im 15. Jahrhundert eine schiffbare Verbindung zwischen Hamburg und Lübeck entstehen und ein Kanal die Alster und die Beste verbinden. Nachdem die Oberalster kanalisiert worden war, ging den Betreibern aber das Geld aus, so dass der Bau 1452 eingestellt werden musste. Ein erneuter

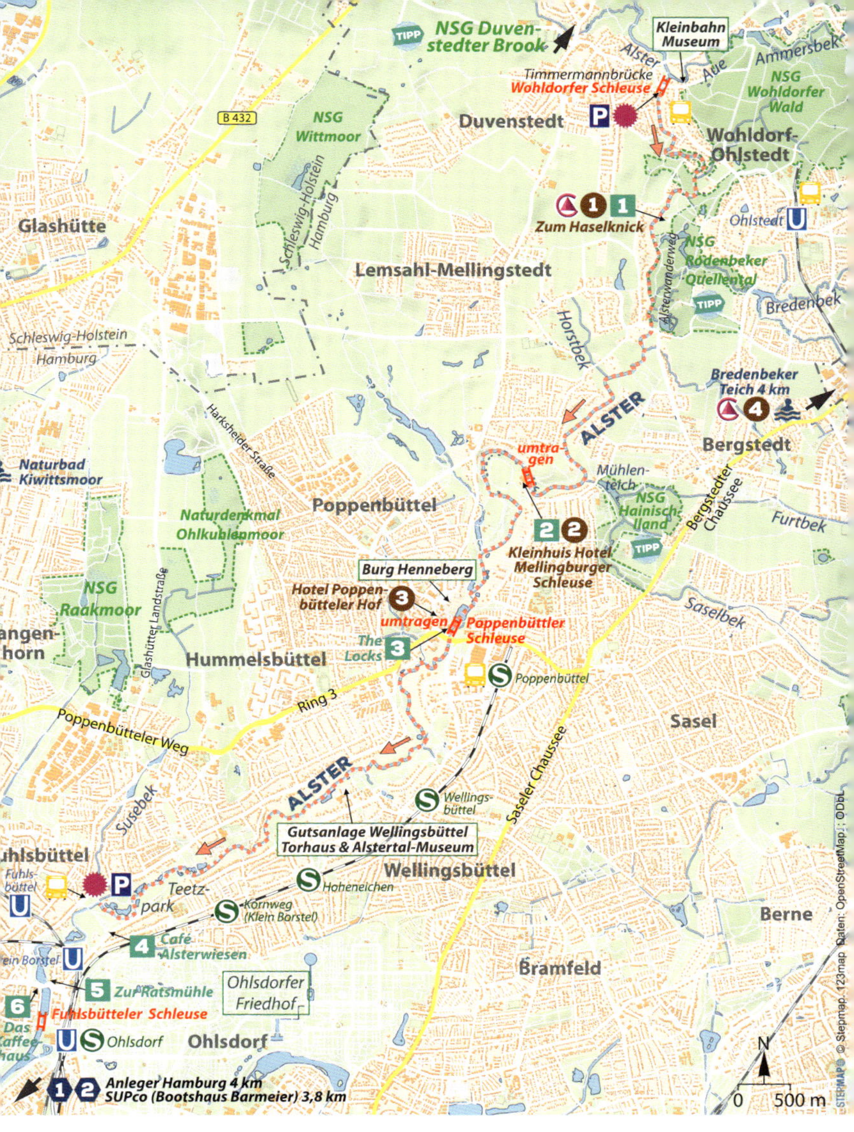

Anlauf 1526 mit Hilfe des dänischen Königs führte zwar zur Fertigstellung von 23 Schleusen, allerdings wurde aus nicht ganz geklärten Gründen das Projekt 1550 endgültig begraben.

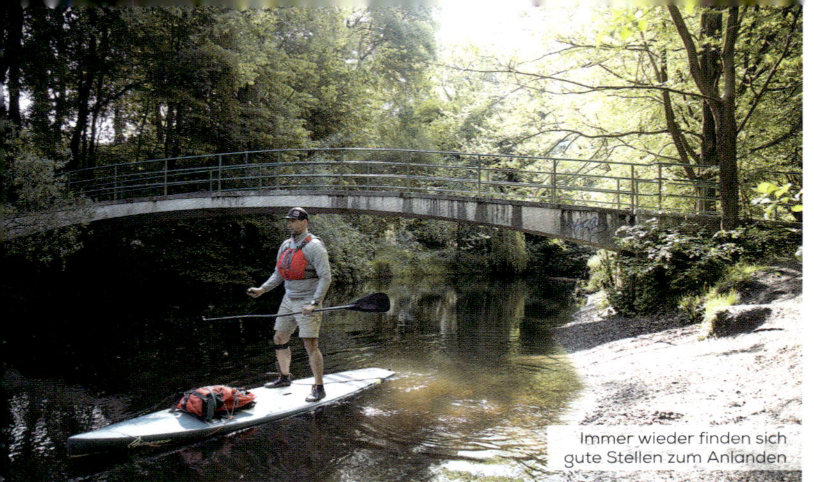
Immer wieder finden sich gute Stellen zum Anlanden

Ein großes Schild im Wald weist auf das Rasthaus **HASELKNICK** 1 hin. Wer hier anlegt, kann im rustikalen Waldlokal einkehren oder gar sein Zelt auf dem gleichnamigen **CAMPINGPLATZ** 1 aufstellen. Auch der **ALSTERWANDERWEG** TIPP führt hier vorbei. Immer wieder bekommen wir Einblicke in die Grundstücke der Anwohner, die meist unaufdringlich mit dem Uferwald verwoben sind. Doch verliert die Umgebung niemals ihre grundsätzlich natürliche Anmutung. Glanzpunkte sind Flusskehren, die mit ihren Sandbänken zum Pausieren einladen.

An der **MELLINGBURGER SCHLEUSE**, der ältesten noch erhaltenen Alsterschleuse Hamburgs aus dem Jahre 1835, durchpaddeln wir das ehemalige Schleusenbecken und setzen links an einer Rollenbahn aus. Unsere Boards tragen wir ein paar Meter über den Weg und setzen dann wieder in die Alster ein. An dieser Stelle befindet sich auch das reetgedeckte ehemalige Schleusenmeisterhaus, in dem sich heute das **KLEINHUIS HOTEL** 2 2 befindet. Einst kehrten hier die Treidelschiffer auf ihrer Fahrt über den Alsterlauf ein. Heute lädt das historische Gasthaus mit mehreren Gaststuben zur Einkehr. Das hauseigene Schwimmbad im bunt gekachtelten Pop-Design der 1960er und 70er Jahre ist ein Gesamt-Kunstwerk!

Kurz vor Poppenbüttel wird die Alster zum Teich aufgestaut. Wir halten uns rechts, denn hier befindet sich ein Holzsteg, über den man die **WEHRANLAGE POPPENBÜTTLER SCHLEUSE** auf gut 50 Metern bequem umtragen kann. Rechts sieht man das Alsterschlösschen **BURG HENNEBERG** durch den Wald leuchten, ein Nachbau der mittelalterlichen Ritterburg Henneberg in Thüringen im Maßstab 1:4, umgeben von einem englischen Landschaftsgarten.

Der kurze Landweg ist schnell bewerkstelligt. Direkt neben der Schleuse lockt das Restaurant **THE LOCKS** 3 mit einer modernen Küche mit regionalen und saisonalen Frischeprodukten auf die Sonnenterrasse.

Die **ALSTER** strömt auch auf den nächsten Kilometern durch einen grünen Korridor, der Stadtgeräusche weitgehend fernhält. Lediglich die startenden und landenden Flugzeuge des nahen Flughafens Fuhlsbüttel sind deutlich hörbar. Bald hinter der Poppenbüttler Schleuse wird die Strömung der Alster flotter und bekommt einmal sogar den Charakter einer kleinen Stromschnelle. Es empfiehlt sich aufmerksam heranzupaddeln um zu beurteilen, wo genau die Steine liegen und ob wir mit unseren Finnen bei dem jeweiligen Wasserstand durchfahren können oder kurz umheben müssen. Danach geht es gemächlicher weiter. Zeitweise müssen wir uns aufs Brett knien um unter umgekippten Weidenstämmen oder ausladenden Ästen der Erlen hindurchzukommen. Linkerhand liegt die schöne **GUTSANLAGE WELLINGSBÜTTEL** (Ausstellungen im Torhaus).

Auf dem letzten Abschnitt der Tour wird die Alster wieder tiefer und breiter. Die Teiche des **TEETZPARKS** schimmern nun durch den Wald und wir entdecken bald an einem Linksknick, wo von rechts der kleine Bach Susebek mündet, die Stelle zum **AUSSETZEN**. Neben der Holzbrücke für Fußgänger ist das Ufer flach genug, um komfortabel auszusetzen und die Fahrt durch den grünen Waldgürtel in Hamburgs Norden zu beenden. Ist man mit Kindern unterwegs, ist sicherlich der große Spielplatz mit den vielen unterschiedlichsten Spielgeräten ein Muss.

Wer noch weiter zur **RATSMÜHLENBRÜCKE** paddeln möchte, beendet seine Tour linkerhand am Café und Restaurant **ZUR RATSMÜHLE** 5, idyllisch direkt am Fluss gelegen, oder kehrt auf ein Stück leckere Torte im **KAFFEEHAUS** 6 ein.

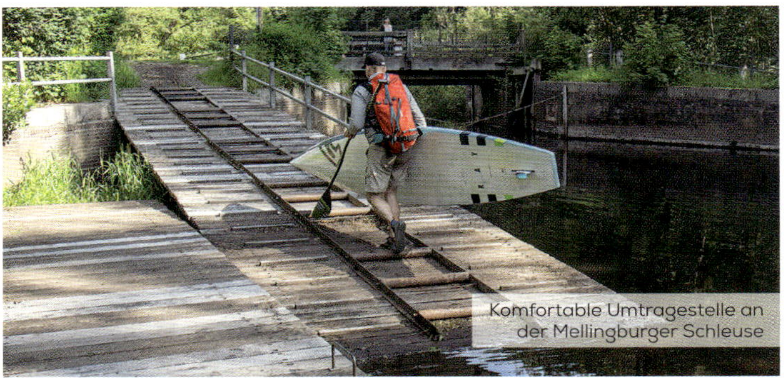
Komfortable Umtragestelle an der Mellingburger Schleuse

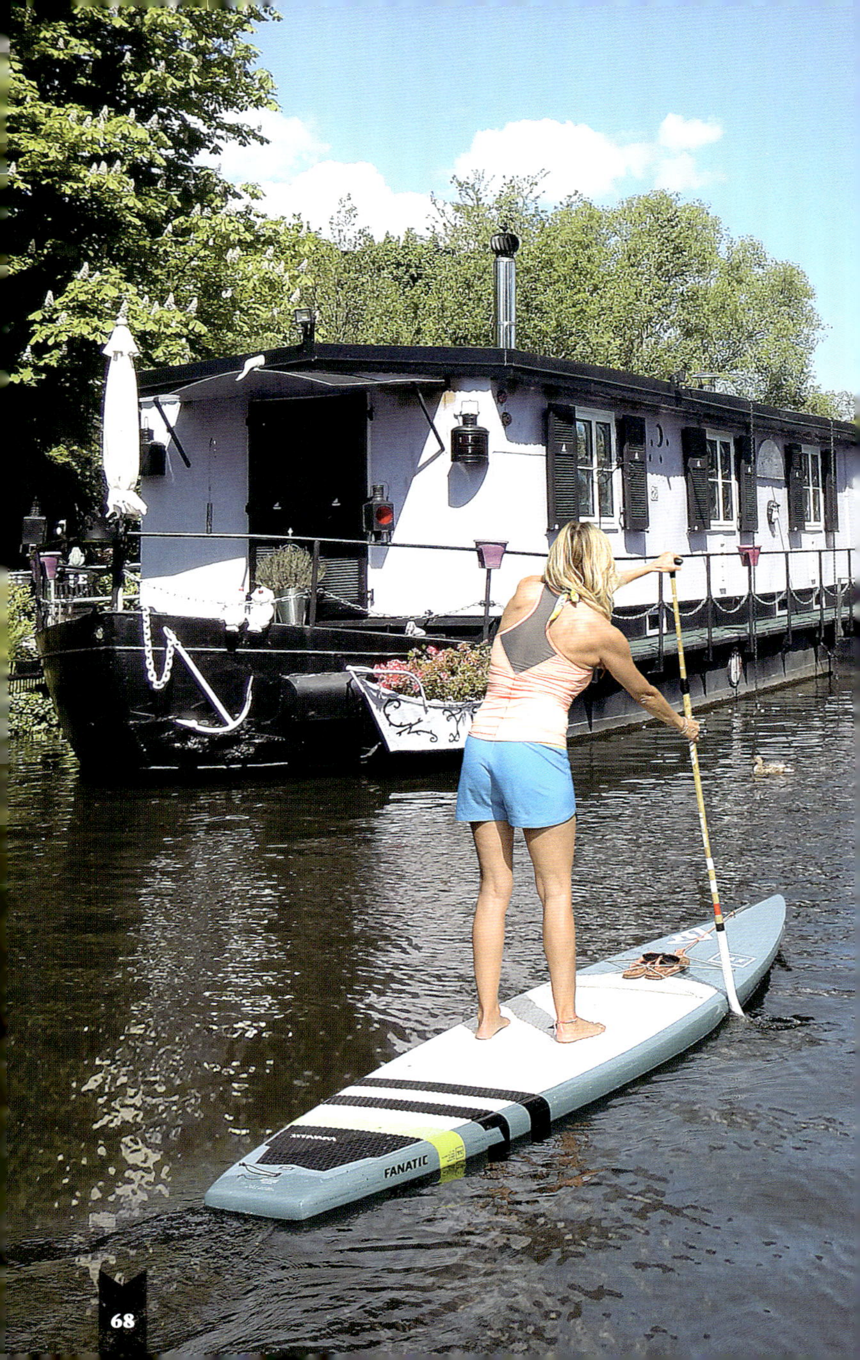
FANATIC

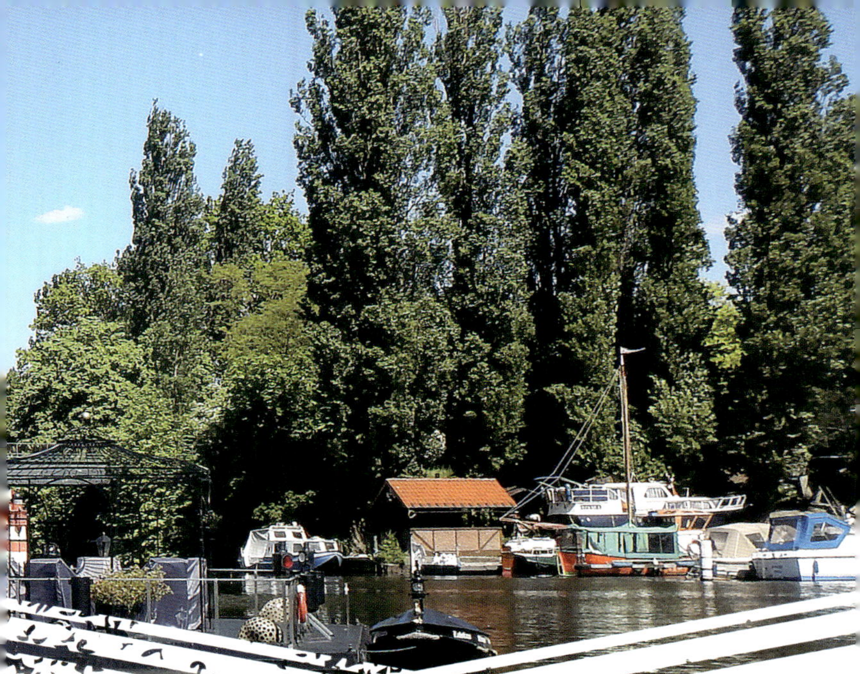

BILLERHUDER INSEL

ANSPRUCH

EINKEHR

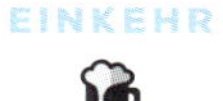

Ein kleines Paradies in einer großen Metropole – das ist der erste Gedanke beim gemütlichen SUPen rund um die 100 Jahre alte Gartenkolonie der Billerhuder Insel. Zuvor ging es auf dem Süd- und Mittelkanal vorbei an Wohnblocks, Lagerhallen, Fabrikanlagen, aber auch prachtvollen Brücken und Glaspalästen Richtung City. Alles in allem eine feine sonntägliche Paddelrunde!

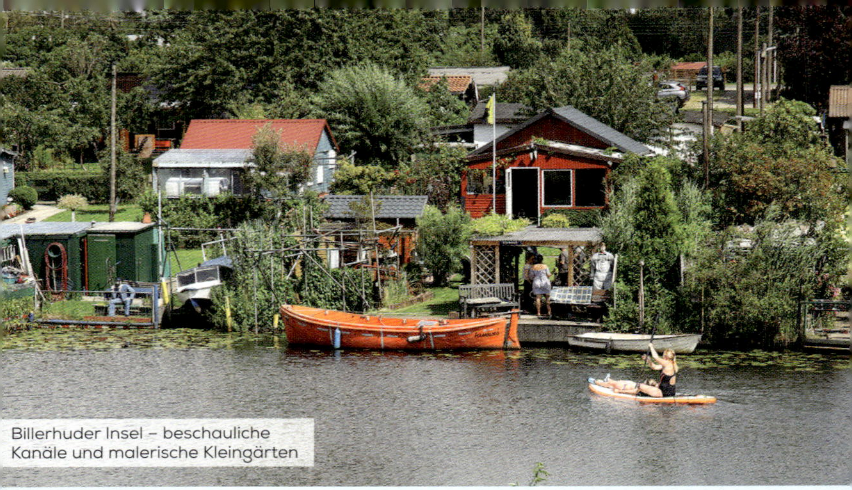

Billerhuder Insel – beschauliche Kanäle und malerische Kleingärten

WIND & WETTER

In den Häuserschluchten des Mittel- und Südkanals gibt es Windschutz, jedoch nicht, wenn der Wind parallel zu den Wasserflächen blasen sollte.

Rund um die Billerhuder Insel kann der Wind ein ausschlaggebender Faktor werden. Ein Blick auf den Wetterbericht vor der Tour ist Pflicht.

BEFAHRUNGSREGELN & SCHWIERIGKEITEN

Als Seeschifffahrtsstraße gilt im Revier die Seeschifffahrtsstraßen-Ordnung. Da hier allerdings nur sehr wenig Verkehr herrscht, wird es kaum brenzlige Situationen geben. Binnenschifffahrtszeichen siehe Umschlagklappe vorne.

ANFAHRT MIT DEM PKW

Vom Steintorplatz am Hamburger Hbf geht es in östliche Richtung über die Adenauer Allee, Kurt-Schumacher-Allee, Borgfelder Straße bis zum Abzweig der B 5 an der U-Bahnstation Burgstraße. Hier rechts abbiegen und über den Grevenweg bis zur Süderstraße fahren. Dort links ab und nach einigen Hundert Metern im Kreisverkehr mit der markanten Störtebeker Statue rechts in den Borstelmannsweg. An dessen Ende links in die Straße Hammer Deich bis zum Wendehammer. Fahrzeit ca. 0:15 h.

PARKEN

In der Straße Hammer Deich oder den umliegenden Straßen findet man kostenlose Parkplätze.

ANFAHRT MIT ÖPNV

Vom Hauptbahnhof mit der Buslinie 112 zur Haltestelle Osterbrookplatz. Fahrzeit ca. 0:18 h. Von dort sind es über den Schadesweg fünf Minuten Fußweg zur Grünanlage Hammer Deich.

BADEN

- **In der Bille** an der Einsetzstelle.
- **"Wilde" Badestellen** im Bereich der **Billerhuder Insel**.

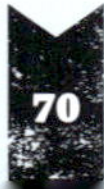

SEHENSWERT

» **FABRIK DER KÜNSTE** – Haus der Kunst und Kultur mitten im Industriegebiet Hamburg-Hamm (Kreuzbrook 10/12, www.fabrikderkuenste.de). Hier gibt es neben Ausstellungen, Konzerten, Lesungen und Kulturwochen auch Tanz und Schauspiel nationaler und internationaler Künstler.

» Das **BUNKERMUSEUM HAMBURG** im Wichernsweg 16 ist das einzige seiner Art in Hamburg. Do von 10-12 + 15-18 Uhr (www.hh-hamm.de/bunkermuseum).

EXTRA-TIPPS

» Das **OSTERBROOKLYN-FESTIVAL** der Nachbarschaftsinitiative BOOT-Hamburg findet jedes Jahr im September auf dem **OSTERBROOKPLATZ 18 (A)** in Hamm-Süd mit Musikern aus der Umgebung statt. Das BOOT hat hier an der Unteren Bille seit 2023 einen Sport- & Kulturanleger. Von Mai bis Mitte Okt steht auch das **BOOTSWAGEN-CAFÉ** – das kulturelle Nachbarschaftscafé auf dem Platz (Do+Fr 11-22, Sa 11-22, So 10-19, www.boot-in-hamburg.de). In dem rollenden StadtteilKulturCafé gibt es dann auch guten Kaffee, hausgemachten Kuchen oder ein kühles Bier. Am BOOTs-Wagen finden in loser Folge immer wieder kleine „Rasenkonzerte" statt.

» Im ehemaligen Betriebshof der Hamburger Wasserwerke an der Süderstraße 112 tanzt man zu elektronischen Bässen im beliebten Club **SÜDPOL** von Freitagnacht bis Montagmorgen, wenn man an den Türstehern vorbeikommt (www.suedpol.org).

» Das 1901 erbaute **KRAFTWERK BILLE** galt mit seinen leistungsstarken Dampfmaschinen lange Zeit als modernstes Kraftwerk der Hansestadt. Heute beherbergt es die Ateliers freischaffender Künstler und war immer wieder Schauplatz von Veranstaltungen. Die rund 12.800 Quadratmeter nutzbare Fläche sollen in den nächsten Jahren für eine Mischnutzung aus Gewerbe, Kunst und Kultur behutsam saniert werden (www.kraftwerkbille.com).

» Spannend ist ein Besuch der nahen **WASSERKUNST ELBINSEL KALTEHOFE** (tägl. 10-18 Uhr). Im Zuge der Hamburger Cholera-Epidemie wurde die europaweit einzigartige Wasserfiltrationsanlage 1893 erbaut, die heute mit ihren charakteristischen Schieberhäuschen und Filterbecken und der historischen Villa (Café Kaltehofe, Mi-So) ein bedeutendes Industriedenkmal ist (www.wasserkunst-hamburg.de).

TOUREN

1 RUNDTOUR AUF KANÄLEN
Vom Gartenidyll Billerhuder Insel Richtung City und zurück.

| **LÄNGE** 8 km | **DAUER** 2-3 h

EIN- & AUSSTIEG

EINSETZEN Östlich der Grünanlage **"Löschplatz"** in Höhe Steinbeker Str. 4. **Achtung:** An der Böschungskante liegen große Basaltblöcke unter Wasser!

Wer ein Board bei **Elbgänger SUP** mietet (nur nach Anmeldung), kann die Tour auch dort starten.

SUP-VERMIETUNG

1 ELBGÄNGER SUP (anmelden)
Oskar-Kreßlau-Sportplatz
20537 Hamburg
Tel. 01575-488 30 83 & (040) 28 51 59 96
www.sup.elbgaenger.de

2 SUP DUDES AM NYX HOTEL
SB-Station / mit Smartphone mieten
Frankenstr. 16, 20097 Hamburg
www.sup-dudes.com

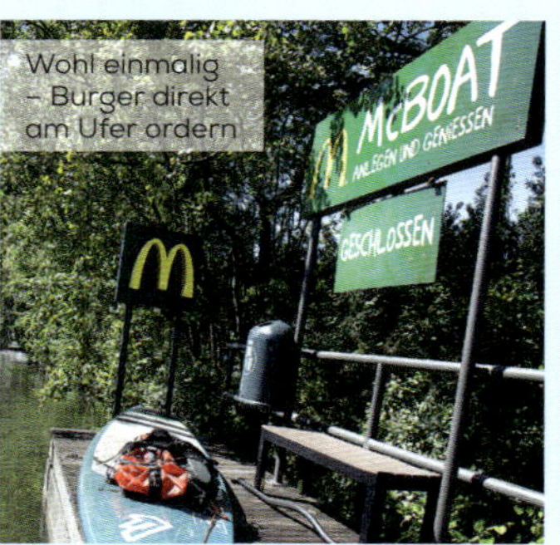

Wohl einmalig – Burger direkt am Ufer ordern

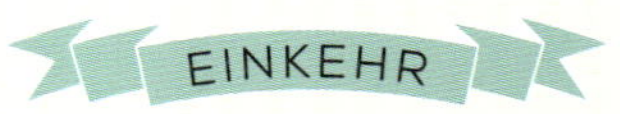

1 CLASH IM NYX HOTEL
Frankenstr. 16, 20097 Hamburg
Tel. (040) 182 12 30
www.instagram.com/nyxhotel.hamburg

KLASSIKER Fusion-Streetfood-Küche, leckere Bowls oder Bar Snacks auf der Terrasse am Fleet genießen

2 MC BOAT
Eiffestraße 440, 20537 Hamburg
Tel. (040) 250 39 03

KLASSIKER Cheeseburger mit Kaffee

3 GASTSTÄTTE BETRIEBSSPORTCASINO
Wendenstraße 120, 20537 Hamburg
Tel. (040) 236 872 40
www.betriebssportcasino.de
Tägl. geöffnet

KLASSIKER Preiswerte Hausmannskost

ÜBERNACHTUNG

1 BO HOTEL HAMBURG
Ausschläger Weg 68, 20537 Hamburg
Tel. (040) 22 63 31 28 00
www.bohotel-hamburg.de

2 STADTHOTEL HAMBURG
Normannenweg 16, 20537 Hamburg
Tel. (040) 27 14 53 00
www.stadthotelhamburg.de

3 NYX HOTEL HAMBURG
Siehe Einkehr 1
www.leonardo-hotels.de >Hamburg
Unangepasst, weltoffen und kreativ

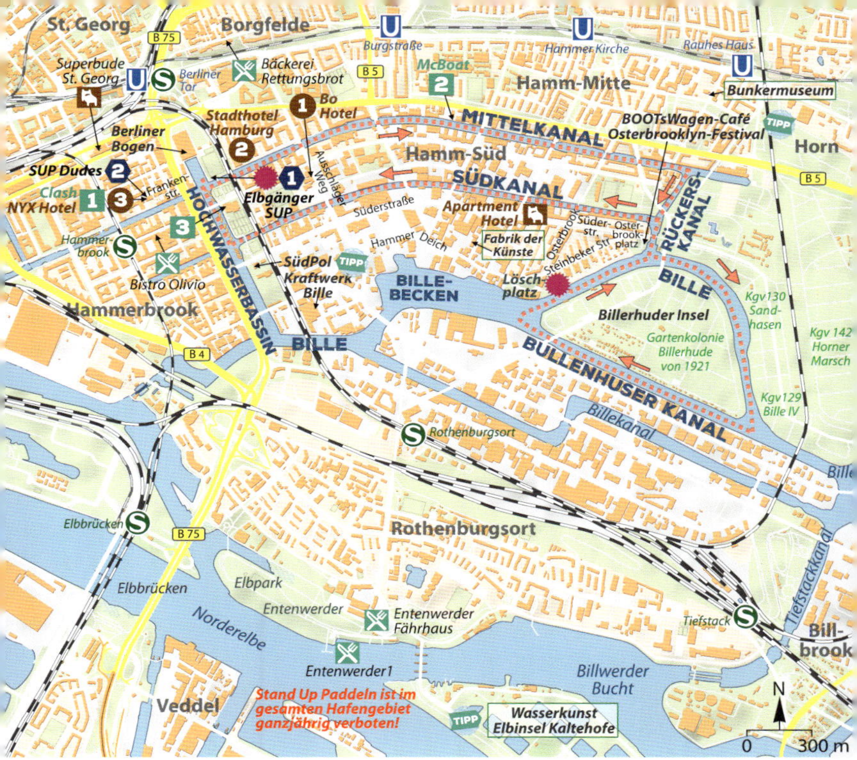

KLEINOD INMITTEN DER STADT

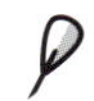

1 Beim Bau des Bullenhuser Kanals im Jahre 1907 entstand die **BILLERHUDER INSEL**, die nun auf ihrer Nordseite von der Bille sanft umflossen wird. Es ist wohl Hamburgs grünste Insel - immerhin pflegen hier seit rund 100 Jahren 600 Kleingärtner ihre Parzellen, auf denen Fichten, Pappeln und Birken in den Himmel ragen und in denen Sonnenhut und Hortensien um die Wette blühen.

Der Insel gegenüber setzen wir unsere Boards am Ufer der kleinen Grünanlage **LÖSCHPLATZ** ins Wasser und freuen uns schon auf die Umrundung des Kleinods am Ende unserer Tour. Mit einem Blick nach rechts auf die Wasserfläche des **BILLEBECKENS** halten wir uns jetzt links und gelangen, die **BILLE** ein Stück stromauf paddelnd, in den **RÜCKERSKANAL**. Wegen der fast nicht existierenden Strömung kommt man auf der Tour in alle Richtung gut voran. Hinter einer

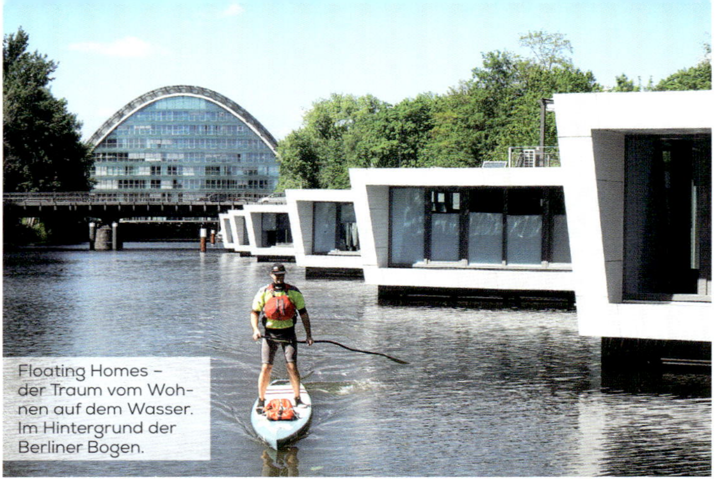

Floating Homes – der Traum vom Wohnen auf dem Wasser. Im Hintergrund der Berliner Bogen.

Fußgängerbrücke geht es schon gleich wieder nach links in den **SÜDKANAL**. Hier tritt das Grün erstmal zurück und macht einer wilden Mischung aus Speichern, Lagerhallen und Wohnblöcken Platz. Manche Gebäude haben eine geschichtliche Patina oder sind mit bunten Graffiti geschmückt und strahlen den morbiden Charme des Verfalls aus. Andere Häuser dagegen wirken wie frisch aus dem Ei gepellt mit ihren modernen, hellen Fassaden. Viele Gebäude sind bis an, nein sogar über die Kante des Wassers hinausgebaut. Wer genau hinschaut entdeckt, dass hier vieles auf Stelzen im Wasser steht. An einigen Stellen sind die Kanten ausgehöhlt und abgebrochen. In den so entstandenen kleinen Vertiefungen wimmelt es nur so von Blesshühnern mit ihren Jungen. Besonders beeindruckend ist, fast am Ende des Kanals, die 1831 gegründete Schokoladen-, Kakao- und Zuckerwarenfabrik Reese & Wichmann. Die sanierte ehemalige Fabrikanlage mit dem langen Steg davor, beherbergt heute Wohnungen und Büros.

Nach Unterquerung vieler Brücken sind wir nun im **HOCHWASSERBASSIN** angelangt. Hier wird Hamburg wieder schick. Stylische Glaspaläste machen etwas her, ebenso die Reihen von Hausbooten die am Ufer vertäut liegen. Am spektakulärsten ist aber sicher der **BERLINER BOGEN** am nördlichen Ende des Beckens. Die geschwungene 140 Meter lange Stahlbogenkonstruktion des Bürogebäudes ist ein ausgezeichnetes Stück Hamburger Architektur und wölbt sich 36 Metern hoch, in der Form einer Parabel gleich, über den Kanal. Durch Anwendung regenerativer Energien, Wintergärten und moderner Fassadentechnik wird der Energiebedarf des vom Stararchitekten Teherani entworfenen Bürokomplexes reduziert.

An der nächsten Kreuzung kann man in alle vier Himmelsrichtungen fahren. Wir wählen den rechts abgehenden **MITTELKANAL**. Genau an der Ecke lässt der SUP-Vermieter **ELBGÄNGER SUP** 1 seine Boards zu Wasser. Der kleine Steg wäre ein netter Pausenplatz, denn diese waren auf der bisherigen Strecke nicht vorhanden. Alternativ kann hier die Tour auch gestartet werden. Auch der nun folgende langgezogene Grünstreifen am linken Ufer wäre mit seinen Sitzbänken ein guter Rastplatz.

Vor der übernächsten Brücke, wo Autohäuser, Wohngebäude und Lagerhallen einem Flecken Grün Platz machen, kommen Anhänger der großen amerikanischen Fastfoodkette auf ihre Kosten. Über einem Holzsteg auf dem eine Sitzbank steht, prangt ein grünes Schild mit dem gelben Logoschriftzug **„MC BOAT"** 2. Wer die Gegensprechanlage bedient, kann sich seinen Burger direkt zum Bootssteg bringen lassen.

Vom Mittelkanal geht es nach ein paar Hundert Metern wieder in den grünen **RÜCKERSKANAL** auf die **BILLERHUDER INSEL** zu. Vor ihr halten wir uns links um sie zu umrunden. Schon lange bevor die Gartenkolonie Billerhude 1921 gegründet wurde, war sie eine erholsame Grünfläche für die Bürger der benachbarten Stadtteile. Jetzt sind hier die unterschiedlichsten Gärten zu bewundern - spießig-kitschige, mit Nagelschere und Maßband gepflegte Parzellen, dann wieder üppige Blumenparadiese, oder die Gärten von Harley Davidson-Bastlern, aber auch durchaus sympathische „verlotterte" Hippi-Flächen. Scheinbar fast jede Klientel kann hier im Kleingarten glücklich werden.

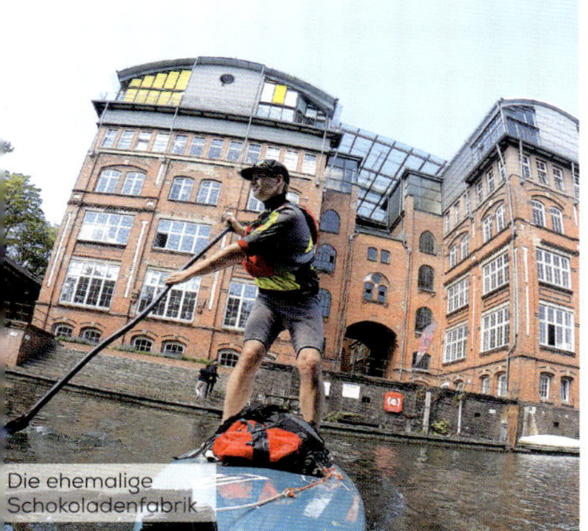
Die ehemalige Schokoladenfabrik

Auf dem nun offeneren **BULLENHUSER KANAL** kommt etwas Wind auf und wir ducken uns in den Windschatten der Uferbäume. Ein entgegenkommendes Motorboot kurz vor der Wiese, wo wir **AUSSETZEN** wollen, macht uns bewusst, dass dies unsere einzige Begegnung mit einem Wasserfahrzeug auf der gesamten Tour gewesen ist.

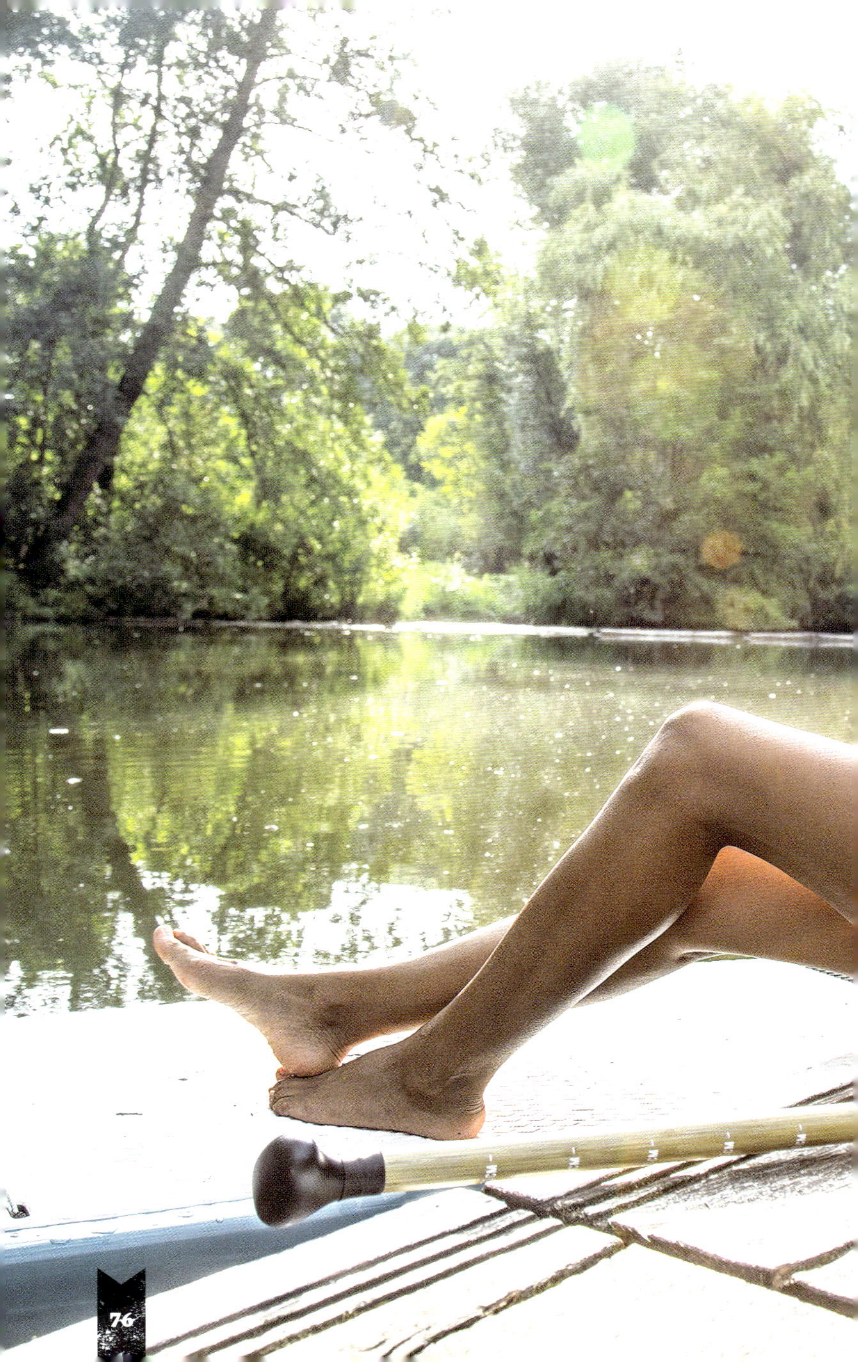

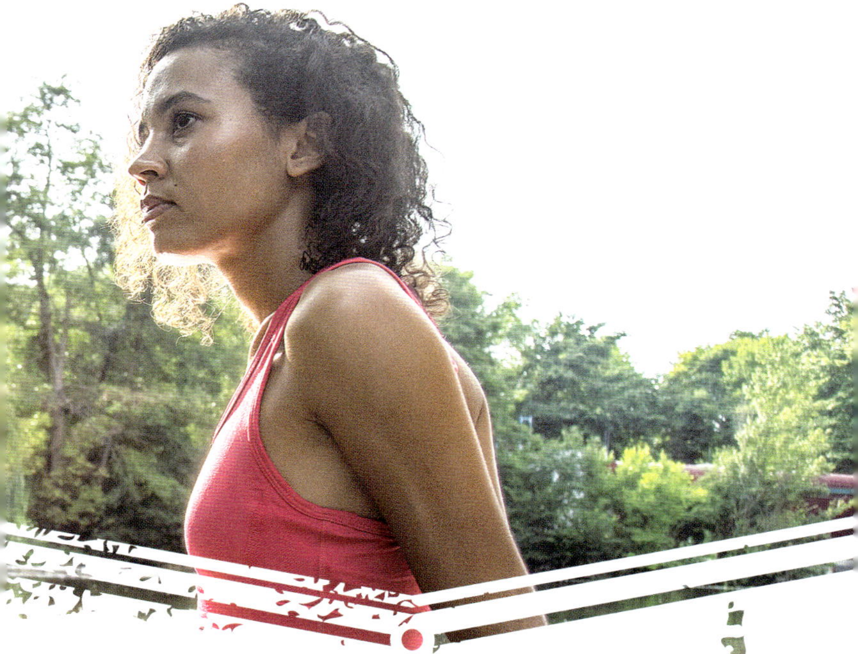

WILHELMSBURGER INSELPARK

ANSPRUCH

EINKEHR

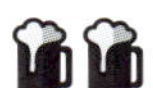

Nicht weit vom Hamburger Hauptbahnhof finden wir eine grüne Oase auf Deutschlands größter Flussinsel. Mit der Gartenschau 2013 erhielt der hippe Mulitkulti-Stadtteil den 85 Hektar großen Park, durchzogen von einem Gewässersystem, das sich für eine Stand up Paddeltour geradezu anbietet. Üppig grün eingewachsene Kanäle und kleine Teiche wollen entdeckt werden und ein Sommernachmittag ist hier schnell verbummelt.

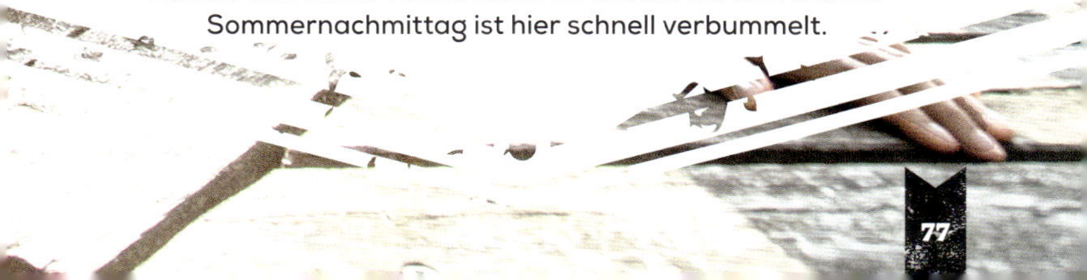

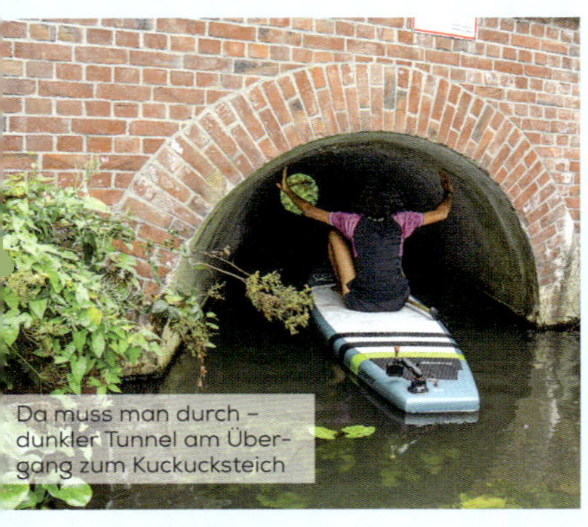

Da muss man durch – dunkler Tunnel am Übergang zum Kuckucksteich

WIND & WETTER

Der Park ist auf der Westseite durch den Parkwaldbestand sehr gut vor Wind geschützt. Die Ostseite dagegen ist offener und etwas windanfälliger. Wegen der kleinen Kanäle kommt es aber nicht zu signifikanter Wellenbildung. Seerosenteppiche könnten im Sommer das Paddeln erschweren. Eine kurze Finne unter dem Brett ist in diesem Fall sinnvoll.

ANFAHRT MIT DEM PKW

Vom Hauptbahnhof fahren wir über Glockengießerwall, Steintorwall, Klosterwall zur Amsinckstraße / B 4 und folgen dieser, bis es rechts ab auf der B 75 über die Elbbrücken und auf die A 255 geht. Bald wieder Richtung HH-Wilhelmsburg abfahren und der B 75 folgen bis zur Rotenhäuser Straße. Diese ein Stück entlang und links ab auf die Dratelnstraße bis zu deren Ende fahren. Dann rechts in die Mengestraße. Hinter der Aral-Tankstelle rechts in den Reinstorfweg zum Parkplatz neben dem Wilhelmsburger Bürgerhaus. Fahrzeit ca. 0:25 h.

PARKEN

Kostenfrei direkt hinter dem Bürgerhaus Willhelmsburg.

ANFAHRT MIT ÖPNV

Vom Hbf mit der S 3 Richtung Harburg bis zur Station „Wilhelmsburg“. Fahrzeit ca. 0:18 h. Von dort 700 m Fußweg zum Bürgerhaus oder weiter mit dem Bus in 0:04 h bis „Rathaus Wilhelmburg“.

BADEN

- Das **Hallenbad "Schwimmhalle Inselpark"** bietet mit der zu öffnenden Südfassade jede Menge Badespaß mit Freibadfeeling (www.baederland.de).
- **"Wilde" Badestellen** in den Seen des Inselparks.

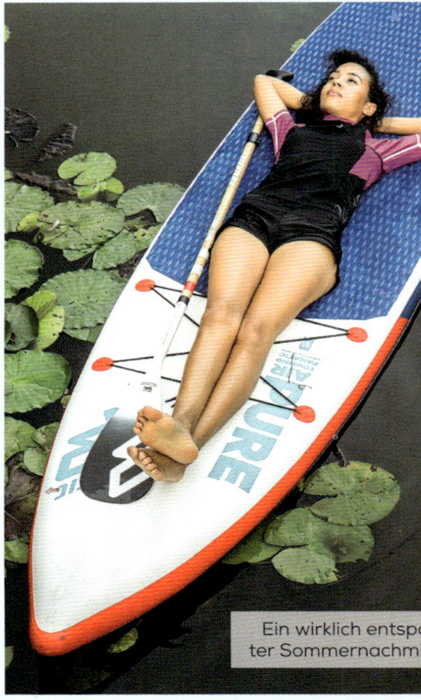

Ein wirklich entsp
ter Sommernachm

SEHENSWERT

» Die Maschinenhalle des 1911 erbauten **WASSERWERK WILHELMSBURG**, ein weiß verputzter Kubenbau mit hohen Sprossenfenstern, ist eine Perle der Industriearchitektur. Im rot geklinkerten, kleineren Verdüsungsgebäude befindet sich heute ein Café für Parkbesucher sowie eine Kaffeerösterei (hamburger-wasserwerk.de).

» Der **ENERGIEBUNKER** – im alten Flakbunker Wilhelmsburg befindet sich heute ein Ökokraftwerk und ein weltweit einzigartiges Beispiel für innovativen Umgang mit regenerativen Energien. Führungen Sa+So 14, 15, 16 Uhr. Das **CAFÉ VJU** (www.vjuimenergiebunker.de) mit Aussichtsterrasse auf 30 Metern Höhe bietet einen spektakulären Blick über die Stadt. Die **GESCHICHTSWERKSTATT WILHELMSBURG & HAFEN** zeigt die Geschichte und die Verwandlung der Anlage.

» Ein- und Auswanderungsgeschichte über vier Epochen hinweg erlebt man in insgesamt 3 Häusern des **AUSWANDERERMUSEUMS BALLINSTADT HAMBURG**. Zudem erfährt man dort viel über Albert Ballin, den Gründer der damaligen Auswandererhallen (www.ballinstadt.de).

» Neben der **PEKING** und anderen Schiffen zeigt das **DEUTSCHE HAFENMUSEUM**, in einem alten Kaispeicher im ehemaligen Freihafen, Exponate der letzten 100 Jahre aus Güterumschlag, Schifffahrt, Schiffbau und Meerestechnik (www.shmh.de).

TIPP EXTRA-TIPPS

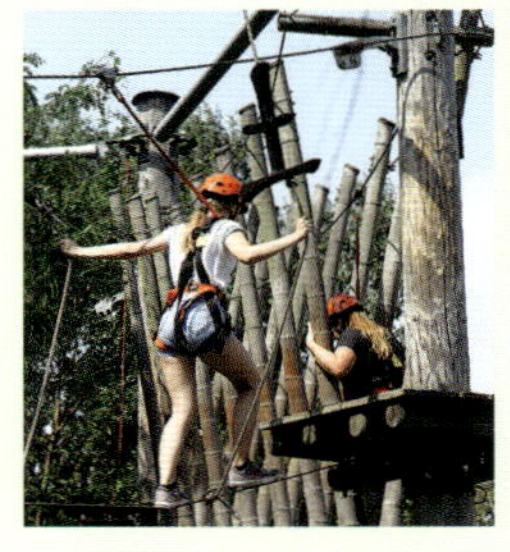

» **HANSEROCK** – der Hochseilgarten lockt mit fünf Parcours und liegt nordöstlich des Kuckucksteiches. Nicht weit davon bietet die **NORDWANDHALLE**, Norddeutschlands modernste Kletterhalle, Freies Klettern, Seilklettern oder Bouldern.

» Auf dem inzwischen stadtbekannten **FESTIVAL MS DOCKVILLE** gibt es 3 Tage im August HipHop und Electro und dazu einen unglaublich schönen Blick auf das angestrahlte Industriegelände (www.msdockville.de).

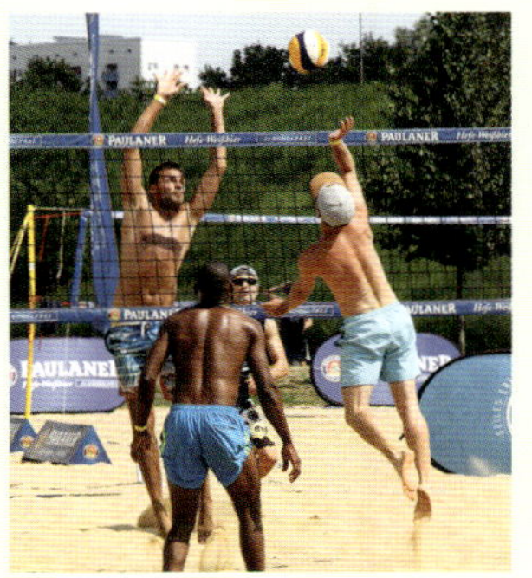

» Adrenalinsüchtige gehen am Wochenende zum **BUNGEE JUMPING VOM HAFENKRAN** beim Hafenmuseum (Australiastr. 50 B, www.bungee.de/bungee-jumping-hamburg).

» Das 120 Hektar große **NSG HEUCKENLOCK** ist einer der letzten Tideauenwälder Europas und ein Süßwasserwatt in Hamburg-Moorwerder, im Süden der Elbinsel Wilhelmsburg. In Hamburgs artenreichstem NSG brütet sogar der Seeadler (www.hamburg.de/heuckenlock).

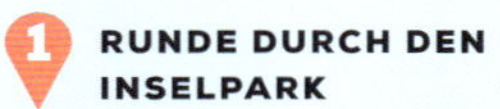

TOUREN

1 RUNDE DURCH DEN INSELPARK

Abwechslungreiche Tour über schmale Wasserläufe und romantische Teiche mit Blick auf Gärten und alte Baumbestände.

| **LÄNGE** 3 km | **DAUER** 1 h

2 GRÜNE KANALTOUR

Vom Bürgerhaus Wilhelmsburg über den Aßmannkanal in den Jaffe-Davids-Kanal und zurück. Unterwegs lockt der sympathische Biergarten „Zum Anleger" zur Einkehr.

| **LÄNGE** 8 km | **DAUER** 2-3 h

EIN- & AUSSTIEGE

EINSTIEG ROUTE 1 Südlich der Mengestraße in den Kanal **Rathauswettern**.

AUSSTIEG ROUTE 1
Am **Bürgerhaus Wilhelmsburg.**

EIN- & AUSSTIEG ROUTE 2
Am **Bürgerhaus Wilhelmsburg**.

SUP-VERMIETUNG

1 BIERGARTEN ZUM ANLEGER
Vogelhüttendeich 123, 21107 Hamburg
Tel. (040) 86 68 77 81
www.zum-anleger.de

2 WILLI VILLA
im Wilhelmbsurger Inselpark
(auch Kanu-Vermietung)
Hauland 81, 21109 Hamburg
Tel. (040) 86 68 77 81
www.willivilla.de

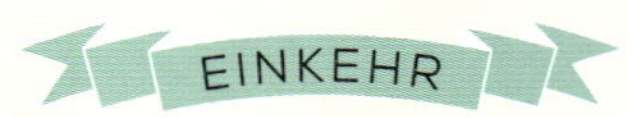

EINKEHR

1 CAFÉ SCHMIDTCHEN WILHELMSBURG

Kulinarischer Campus im
Wasserwerk Wilhelmsburg
Kurdamm 24, 21107 Hamburg
Tel. (040) 41 30 67 10 13
www.schmidt-und-schmidtchen.de
Sa + So 12-18 Uhr

KLASSIKER Extrem leckere Torten

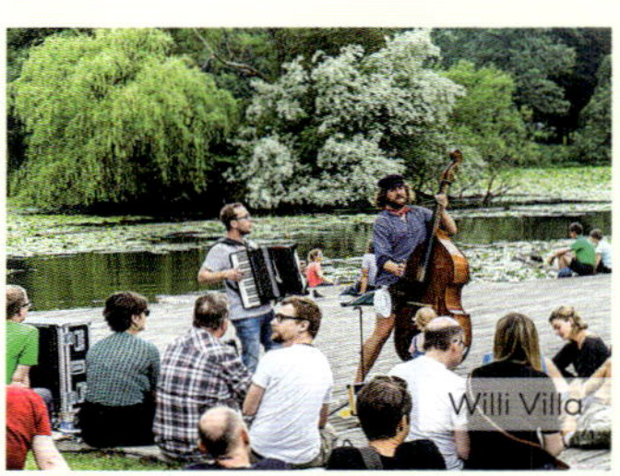
Willi Villa

2 WILLI VILLA

im Inselpark am Kuckucksteich
Hauland 81, 21109 Hamburg
Tel. (040) 86 68 77 81
www.willivilla.de
Apr-Sep Mo-So 11.30-18 Uhr (bei Sonne)

KLASSIKER Bagel mit Tomate & Käse

3 BIERGARTEN ZUM ANLEGER

Vogelhüttendeich 123, 21107 Hamburg
Tel. (040) 86 68 77 81
www.zum-anleger.de
Apr-Sep Mo-Sa ab 11.30-21 Uhr, So ab 10

KLASSIKER Flammkuchen Elsässer Art

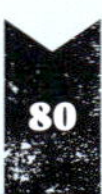

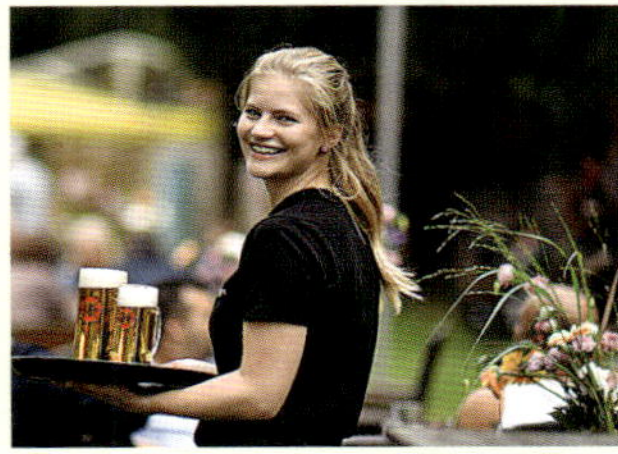

4 HANSEKAI

Jaffestraße 12, 21109 Hamburg
Tel. (40) 333 962 62
www.hansekai.hamburg
Di-Do 11.30-15 + 17-22, Fr+Sa 17-23, So 14-22 **ACHTUNG** Manchmal geschlossene Gesellschaften

KLASSIKER Trüffelburger mit hausgemachter Trüffelcreme

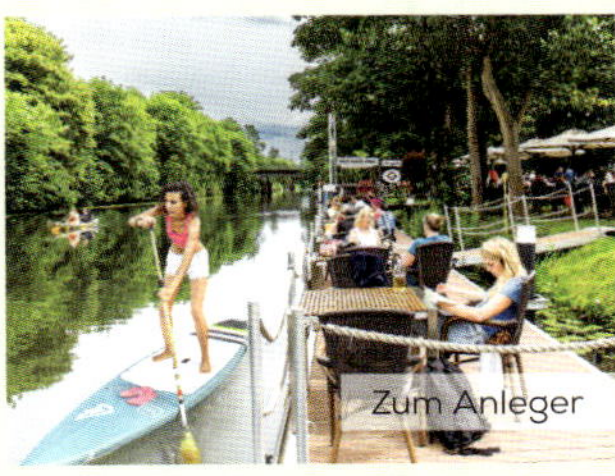
Zum Anleger

ÜBERNACHTUNG

1 RAPHAEL HOTEL WÄLDERHAUS

Am Inselpark 19, 21109 Hamburg
Tel. (040) 302 156 100
www.raphaelhotelwaelderhaus.de

2 URBAN HOME HOTEL

Vogelhüttendeich 73
21107 Hamburg, Tel. (040) 75 81 67
www.urbanhome-hotel-hamburg.de

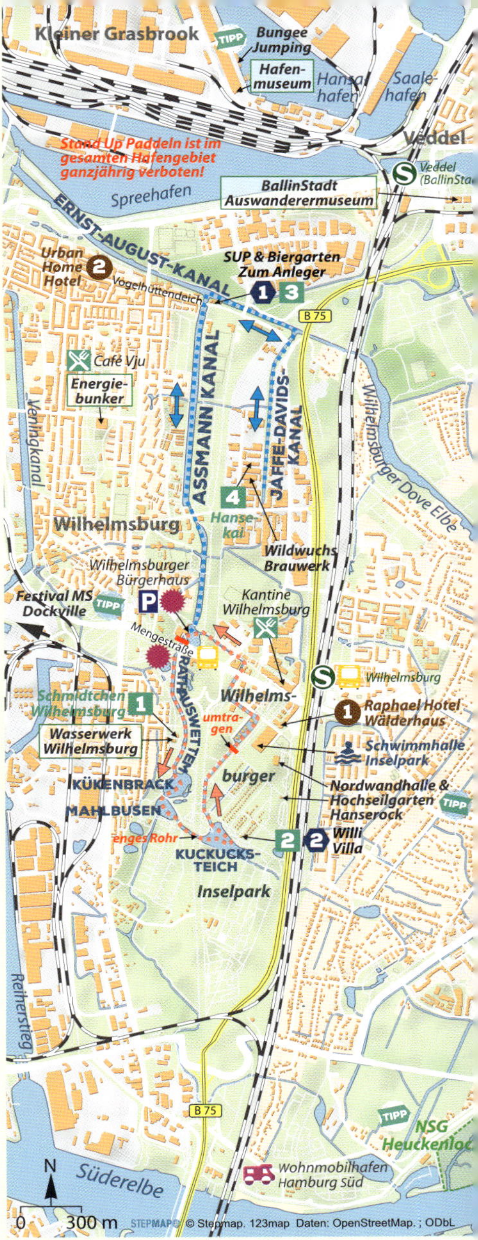

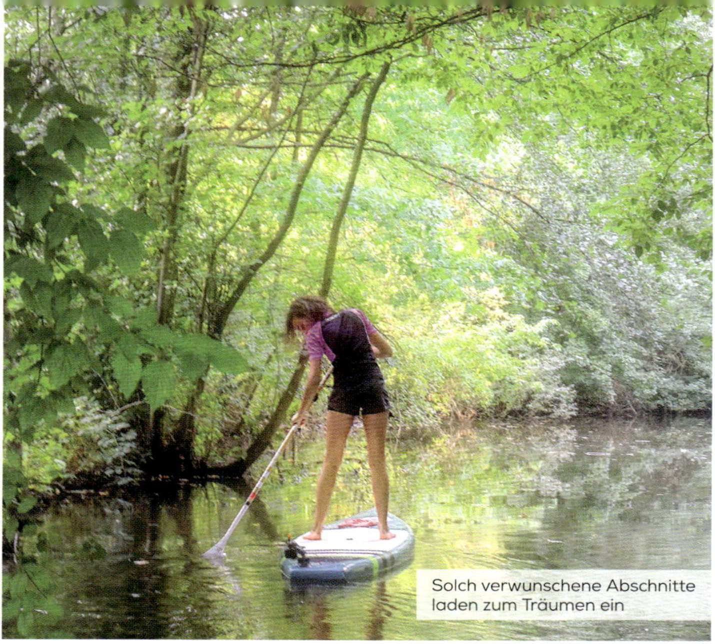

Solch verwunschene Abschnitte laden zum Träumen ein

GRÜNE OASE IM ANGESAGTEN STADTTEIL 

Wilhelmsburg, die größte Binneninsel Deutschlands, wird von den Armen der Elbe umschlossen. Lange prägten den von der Politik vernachlässigten Stadtteil Schlagworte wie: Hafenanlagen, Hochhaussiedlungen, verfallene Fabrikgebäude und Auswandererviertel. Mittlerweile befindet sich der Stadtteil im Umbruch. Schulen wurden gebaut, soziale Projekte angestoßen und es zieht nicht mehr nur Studenten und Kreative in den Stadtteil. Durch Großprojekte wie z.B. die Internationale Bauausstellung entstanden Tausende neuer Wohnungen.

Nicht zuletzt hat der **INSELPARK** Wilhelmsburg zu noch mehr Lebensqualität verholfen. Bei der Planung haben die Stadtentwickler mit dem Rhododendrongarten und dem gut 300 Meter langen Rosenboulevard nicht nur an Pflanzen, Wege und Kleingärten gedacht, sondern auch in Punkto Freizeit mit voller Hand aufgetischt. Auf dem Gelände verstecken sich ein Geysir, ein Nebelpark, fünf Spielplätze samt Riesenrutsche und Wüstenwelle, ein **HOCHSEILGARTEN**, eine **KLETTERHALLE** TIPP, ein **SCHWIMMBAD** aber auch der Freizeitrundkurs "LOOP" für Skateboarder und Rollschuhfahrer.

Wir starten nun zu unserem Loop mit dem SUP-Board auf dem strömungslosen Gewässer **RATHAUSWETTEM** südlich der Mengestraße auf der anderen Straßenseite vom **BÜRGERHAUS** ●. Wären da nicht am Rande des Kanals immer mal wieder Spaziergänger zu sehen, könnte man meinen, irgendwo weitab mitten in der Natur unterwegs zu sein. Richtig verwunschen wird es, als wir hinter dem ehemaligen **WASSERWERK WILHELMSBURG**, wo Samstag und Sonntag im **CAFÈ SCHMIDTCHEN** 1 leckere Torten und Quiche serviert werden, die beiden kleinen Seen **KÜCKENBRACK** und **MAHLBUSEN** durchqueren. Dort treiben Jugendliche ihre Späße und stoßen sich an diesem heißen Tag vom hölzernen Steg immer wieder gegenseitig ins Wasser, während ein Kanu gemächlich seine Runden dreht und die Insassen eines anderen ein üppiges Picknick im Boot genießen.

Dann wird es spannend, denn die ehemalige B 75 (die Wilhelmsburger Reichsstraße wurde verlegt) muss unterquert werden – aber nicht im Stehen, denn die Röhre ist so eng, dass man nur geradeso im Sitzen hindurchpasst. Um vorwärtszukommen, stoßen wir uns mit den Händen an den Wänden ab. Doch es gibt Licht am Ende des Tunnels und wir sind nun im **KUCKUCKSTEICH** gelandet, der mit zwei großen, terrassenartig erweiterten Steganlagen aufwarten kann. Hier findet man mit **WILLI VILLA** 2 2 eine gute Einkehrmöglichkeit und SUP-Vermietung. Die zwei bildhübschen Töchter der Pächter-Familie wurden 2011 von den

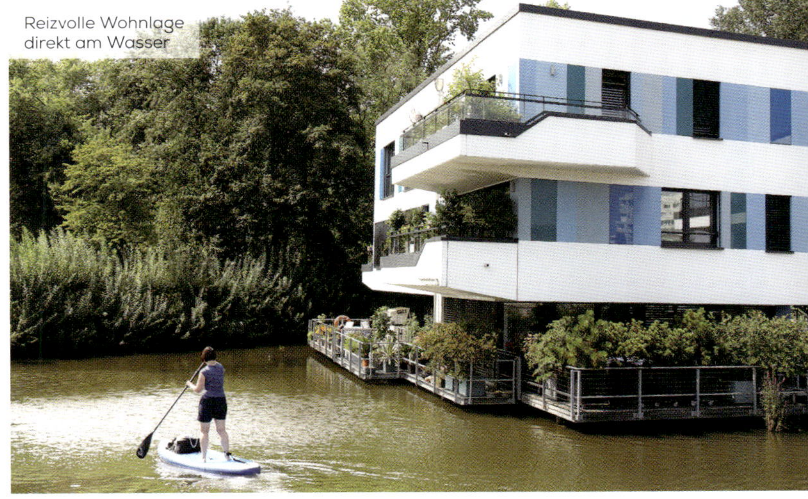

Reizvolle Wohnlage direkt am Wasser

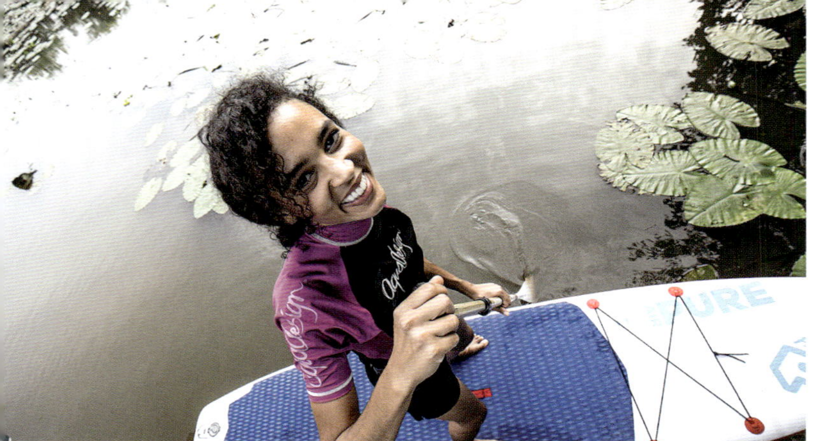

Lesern der BILD-Zeitung zu den Service-Stars der Stadt gewählt und betreiben außerdem noch das Ausflugslokal „Zum Anleger“ (**SIEHE ROUTE 2**).

Parallel zur Trasse der ehemaligen B 75 (in den nächsten Jahren sollen hier Wohnungen entstehen) paddeln wir nun auf einem im Sommer leider oft von Seerosen überwucherten Kanal auf die einzige Umtragung hin - ein kleines Wehr hinter einer niedrigen Brücke. Wem das „Gestochere“ im Grünzeug zu anstrengend ist, der dreht einfach um und paddelt den gleichen Weg zurück.

Glich der erste Teil der Tour eher einem „Waldspaziergang“, öffnet sich der Park nun und bezaubert uns mit gepflegten Wiesenflächen und Alleebäumen. Ab dem Wehr sind wir auf dem Board in Tuchfühlung mit der markanten Architektur der Internationalen Bauausstellung. Einige der würfelförmigen Wohnhäuser sind quasi ins Wasser bebaut und ihre Balkone und Terrassen „schweben“ darüber.

In der Ferne blicken wir auf die imposante wellenförmige und mit bunten Kacheln versehene Fassade eines 200 Meter langen Baus, in dem die Behörde für Stadtentwicklung und Wohnen untergebracht ist. Nicht nur architektonisch überzeugt das Gebäude von Sauerbruch Hutton, sondern auch in Sachen Energieeffizienz: Es ist eines der sparsamsten Bürogebäude Deutschlands. Wer sich das Gebäude von innen anschauen möchte, könnte es um die Mittagszeit gleich mit einem Besuch der **KANTINE WILHELMSBURG** verbinden. Sie bietet täglich wechselnde Speisen von gutbürgerlich über international bis hin zu leichter und moderner Küche in einer außerordentlichen Qualität zu günstigen Preisen.

Im Zickzack paddeln wir dann die letzten Meter durch den Inselpark, ehe wir zur Aussetzstelle der spannenden Tour vor dem **BÜRGERHAUS** kommen.

KLEINE KANALTOUR

Die zweite Route führt vom **BÜRGERHAUS WILHELMSBURG** auf dem relativ breiten **ASSMANNKANAL** in Richtung Norden, vorbei an Kleingärten und Wohnhäusern bis zum **ERNST-AUGUST-KANAL**, der in die **WILHELMSBURGER DOVE-ELBE** übergeht. Zwar ist man auch hier im Grünen unterwegs, allerdings ist es nicht so idyllisch wie im Inselpark.

Belohnen sollte man sich aber mit einem Besuch des sympathischen Biergartens **ZUM ANLEGER** 3 mit **SUP-VERMIETUNG** 1. Für einige Hamburger sicher noch ein Geheimtipp - zu Unrecht, denn an diesem grünen Fleckchen direkt am Wasser kommt echtes Urlaubsfeeling auf.

Wer noch nicht genug hat, macht noch einen Abstecher zum **JAFFE-DAVIDS-KANAL**, wo das kleine, aber feine **BURGER RESTAURANT HANSEKAI** 4 von der großzügigen Terrasse einen traumhaftem Blick auf den Elbkanal bietet. Nur zwei Häuser weiter in der Jaffestraße 8 braut **WILDWUCHS BRAUWERK** seit 2018 sein leckeres Craft Beer in Bio-Qualität (Chilliger Bar-Betrieb Fr+Sa ab 16 Uhr, Werksverkauf Fr ab 10 Uhr, www.wildwuchs-brauwerk.de).

Auf gleichem Weg entlang der Kanäle geht es dann mit dem SUP wieder zurück zum **BÜRGERHAUS**.

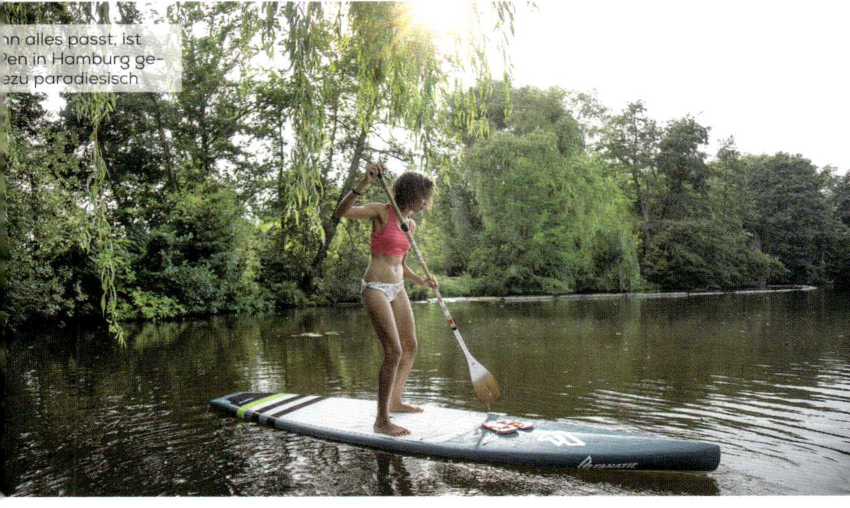

…n alles passt, ist …en in Hamburg ge- …zu paradiesisch

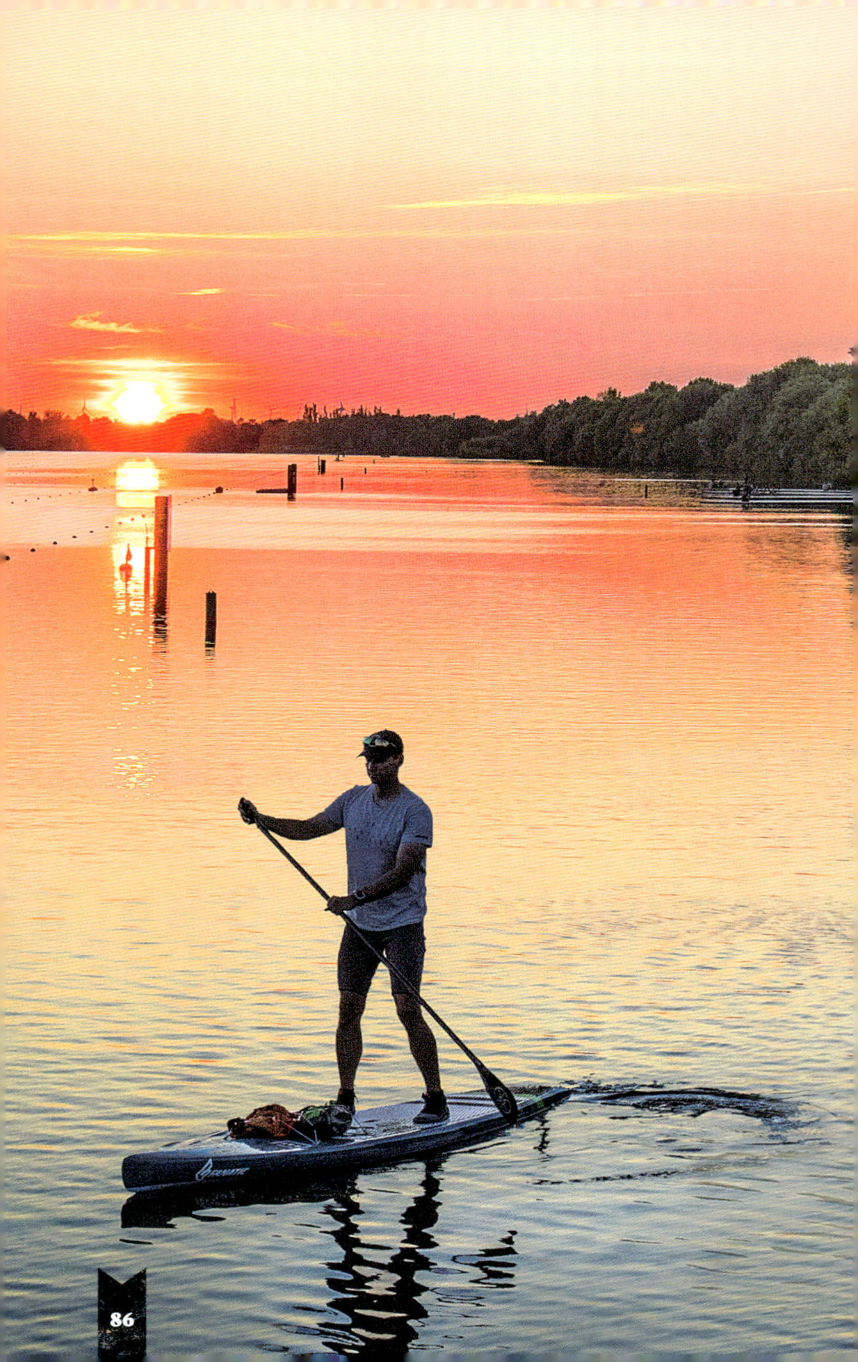

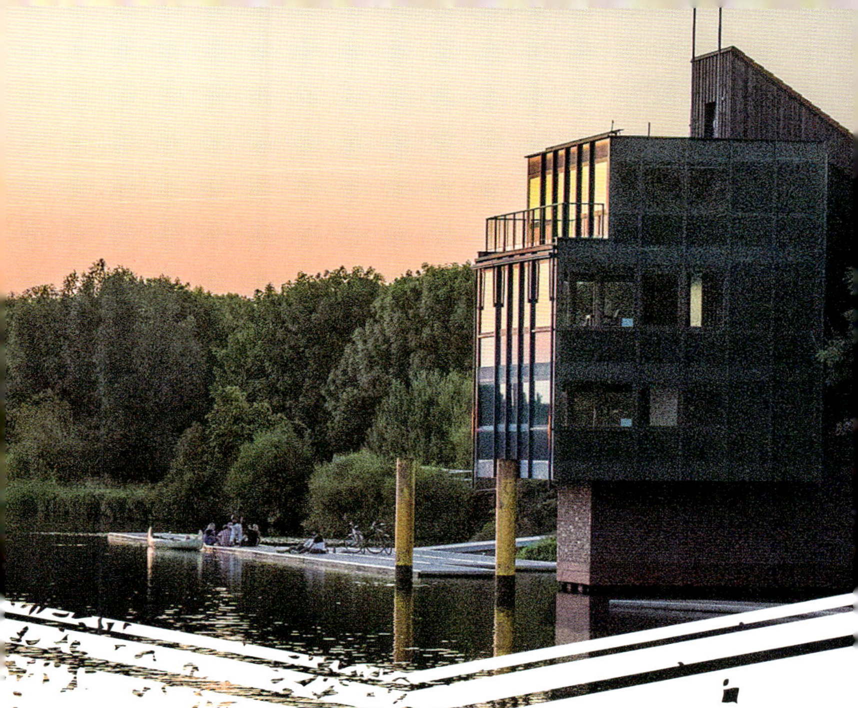

DOVE- & GOSE-ELBE

ANSPRUCH

EINKEHR

So präsentiert sich das ländliche Hamburg: reetgedeckte Fachwerkhäuser ducken sich hinter dem Deich, weite, grüne Wiesen und bunte Blumenmeere, soweit das Auge reicht. Wegen der vielen Wasserwege und Schutzgebiete mit seltenen Tier- und Pflanzenarten sind die Vier- und Marschlande ein ideales Ziel um mit dem SUP-Board einen ganzen Tag dem Trubel der Großstadt zu entfliehen.

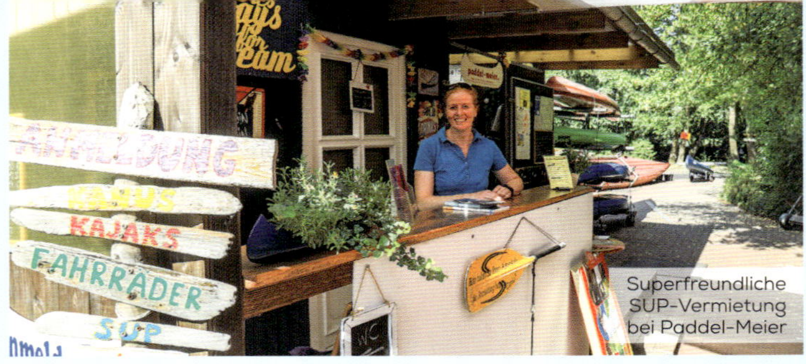

Superfreundliche SUP-Vermietung bei Paddel-Meier

WIND & WETTER

In der offenen, flachen Marschlandschaft ist man auf großen Teilen der Strecke dem Wind ausgesetzt. Mit Wellenbildung ist aber nur auf dem See der Regattastrecke zu rechnen.

BEFAHRUNGSREGELN

- Der Neuengammer Durchstich ist zwischen 15.04. und 15.06. aus Naturschutzgründen gesperrt.
- Teile der Strecke sind Bundeswasserstraße. Es gelten die Regeln der Binnenschifffahrtsstraßenordnung. Binnenschifffahrtszeichen siehe Umschlag vorne.

ANFAHRT MIT DEM PKW

Vom Hauptbahnhof führt die Fahrt in Richtung Südosten über Steintorwall und Högerdamm zur B 4. Anschließend über die A 255 auf die A 1 fahren bis AK HH-Südost. Hier auf die A 25, dann Abfahrt 2 HH-Allermöhe nehmen und zum Allermöher Deich fahren (Navi: Allermöher Deich 36, 21037 Hamburg). Fahrzeit ca. 0:30 h.

PARKEN

Direkt neben dem Wasserpark Dove-Elbe befindet sich ein Schotterparkplatz einen Steinwurf vom Wasser entfernt.

ANFAHRT MIT DEM ÖPNV

Vom HH-Hbf mit der S 21 zur Station „Mittlerer Landweg“, hier umsteigen in Bus 321 Richtung Bf Bergedorf und bis „Pumpwerk Allermöhe“ fahren, dort 300 m Fußweg zur Einsetzstelle neben dem Kanu- und Ruderverein im Wasserpark Dove-Elbe. Oder „Mittlerer Landweg“ umsteigen in Bus 530 Richtung Hammer Kirche bis Haltestelle „Moorfleeter Deich (Ost)“, dann 700 m Fußweg zur Einsetzstelle. Fahrzeit ca. 0:30 h.

Zum SUP-Board mieten zu Paddel-Meier ❶ fahren und dort starten. Von HH Hbf Bus 122 oder Bf Bergedorf Bus 122, 222 bis Haltestelle „Heinrich-Osterath-Str 241“ (250 m zu Paddel-Meier).

BADEN

Im Eichbaumsee ist Baden verboten!

- Im Bereich des **Wasserparks Dove-Elbe**. Bitte nicht die Stege des Wasserparks betreten. Auf Ruderer achten!
- Badestelle am **See Hinterm Horn**.
- Badestelle **Allermöher See**.
- **Bille-Bad Bergedorf** - Hallen- & beheiztes Freibad in idyllische Lage an der Bille (www.baederland.de).

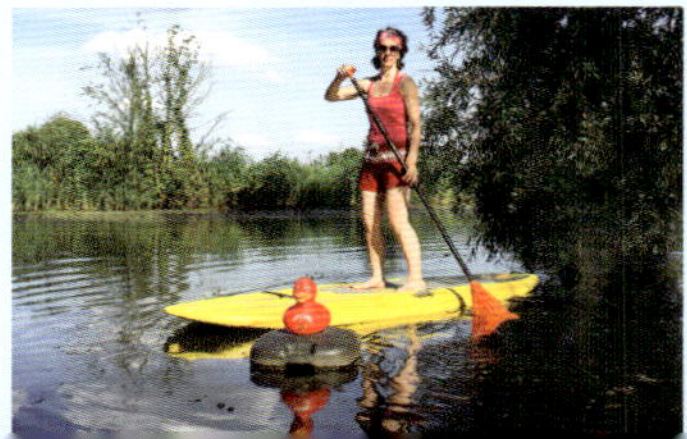

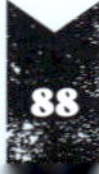

SEHENSWERT

» Das älteste Gebäude der Marschlande ist die 1611 erbaute **DREIEINIGKEITSKIRCHE** der Gemeinde Allermöhe-Reitbrook mit prächtiger Ausstattung und wunderschönen Deckengemälden (kirche-allermoehe.de).

» Das Wahrzeichen der Marschlande, der Galerieholländer **REITBROOKER MÜHLE** von 1873, besitzt als einzige Hamburger Mühle originalgetreue Windmühlenflügel. Auch heute wird hier noch gemahlen. Im Fachwerkhaus daneben wuchs Alfred Lichtwark auf, bekannt als Kunsthistoriker und -pädagoge, der als erster Museumsleiter die Kunsthallen-Sammlung aufbaute (www.reitbrooker-muehle.de).

Reitbrooker Mühle

» **FREILICHTMUSEUM RIECK HAUS** – in einem der ältesten erhaltenen Bauernhäusern Norddeutschlands am Curslacker Deich 284 wird im Hallenhaus eine Dauerausstellung der Kulturgeschichte der Vier- und Marschlanden gezeigt. Teil der Außenanlage sind Kokerwindmühle mit Wasser-Schnecke, Getreidespeicher, Bauerngarten und Backhaus (www.bergedorfer-museumslandschaft.de).

» **KZ-GEDENKSTÄTTE NEUENGAMME** – eine der größten Gedenkstätten Deutschlands erinnert an mehr als 100.000 Menschen, die dort während des Zweiten Weltkrieges inhaftiert waren. Rund die Hälfte wurde ermordet. Über die Dove-Elbe und den 500 m langen Neuengammer Stichkanal, von Häftlingen 1940-42 angelegt, kann man zur Gedenkstätte fahren (www.kz-gedenkstaette-neuengamme.de).

TIPP EXTRA-TIPPS

» **WUTZROCK** – „Umsonst & Draußen-Festival" im August am **EICHBAUMSEE ALLERMÖHE** mit Musik, Kunst, Kultur & politischer Aussage - solidarisch, nicht kommerziell, gegen Sexismus und antifaschistisch (www.wutzrock.de).

» Ein Spaziergang entlang des **NSG DIE REIT** an einem Frühlingstag ist ein amphibisches Erlebnis. Heerscharen von Fröschen und Kröten hüpfen und kriechen über die Deichkrone, um vom Winterquartier zum Laichgewässer zu wechseln.

» Ein Abstecher mit dem SUP auf dem **SCHLEUSENGRABEN** (6 km ↔) ins **HISTORISCHE ZENTRUM VON BERGEDORF** und zum **SCHLOSS** ist sehr lohnend. Dazu nutzt man die Bootsschleppe im Wehrarm rechts der Krapphofschleuse.

» Die **VIER- UND MARSCHLANDE** eignen sich hervorragend für Radtouren auf denen man das Schloss in Bergedorf und auch das Elbeufer einbeziehen kann.

» Besonderes Highlight: **NSG BOBERGER NIEDERUNG** mit den **BOBERGER DÜNEN**, Hamburgs letzten Wanderdünen, und dem **BOBERGER SEE**, in dem es sich herrlich baden lässt (2,5 km vom S-Bahnhof Mittlerer Landweg).

» **SUP-BOARD TESTEN:** Altengammer Hauptdeich 88, 21039 Hamburg. Termin vereinbaren! Tel. 0172-528 63 93, alex@liteventure.de, www.liteventure.de/SUP

TOUREN

1 **GROSSE FLUSSTOUR**
Durch eine ruhige Wiesen- und Marschlandschaft über die Dove-Elbe, den Neuengammer Durchstich und die Gose-Elbe zurück zum Startpunkt.

| **LÄNGE** 19 km | **DAUER** 4-6 h

EIN- & AUSSTIEG
Östlich des Eichbaumsees im Bereich des **Wasserparks Dove-Elbe**.

SUP-VERMIETUNG

1 PADDEL-MEIER (MAI-SEP)
Heinrich-Osterath-Straße 256
21037 Hamburg, Tel. (040) 737 22 70
www.paddel-meier.de

2 WINDSURFING HAMBURG
Verkauf - Vermietung
Oortkatenufer 12, 21037 Hamburg
Tel. (040) 737 20 43
www.windsurfing-hamburg.de

3 BOOTSHAUS BERGEDORF
Schillerufer 41, 21029 Hamburg
Tel. (040) 419 229 06
www.bootshaus-bergedorf.com

4 ISUPER WASSERSPORT
Verkauf und mobiler Vermieter
Tel. 01520-821 59 68, www.isuper.de

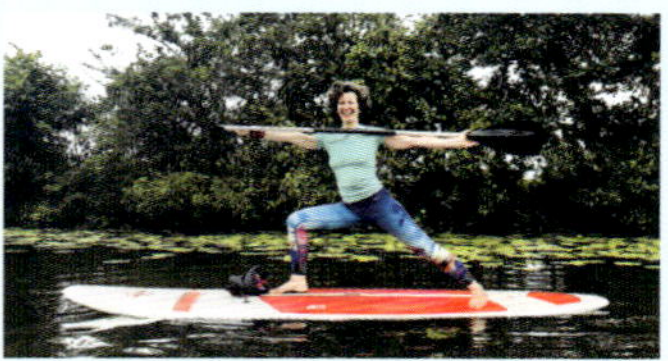

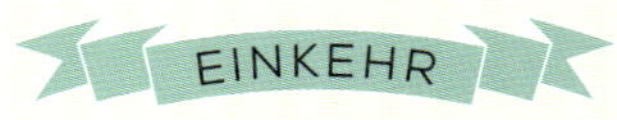

EINKEHR

1 LANDHAUS VOIGT
Ochsenwerder Norderdeich 113
21037 Hamburg, Tel. (040) 737 24 40
www.landhaus-voigt.de
Sa ab 12, So ab 11, Mo-Fr ab 16 Uhr, Mi Ruhetag

KLASSIKER „Suurfleesch, mokt wi sülms“ - Hausgemachtes Sauerfleisch mit knusprigen Bratkartoffeln

2 FÄHRHAUS TATENBERG
auch Gästezimmer
Tatenberger Deich 162, 21037 Hamburg
Tel. (040) 737 22 27
www.faehrhaus-tatenberg.de
Mi-So 12-21 Uhr

KLASSIKER „Fischerfrühstück“ - Büsumer Krabben mit Rührei und Bratkartoffeln

ÜBERNACHTUNG

1 HOTEL ZUM EICHBAUM
Moorfleeter Deich 477
21037 Hamburg, Tel. (040) 737 26 55
www.zum-eichbaum.de

2 PENSION MOIN MOIN
Allermöher Deich 109, 21037 Hamburg
Tel. (040) 737 33 22 & 0160-909 037 59
www.pension-moinmoin.de

3 MY-BED HAMBURG
Kurfürstendeich 41, 21037 Hamburg
Tel. (040) 36 09 40 22
www.wohnen-mybed.eu

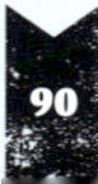

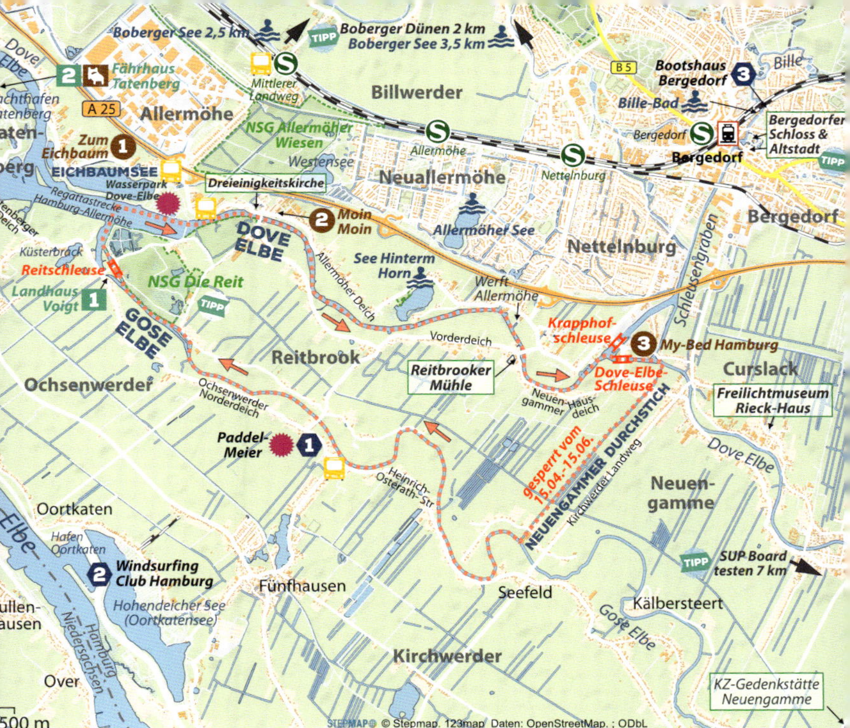

DIE GROSSE FLUSSRUNDE

1 Holländische Siedler waren um 1150 die ersten die hier Deiche errichteten, um das Sumpfgebiet der gezeitenabhängigen Elbe zu kultivieren. Bis heute versorgen die Bauern der **VIER- UND MARSCHLANDE** die Stadt Hamburg und andere Regionen Deutschlands mit Gemüse, Obst und Blumen. Die Dove-Elbe wurde Mitte des 15. Jahrhunderts durch einen Deich zwischen den Inseln Altengamme und Neuengamme vom Hauptstrom der Elbe abgetrennt. Damit sollte das Fahrwasser für die Schifffahrt nach Hamburg vergrößert werden. Ebbe und Flut hatten damit ihren Einfluss auf das Gewässer verloren und wir haben heute kein Problem mit der Strömung, wenn wir auf den ehemaligen Altarmen der Elbe unterwegs sind.

Am **WASSERPARK DOVE-ELBE** setzen wir unsere Boards ins Wasser und halten uns auf der im Zusammenfluss von Dove- und Gose-Elbe eingerichteten 2.000 Meter langen seeartigen Regattastrecke links. Die **DOVE-ELBE** zeigt sich

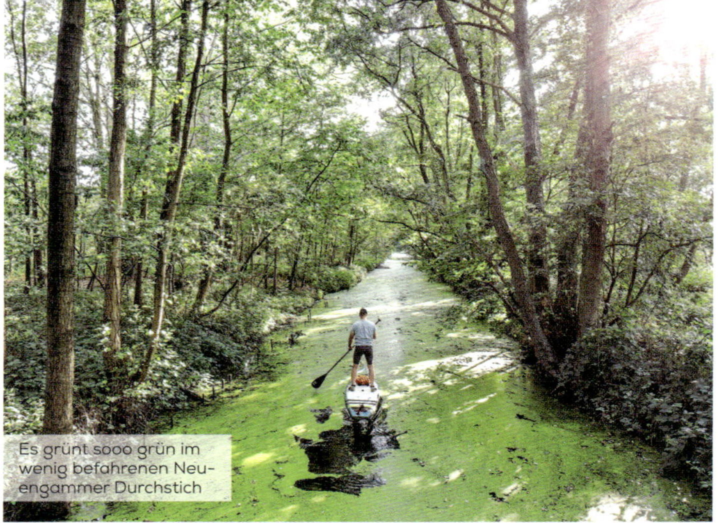
Es grünt sooo grün im wenig befahrenen Neuengammer Durchstich

auf den ersten Kilometern als 30 bis 70 Meter breites Gewässer, das vor allem von weiten Wiesenflächen, auf denen Kühe weiden, begleitet wird. Zwar findet man entlang der Tour auch dörfliche Bebauung, diese wird aber wegen der weitläufigen Wiesen, zahlreichen Hecken und kleinen Wäldchen vom Wasser aus kaum wahrgenommen. Da die Tour relativ lang ist, gehen wir sie sportlich an.

Nach einiger Paddelei blicken wir in die von zwei hübschen Hausbooten flankierte Einfahrt der historischen Hamburger Kleinwerft **„WERFT ALLERMÖHE“** – einem Yachthafen und Winterliegeplatz für Schiffe. Früher wurden hier Hafenbarkassen gebaut oder Traditionsschiffe restauriert, die man heute im Museumshafen Övelgönne oder im Santorhafen bewundern kann. Ein paar Hundert Meter weiter sollte man hinter der Straßenbrücke einen Blick nach rechts werfen. Hier steht die hübsche **REITBROOKER MÜHLE**, im Jahre 1870 als Galerieholländer errichtet. Auch heute ist das historische Gebäude noch in Betrieb und kann besichtigt werden. Nach knapp zwei Kilometern erweitert und teilt sich die Dove-Elbe. Nach links könnte man hinter der Krapphofschleuse nach rund drei Kilometern auf dem Schleusengraben, einer der ältesten künstlichen Wasserstraßen Deutschlands, ins **HISTORISCHE ZENTRUM VON BERGEDORF** TIPP gelangen. Dazu nutzt man die Bootsschleppe im rechts der Krapphofschleuse befindlichen Wehrarm.

Wir halten uns jedoch ganz nach rechts und schlüpfen durch die stets geöffnete idyllische **DOVE-ELBE-SCHLEUSE**. Schon bald schwenken wir in den sich auf der rechten Flussseite auftuenden unscheinbaren Abzweig, in den **NEUENGAM-**

MER DURCHSTICH. Dieser Kanal wurde in den 1920er Jahren angelegt, um bei Hochwasser Wasser in die 2,6 Kilometer entfernte Gose-Elbe abzuleiten.

Bitte unbedingt beachten, dass der Durchstich zur Vogelbrutzeit vom 15. April bis zum 15. Juni aus Gründen des Naturschutzes nicht befahren werden darf!

Schon auf den ersten paar Metern muss man Teppichen von Seerosen ausweichen. Ab und zu werden die Seerosen so dicht, dass das Vorankommen erschwert wird. Eine Seegrasfinne hat hier einen klaren Vorteil, da sie die Tentakeln der Wasserpflanzen nach hinten weitergleiten lässt. An den kleinen Brücken muss man besonders auf die Wassertiefe achten, denn dort gibt es flache Betonschwellen, an denen die Finne hängenbleiben könnte. Darüber hinaus verstecken sich in dem nur 50 bis 60 Zentimeter tiefen Wasser immer mal wieder Hindernisse in Form von morschen Ästen. Doch der erhöhte Aufwand beim Durchpaddeln lohnt sich unbedingt, denn man landet in einem verwunschenen kleinen Waldstück, in dem man von einem Vogelkonzert begrüßt wird. Nach gut einem Kilometer öffnet sich die Landschaft wieder und wie auch auf der Dove-Elbe prägen landwirtschaftliche Flächen die Ufer. Lediglich die Breite des Wasserlaufes hat sich um ein Vielfaches verschmälert und die hier häufig passierenden Kanus haben durch die Seerosenfelder eine Art „Fahrwasser" geschaffen.

Eine Gruppe von Treibhäusern zeigt das Ende des Kanals an und es geht nach rechts ab in die deutlich breitere **GOSE-ELBE**. Auch sie ist vom üppigen Grün der Unterwasserpflanzen durchzogen. Eine unverändert schöne Landschaft auf beiden Seiten des windungsreichen, strömungslosen Flusses begeistert uns. Mal nähert er sich kleinen Siedlungen oder Treibhäusern, dann wieder tritt die Uferbebauung hinter weiten Wiesen und Hecken zurück. Betagte Weiden spenden an diesem heißen Sommertag wohltuenden Schatten. Nach gut der Hälfte der Gose-Elbe-Strecke kommen wir zum Kanu- & SUP-Vermieter **PADDEL MEIER** 1 (Startpunkt bei SUP-Boardmiete), wo wir uns am Kiosk ein Eis gönnen.

Auch die restlichen Kilometer genießen wir in vollen Zügen. Die mitten in der Gose-Elbe liegende kleine Insel lassen wir links liegen, fahren, uns rechts haltend, durch die immer geöffnete **REITSCHLEUSE** und erreichen wieder die Regattastrecke auf der **DOVE-ELBE** und das **ENDE DER TOUR**. Hält man sich jedoch vor der Reitschleuse links, gelangt man in dem kurzen Flussarm schon nach wenigen Metern zum **LANDHAUS VOIGT** 1 - einem kleinen Paradies. Hier sitzen wir direkt am Wasser und genießen die regionale Küche. Bei schlechtem Wetter setzt man sich rein, ins urige Gasthaus mit dem Charme vergangener Zeiten.

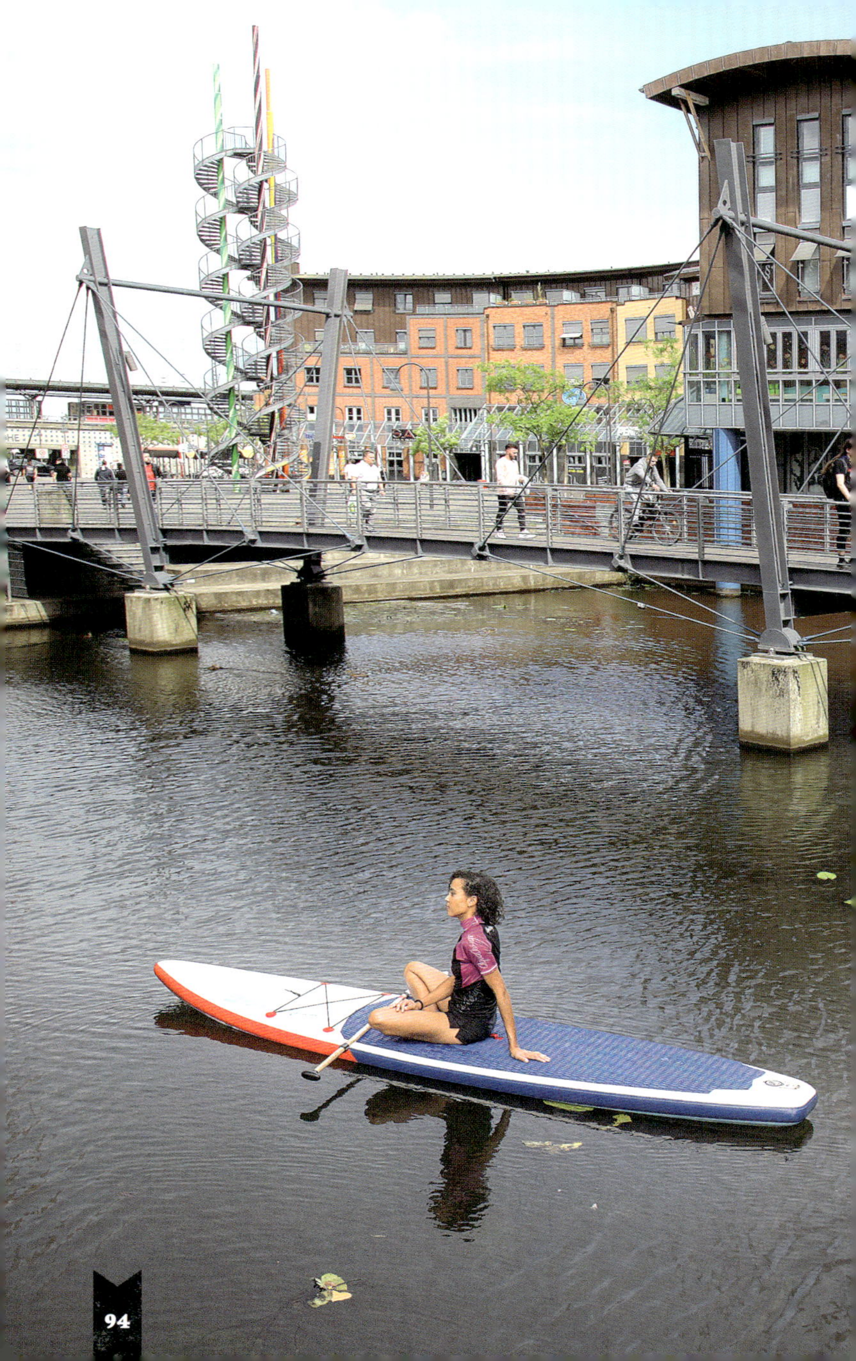

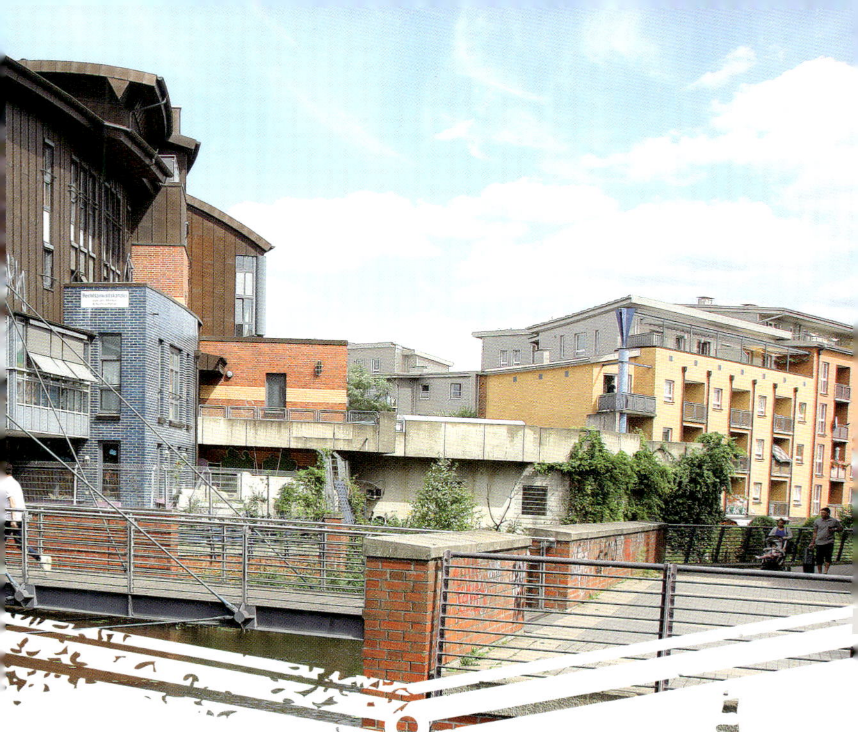

NEUALLERMÖHE

ANSPRUCH

EINKEHR

Gibt es in Hamburg einen Stadtteil, der jung, multikulti und total sympathisch ist? Wo die Bewohner miteinander und nicht nebeneinander leben? Dessen Fleete an Amsterdam erinnern und der einen Badesee hat, dessen glasklares Wasser im Sommer zum Baden und SUPen lockt? Ja – hier ist er!

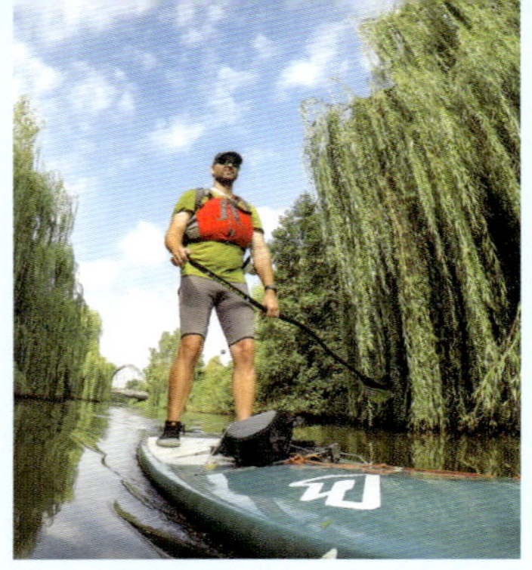

WIND & WETTER

Die Fleete sind meist von dichtem grün oder Häuserzeilen umgeben und bieten in der Regel hervorragenden Schutz. Der Wind spielt in diesem Revier nur eine Rolle, wenn er sehr stark ist und parallel zu den Hauptfleeten weht.

SCHWIERIGKEITEN

Der Wasserstand in den Fleeten wird mit 16 Stauwehren automatisch über ein Computersystem gesteuert. Das Öffnen eines Wehrs wird durch Warntöne angekündigt.

Da die Wehre in den Nebenfleeten meist geschlossen sind, müssen wir an diesen Stellen die Bretter überheben. Wochentags erfolgen regelmäßige Spülungen im Kanalsystem, um die Wasserqualität zu erhalten. In dieser Zeit steigt oder sinkt das Wasser im gestauten Bereich. Die Fleete haben keine eindeutig definierten Fließwege, daher können wir vorab nicht wissen, in welche Richtung das Wasser strömt. Da die Strömung aber so gering ist, paddeln wir ungehindert weiter.

Die Wehre können meist leicht umgehoben werden, wenn sie nicht total zugewachsen sind.

ANFAHRT MIT DEM PKW

Vom Hauptbahnhof in Richtung Südosten über Steintorwall und Högerdamm zur B 4. Anschließend über die A 255 auf die A 1 fahren bis AK HH-Südost. Hier auf der A 25 bis zur Abfahrt 3 HH-Neuallermöhe-West und rechts abbiegen. Dem Felix-Jud-Ring und der Margit-Zinke-Str. bis zu deren Ende folgen, dann links in den Sophie-Schoop-Weg und den Walter-Rudolph-Weg bis zur Einfahrt auf den Parkplatz neben der S-Bahnstation Allermöhe. Fahrzeit ca. 0:30 h.

PARKEN

Neben der S-Bahnstation Allermöhe, bzw. gegenüber dem Fleetplatz.

ANFAHRT MIT DEM ÖPNV

Vom Hamburger Hbf mit der S 2 Richtung Bergedorf zur S-Bahnstation „Allermöhe“. Fahrzeit 0:17 h.

Nun sind es nur noch wenige Schritte über den Fleetplatz zu den breiten Steinstufen am Fleet.

BADEN

Auch wenn der Westensee am westlichen Ende Neuallermöhes einladend aussieht, baden ist hier aufgrund der schlechten Wasserqualität gesundheitlich nicht zu empfehlen.

- Feiner Sandstrand & glasklares Wasser locken an der **Badestelle Allermöher See Nordspitze**.
- **Bille-Bad in Bergedorf** - Hallenbad und beheiztes Freibad in idyllische Lage an der Bille (www.baederland.de).
- **Freizeitbad Reinbek**, Hallenbad mit Außenbereich und 70 m Rutsche, Sauna (www.freizeitbad-reinbek.de).

SEHENSWERT

» Ein Zusammenschluss von Bauherren haben einen gemeinsamen Fonds für **KUNST AM BAU UND IM ÖFFENTLICHEN RAUM** gebildet und sich mit KOKUS (Kommunikations- & Kunstverein Allermöhe) zum Ziel gesetzt, mit zahlreichen Projekten in Neuallermöhe Kunst zu einem greifbaren Erlebnis werden zu lassen. Wer diese auf einem Spaziergang erleben möchte, kann sich den Plan zu den Kunstobjekten runterladen (www.neu-allermoehe.de/wegweiser/sehenswert).

» Die **ZUCKERSTANGEN** mitten auf dem Fleetplatz sind eines der Kunstobjekte, die von den Bauträgern im Stadtteil durch KOKUS errichtet wurden. Von der 18 m hoch liegenden Plattform des Aussichtsturms hat man einen guten Blick in die Gegend.

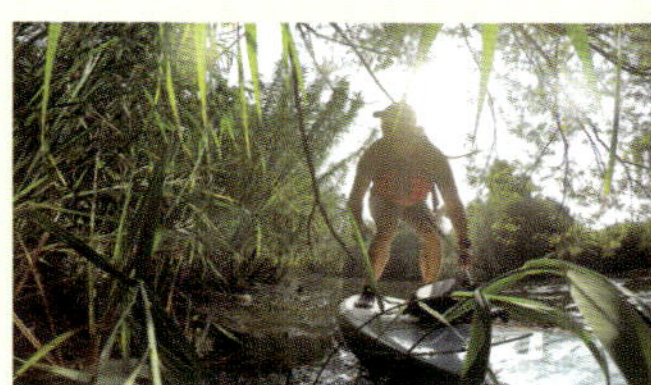

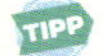

EXTRA-TIPPS

» Auf dem 2018 eröffneten **SKATEPARK** mit einer Gesamtfläche von 2.700m² finden sich die verschiedensten Obstacles. Zusätzlich gibt es im **TSG SPORTPARK** eine 400 m² große Trendsportfläche mit Slackline und Calisthenics-Station. Der Skatepark am TSG Bootshaus ist kostenfrei zu benutzen (www.tsg-bergedorf.de).

» Das Veranstaltungsprogramm von **KULTURA – KULTURZENTRUM NEUALLERMÖHE** (www.sprungbrett-bergedorf.de) informiert über Kurse, Theater- und Musikveranstaltungen für Erwachsene, Ausstellungen, Feste oder Flohmärkte sowie Kinderkultur mit dem Schwerpunkt Kinderkino und Kindertheater. Das im Haus ansässige **CAFÉ EVERGREEN** bietet preiswerten und leckeren Mittagstisch sowie Kaffee und Kuchen (Mo-Fr 11-14 Uhr).

» Lohnend ist auf jeden Fall der Besuch der historischen **ALTSTADT** und des **SCHLOSSES** von **BERGEDORF** (Museum Dauerausstellung regionale Geschichte, www.bergedorfer-museumslandschaft.de).

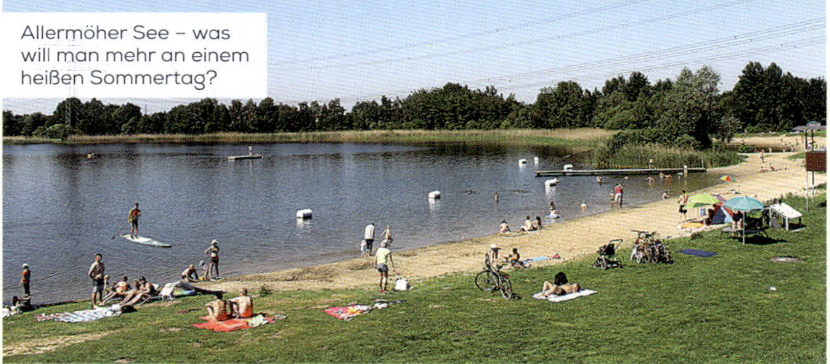

Allermöher See – was will man mehr an einem heißen Sommertag?

TOUREN

1 GEMÜTLICHES BUMMELN

Vom Allermöher Fleetplatz entlang der Fleete mit „Klein-Amsterdam-Feeling“ & zurück. Für eine Runde um den glasklaren Badesee Allermöher See addiert man ca. 1,5 Kilometer hinzu.

| **LÄNGE** 9 km | **DAUER** 2-3 h

EIN- & AUSSTIEG

Am **Fleetplatz** an den Steintreppen zum Allermöher Bahnfleet.

SUP-VERMIETUNG

1 ISUPER WASSERSPORT

Verkauf & mobiler Vermieter in Hamburg-Curslack, Tel. 01520-821 59 68
www.isuper.de

2 BOOTSHAUS BERGEDORF

Schillerufer 41, 21029 Hamburg
Tel. (040) 419 229 06
www.bootshaus-bergedorf.com

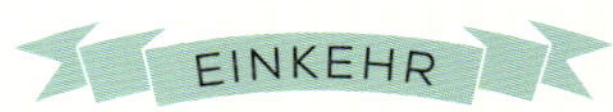

1 PANORAMA

Grachtenplatz 11, 21035 Hamburg
Tel. (040) 721 18 88
www.panorama-bergedorf.de
Di-Sa 17-22 Uhr, So ab 12

KLASSIKER Meze - kleine griechische Köstlichkeiten

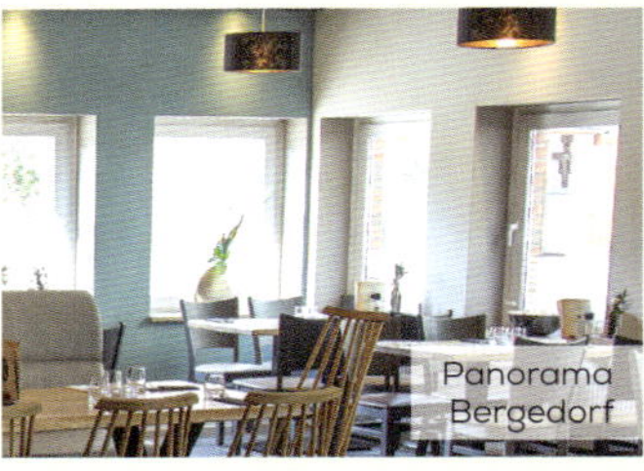
Panorama Bergedorf

ÜBERNACHTUNG

1 HOTEL HECKKATEN

Kurt-A.-Körber-Chaussee 114-116, 21033 Hamburg, Tel. (040) 724 15 50
www.hotelheckkaten.de

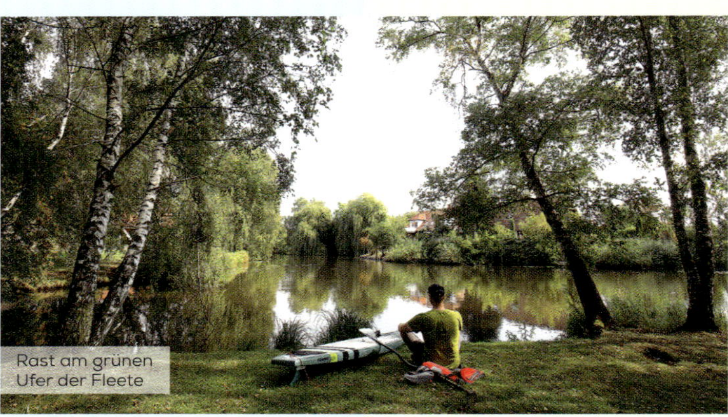
Rast am grünen Ufer der Fleete

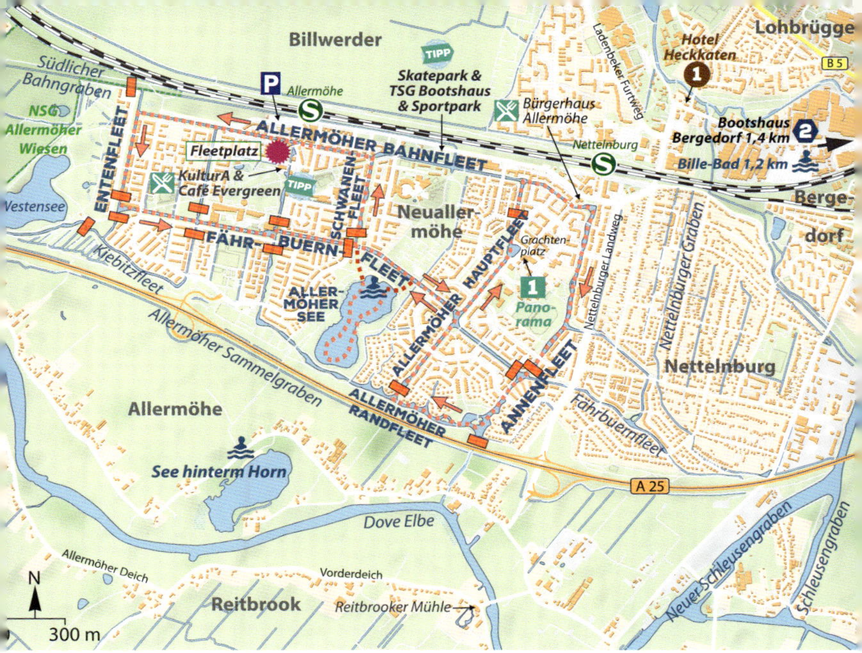

„KLEIN-AMSTERDAM" IM OSTEN DER STADT

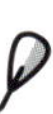

1

In kaum einem anderen Stadtteil wird auf engem Raum so deutlich, warum Hamburg mehr Brücken als jede andere europäische Großstadt hat. Zahlreiche kleine Brücken überspannen das in den Grundzügen schachbrettartig angelegte Fleetsystem, das von der Dove-Elbe gespeist wird. Im Sommer schippern Kanus umher oder die Menschen werfen ihre Angel aus, während im Winter die Schlittschuhe untergeschnallt werden. Die vielen Grünflächen, Kleingartenanlagen und Wege entlang der Fleete laden in Hamburgs jungem Stadtteil **NEUALLERMÖHE** zum Spazierengehen ein. Hier ist der Anteil der Haushalte mit Kindern am höchsten in der Stadt und die rund 24.000 Bewohner verteilen sich auf etwa 30 Nationen.

Etwa 16 Kilometer Wasserwege können wir mit dem SUP erkunden. Die meist von Parkanlagen und dichtem Grün gesäumten Fleete eignen sich hervorragend, um der hektischen Großstadtwelt für einige Zeit zu entkommen. Bauliche Highlights mit Brückenhäusern, ein romantisches, von Birken umstandenes Inselchen warten auf neugierige Wassersportler ebenso wie ein hübscher Badesee mit

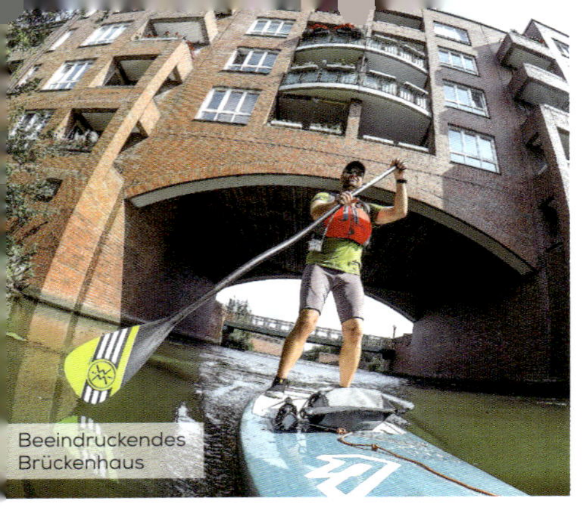
Beeindruckendes Brückenhaus

karibischen Anklängen in Wasser- und Strandfarbe. Lediglich die Einkehrmöglichkeiten lassen zu wünschen übrig.

Einmal ins **FLEET EINGESETZT**, paddeln wir im Kreuzungspunkt der Fleete nach rechts entlang des **ALLERMÖHER BAHNFLEETS**. Das Kiebitzfleet lassen wir links liegen und unter dem nun folgenden dichten Weidenbewuchs kommt man sich vor, wie in einer kleinen Wildnis. Erstaunlicherweise kommt uns jetzt die Strömung entgegen. Sie entsteht durch das Öffnen und Schließen der Wehranlagen und kann in ihrer Richtung sehr variabel sein, da zur Spülung der Kanäle jeweils verschiedene Fließwege genutzt werden. Durch die „Waschgänge" bekommen Pflanzen und Tiere den so lebensnotwendigen Sauerstoff, sonst würden die Fleete „umkippen".

Mit dem **ENTENFLEET** ist der nächste Kanal erreicht, in den wir jetzt links einbiegen. Das Grün tritt immer mal wieder zurück und man bekommt, gewollt oder nicht, einen intimen Einblick in die Vorstadtwelt. Lebhaftes Geschrei spielender Kinder dringt an unsere Ohren. Musik schallt aus einem geöffneten Fenster. Rentner sitzen zum gemütlichen Frühstück im Garten. Sonnenanbeter haben sich eine Liege auf die hellsten Flecke ihres Rasens gestellt, Kanubesitzer winken uns von ihrem Grundstück aus zu.

Wo das Entenfleet sich zu einem größeren Becken erweitert, treffen wir auf das **FÄHRBUERNFLEET**, dem wir nun folgen. Eine Stahlbogenbrücke spannt sich zwischen das Grün der Weiden, von der uns ein Angler winkend die Seite anzeigt, auf der wir vorbeipaddeln sollen. Dahinter ragen die hängenden Äste alter Trauerweiden in den Kanal. Im Anschluss wird der Kanal breit und die Sonne kann ihre volle Kraft entfalten, denn Schatten gibt es kaum.

Wenige Hundert Meter weiter legen wir hinter dem links abzweigenden **SCHWANENFLEET** vor dem Wehr rechts an, um dem hübschen **ALLERMÖHER SEE** einen Besuch abzustatten. Nach der Umrundung des glasklaren Badesees ist eine Abkühlung bei diesem warmen Sommerwetter mehr als willkommen! Dann machen wir es uns am weißen Sandstrand gemütlich.

Soviel Aktivität macht natürlich hungrig und so sind wir nach kurzer Weiterfahrt froh, dass das griechische Restaurant **PANORAMA** 1 am Grachtenplatz oberhalb der monumental angelegten Treppenstufen nicht weit ist. Wenn man etwas Zeit mitbringt, sind die Meze-Variationen sehr zu empfehlen. Die leckeren Vorspeisen kommen alle zusammen mit geröstetem Fladenbrot auf den Tisch.

Um die Erkundung des östlichen Teils von Neuallermöhe fortzusetzen, halten wir uns auf dem von Wasserpflanzen bedeckten **ALLERMÖHER HAUPTFLEET** Richtung Norden. Hinter dem zum Glück geöffneten Wehr gelangen wir nach rechts auf das **ALLERMÖHER BAHNFLEET**. Unter dem ersten Brückenhaus hindurch, kommen wir zum Abzweig des Annenfleets, vor dem links das sympathische **BÜRGERHAUS ALLERMÖHE** steht. Die **CAFETERIA** bietet günstigen Mittagstisch und wer das SUP-Board gegen ein Kanu tauschen möchte, kann sich hier eines mieten.

Auf dem **ANNENFLEET**, mit seinem wohl größten Seerosenbestand im Quartier, kann das Vorankommen etwas anstrengend werden. Hübsche Reihenhäuser säumen das linke Ufer. In der Biegung im Übergang zum **ALLERMÖHER RANDFLEET**, das den Süden des Gebietes begrenzt, treffen wir auf eine kleine Insel. Sie wird von einer Brücke mit der von Birken gesäumten Wiese verbunden, auf der man hervorragend pausieren kann. Ein wenig wirkt die Umgebung wie im schwedischen Bullerbü. Dazu passt auch der nahe Spielplatz mit der Tarzanschaukel und den riesigen Klettergeräten, über die sich ganz sicher die jüngeren Stand up Paddler freuen, können sie doch hier ihren letzten Rest an Energie verpulvern.

Lauschige Reihenhausgärten grenzen an die Fleete

Das Ufer des **ALLERMÖHER RANDFLEETS** zieren traumhafte Wassergrundstücke, deren Eigentümer sich aber mit dem ständigen Rauschen der nahen Autobahn arrangieren müssen. Am nächsten Abzweig geht es rechts in den uns noch unbekannten Teil des **ALLERMÖHER HAUPTFLEETS.** Auch hier wollen die Boards kurz über eine Wehranlage gehoben werden. Hernach wird der Baumbestand mit jedem Paddelschlag dichter und endet vor dem nächsten Brückenhaus. Hinter seiner torartigen Öffnung schwenken wir links in den bereits bekannten Teil des **FÄHRBUERNFLEET**. Einen weiteren Badestopp am See „verkneifen" wir uns und paddeln über **SCHWANEN-** & **ALLERMÖHER BAHNFLEET** zurück.

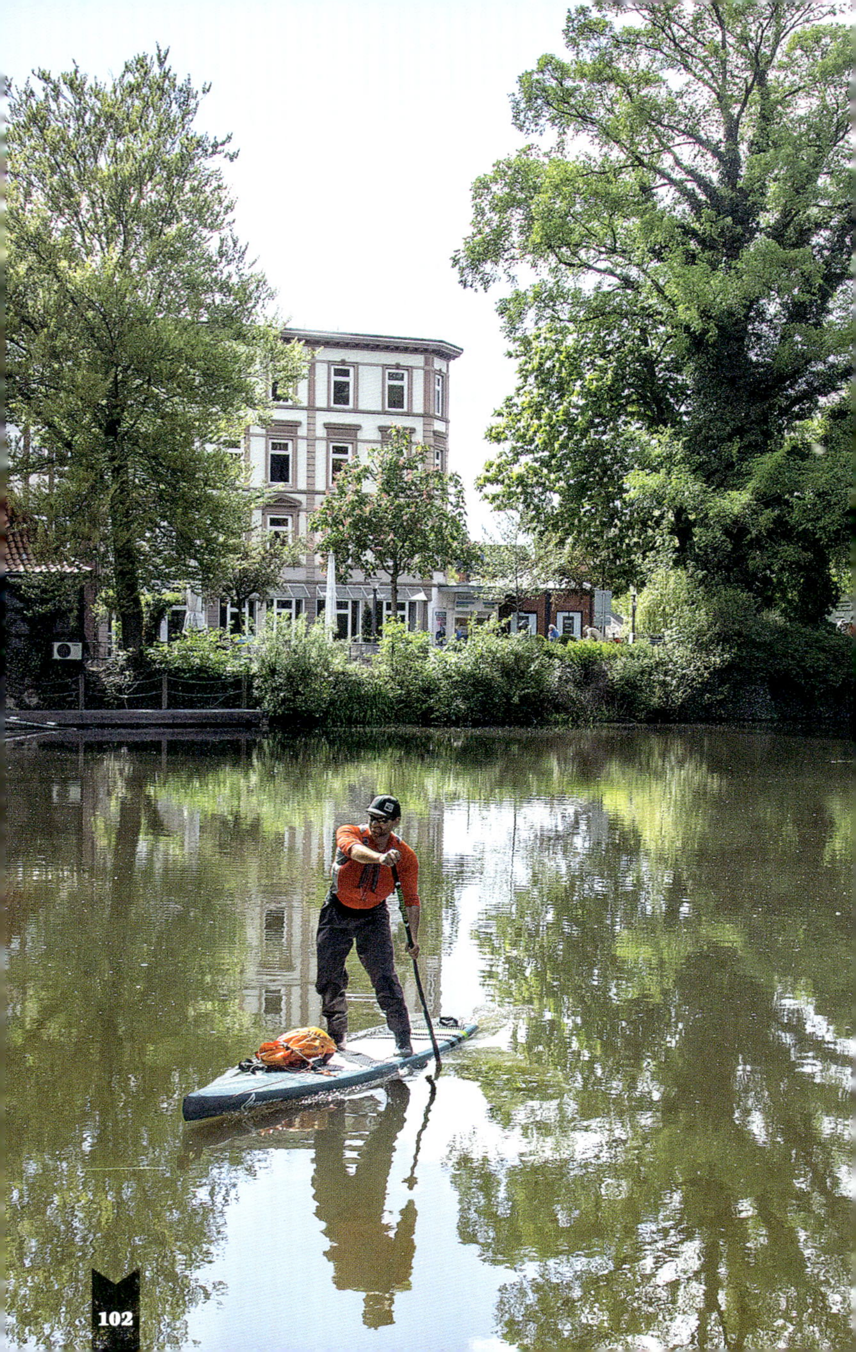

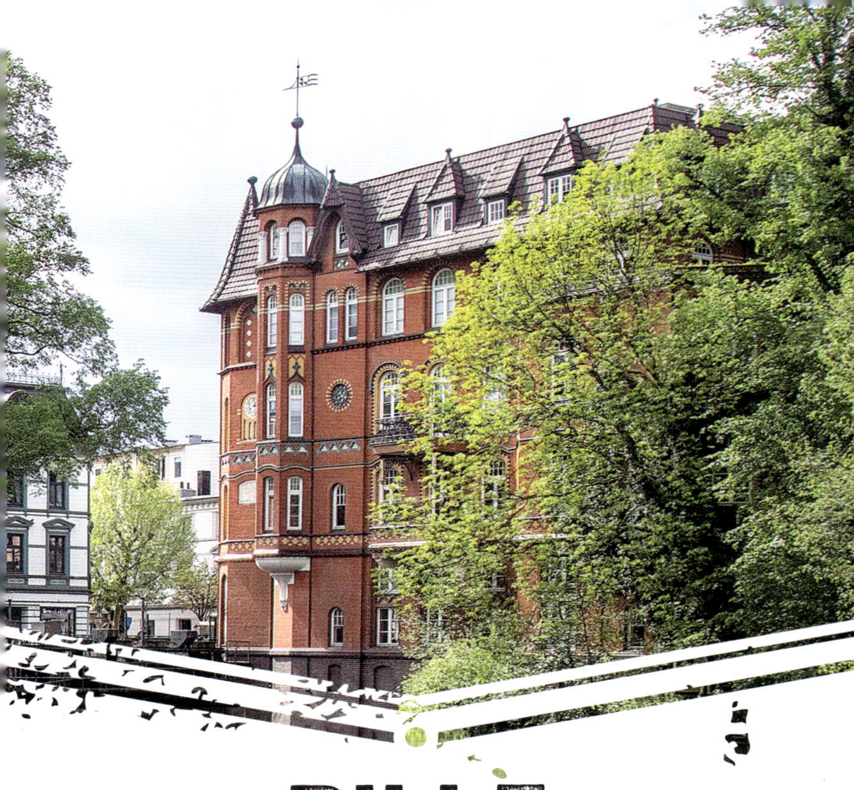

BILLE

ANSPRUCH

EINKEHR

Erstaunlich naturbelassen mäandert das Flüsschen mal durch eine tiefe, grüne Waldschlucht mit alten Baumriesen, dann wieder bietet es unverhoffte Einblicke in die parkartigen Gärten schmucker Villen. Zwar ist die Tour einfach zu paddeln, jedoch ist wegen einiger flacher Stellen oder Baumhindernisse ein klein wenig Abenteurergeist gefragt.

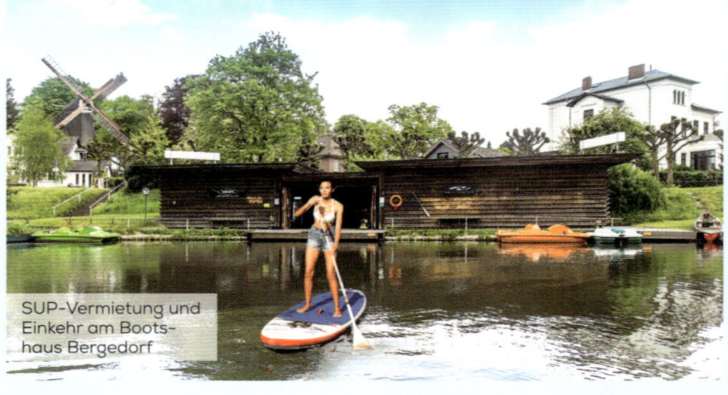
SUP-Vermietung und Einkehr am Bootshaus Bergedorf

WIND & WETTER

Wir befinden uns in einem tiefen Tal mit fast durchgehendem Baumbestand. Man paddelt hier gut geschützt vor dem Wind.

ANFAHRT MIT DEM PKW

Entweder über die A 24 Ausfahrt 4 Reinbek nach rechts auf die K80 und später nach links auf der Hamburger Straße in die Schloßstraße. Alternativ über die B 5 Richtung Bergedorf und dann über den Reinbeker Redder in den Ort und bis zum Schloß fahren. Fahrzeit ab HH-Zentrum ca. 0:30 h.

PARKEN

In der „Ladestraße" am S-Bahnhof in Reinbek kann man für 3 Std. frei parken. In Bergedorf müssen sich Autobesitzer einen Platz in den Anwohnerstraßen suchen und die SUP-Boards bei einem Kurzstopp in Wassernähe einladen.

ANFAHRT MIT DEM ÖPNV

Vom Hamburger Hbf gelangt man mit der S 21 Richtung Aumühle in 0:25 h direkt zum S-Bahnhof Reinbek.

Auch **ZURÜCK ZUM EINSTIEG** eignet sich diese Linie hervorragend.

BADEN

- In der **Bille** kann man plantschen, richtiges Schwimmen ist wegen der geringen Wassertiefe nicht möglich.
- **Sachsenwald Tonteichbad e. V.** – idyllisches Naturfreibad mit vorzüglicher Wasserqualität, ca. 2 km von der Einsetzstelle (www.tonteichbad.de).
- **Bille-Bad** in **Bergedorf**, Hallen- und beheiztes Freibad idyllisch direkt an der Bille gelegen (www.baederland.de).
- **Freizeitbad Reinbek** mit Innen- und Außenbereich, 70 m Rutsche und Sauna (www.freizeitbad-reinbek.de).
- Schöne Badestellen am **Boberger See** (5 km/10 km vom Ausstieg / Einstieg).
- Sauna- & Wellness-Oase im balinesischen Stil. **Vabali Spa Hamburg**, In der Trift 1, 21509 Glinde, www.vabali.de

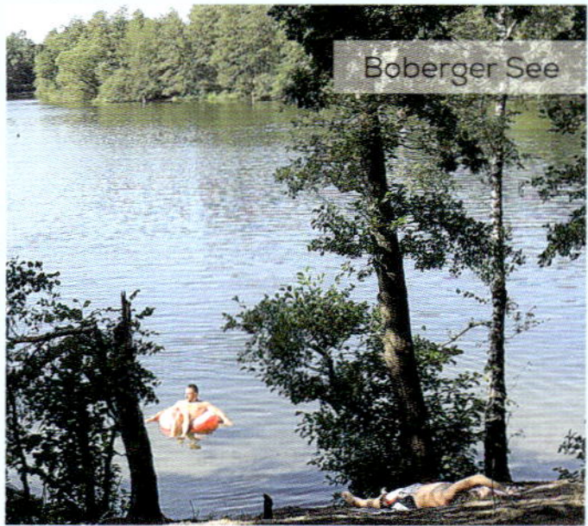
Boberger See

SEHENSWERT

» **SCHLOSS REINBEK**, im Stil der niederländischen Renaissance 1572-76 von Herzog Adolf I. von Schleswig-Holstein-Gottorf erbaut, ist ein Kultur- & Kommunikations-Zentrum mit Konzerten, Ausstellungen u. v. m. (www.schloss-reinbek.org).

» Das **BERGEDORFER SCHLOSS**, im 13. Jh. als Wasserburg an der Bille angelegt, ist das einzige erhaltene Schloss im Hamburger Stadtgebiet und präsentiert im angeschlossenen **MUSEUM FÜR BERGEDORF UND DIE VIERLANDE** in einer Dauerausstellung regionale Geschichte (www.bergedorfer-museumslandschaft.de).

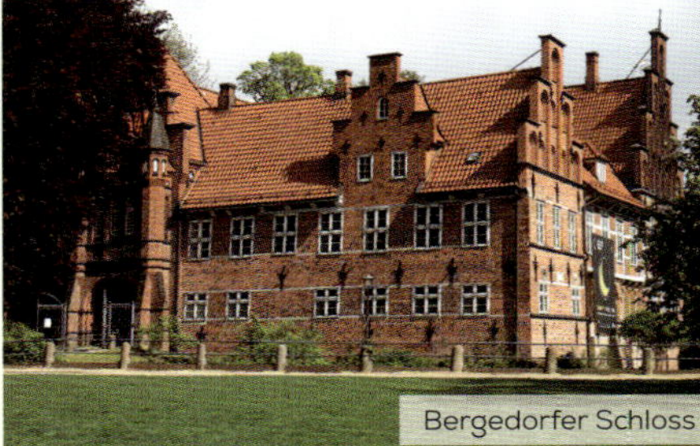
Bergedorfer Schloss

» Die historische **BERGEDORFER ALTSTADT** ist sehr sehenswert. Hervorzuheben sind neben dem Schloss und der Kirche St. Petri & Pauli, als älteste Kirche der Vier- und Marschlande (reichhaltige künstlerische Ausgestaltung), die alten Fachwerkbauten zwischen Serrahn und Mohnhof, mit Hamburgs ältestem Gasthof „Stadt Hamburg" (heute Block House) sowie dem Alten Bahnhof (zweitältestes erhaltenes Bahnhofsgebäude Deutschlands). Außerhalb der Altstadt sind die historische **HAMBURGER STERNWARTE** (1912), der **BERGEDORFER WASSERTURM** (1903) und die **BERGEDORFER MÜHLE** (1831) sehenswerte Baudenkmäler.

TIPP EXTRA-TIPPS

» Eine kleine Wanderung führt durch den Park von **SCHLOSS REINBEK** und um den **MÜHLENTEICH** mit einem Abstecher ins Museum **WOODS ART INSTITUTE** - in einem weitläufigen Park- und Waldareal mit teils denkmalgeschützten Gebäuden gelegen. Im zentralen Ausstellungshaus wird die Sammlung Reinking präsentiert, im Außenbereich befindet sich ein stetig wachsender Skulpturengarten. Besichtigung nur im Rahmen von Führungen möglich (WAI, www.woodsartinstitute.com).

» Der große **SACHSENWALD** (www.sachsenwald.de) lockt in der Nähe von Reinbek, egal ob das Herz fürs Wandern oder Radfahren schlägt. Sehenswert sind außerdem das Bismark Mausoleum und Museum, der Schmetterlingsgarten in Friedrichsruh, der Kletterpark - eingebettet im alten Buchen- und Eichenwald - sowie das Eisenbahnmuseum Lokschuppen Aumühle (www.vvm-museumsbahn.de).

» Ein besonderes Highlight ist der Ausflug ins **NSG BOBERGER NIEDERUNG** mit den **BOBERGER DÜNEN**, Hamburgs letzten Wanderdünen, und dem gleichnamigen **SEE**, in dem es sich so herrlich baden lässt (5 km nordwestlich von Bergedorf).

» Im Sommer kostenloses **FREILUFTKINO** im Innenhof des Bergedorfer Schlosses.

TOUREN

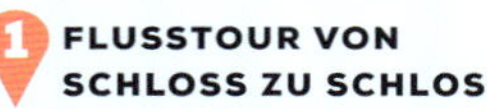

1 FLUSSTOUR VON SCHLOSS ZU SCHLOSS

Vom Schloß Reinbek geht es durch eine grüne Waldschlucht mit einigen Baumhindernissen zum Schloß Bergedorf.

➔ | **LÄNGE** 7 km | **DAUER** 2-3 h

EIN- & AUSSTIEGE

EINSTIEG Gleich beim Bahnhof Reinbek am **Schloss Reinbek** unterhalb des Mühlenteich-Wehrs.

3 MÖGLICHKEITEN ZUM AUSSETZEN Bequem in Bergedorf am **Schillerufer 41** beim SUP- & Kanuvermieter **"Bootshaus Bergedorf"** (nur nach telefonischer Anmeldung!).

Alternativ 300 m weiter an der **Brücke Ernst-Mantius-Str.** links neben der Baumsperre (**Schillerufer 2**).

3. Möglichkeit (Bahnhofsnähe!): **Bootsrampe neben dem unfahrbaren Wehr** (unterhalb des kleinen Fachwerkhäuschens, Alte Holstenstr. 75).

ZURÜCK ZUM EINSTIEG Mit der S 21 in 0:03 h von Bergedorf nach Reinbek.

SUP-VERMIETUNG

1 BOOTSHAUS BERGEDORF
Schillerufer 41, 21029 Hamburg
Tel. (040) 419 229 06
www.bootshaus-bergedorf.com

2 ISUPER WASSERSPORT
Verkauf und mobiler Vermieter
Tel. 01520-821 59 68, www.isuper.de

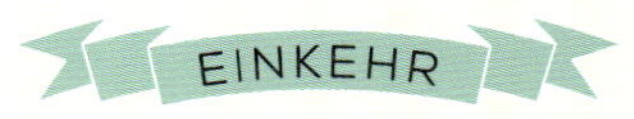

EINKEHR

1 RESTAURANT & CAFÉ BRINGEZU

im Schloss Reinbek
Schloßstr. 5, 21465 Reinbek
Tel. (040) 730 930 30
www.bringezu-schloss.de
Mi-Fr ab 10 Uhr, Sa+So ab 12

KLASSIKER Wiener Kalbsschnitzel mit Bratkartoffeln

2 LOCANDA RIVA

Schillerufer 41, 21029 Hamburg
Tel. (040) 751 119 33
www.locanda-riva.de
Di-Fr 16-22, Sa-So 12-22 Uhr

KLASSIKER Original Pizza Parma

3 IN ALLER MUNDE

Café & Feinkostladen
Alte Holstenstr. 66, 21029 Hamburg
Tel. (040) 88 17 85 53
www.inallermunde.hamburg
Mo-Sa 9.30-18 Uhr

KLASSIKER Leckerste Torten, Törtchen & Kuchen, aber auch Herzhaftes

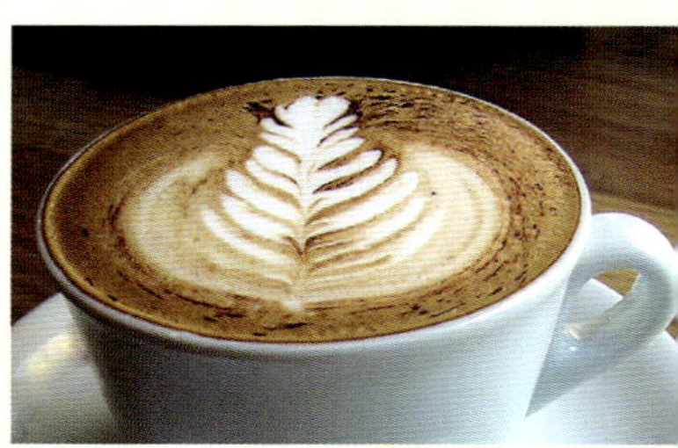

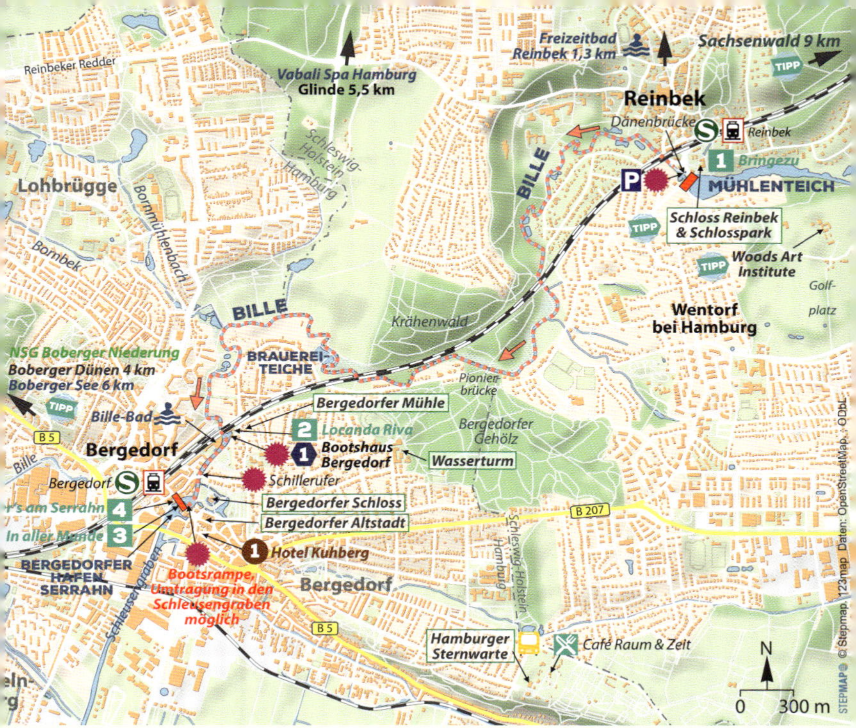

Reinbeker Redder
Vabali Spa Hamburg
Glinde 5,5 km
Freizeitbad
Reinbek 1,3 km
Sachsenwald 9 km
TIPP
Reinbek
Dänenbrücke
Reinbek
1 Bringezu
MÜHLENTEICH
Lohbrügge
Schleswig-Holstein
Hamburg
Bornmühlenbach
Bombek
BILLE
Schloss Reinbek & Schlosspark
TIPP
TIPP
Woods Art Institute
Golf-platz
Wentorf bei Hamburg
BILLE
Krähenwald
NSG Boberger Niederung
Boberger Dünen 4 km
Boberger See 6 km
BRAUEREI-TEICHE
Pionier-brücke
TIPP
Bille-Bad
Bergedorfer Mühle
B 5
2 Locanda Riva
Bergedorfer Gehölz
Bergedorf
1 Bootshaus Bergedorf
Wasserturm
Bille
Bergedorf
Schillerufer
4 Berger's am Serrahn
Bergedorfer Schloss
B 207
3 In aller Munde
Bergedorfer Altstadt
1 Hotel Kuhberg
BERGEDORFER HAFEN SERRAHN
Bootsrampe, Umtragung in den Schleusengraben möglich
Bergedorf
Schleusengraben
Schleswig-Holstein
Hamburg
B 5
Hamburger Sternwarte
Café Raum & Zeit
N
0 300 m
STEPMAP © Stepmap, 123map Daten: OpenStreetMap, ODbL

4 BERGER'S AM SERRAHN

Serrahnstr. 2, 21029 Hamburg
Tel. (040) 85 40 51 84
www.restaurant-bergers.de
So-Do 10-23, Fr+Sa 9-24

KLASSIKER
Hausgemachte Flammkuchen

ÜBERNACHTUNG

1 HOTEL KUHBERG

Wiebekingweg 2 a
21029 Hamburg
Tel. (040) 72 69 80 06
www.hotel-kuhberg-hamburg.de

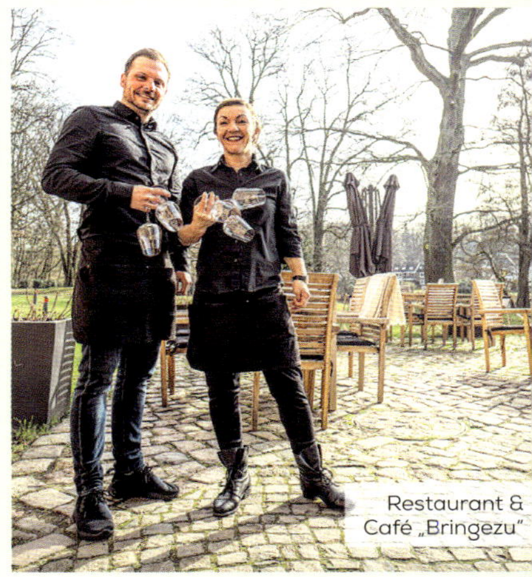
Restaurant & Café „Bringezu"

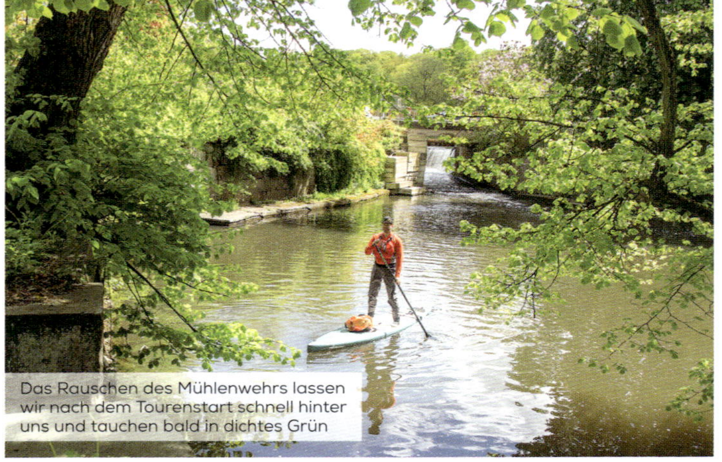

Das Rauschen des Mühlenwehrs lassen wir nach dem Tourenstart schnell hinter uns und tauchen bald in dichtes Grün

ABENTEUERLICHE WALDSCHLUCHT 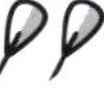

1 Direkt hinter dem Wehr des Mühlenteichs, dessen Wasser unüberhörbar rauschend in die **BILLE** stürzt und sie wieder zum Fluss macht, setzen wir das Board in einer versteckten Senke direkt an der **DÄNENBRÜCKE** ins Wasser. Über die beindruckende Granitquaderbrücke von 1793 verlief einst der Verkehr zwischen dem dänischen Amt Reinbek und dem Herzogtum Sachsen-Lauenburg. Im Hintergrund verschwindet langsam die Silhouette von Schloss **REINBEK**, aber mit dem Wasserschloss von Bergedorf ist ja ein weiteres Schloss unser Ziel.

Hinter der dunklen Öffnung der alten verwunschenen Steinbrücke empfangen uns auf den ersten Metern die ausladenden Äste alter Linden und Kastanien - so soll es auf der gesamten Tour auch weitergehen. Schon nach gut 100 Metern müssen wir unter der Straßenbrücke in einer kleinen Schnelle wegen des niedrigen Wasserstandes erst einmal das Board verlassen. Es gibt viel Gefälle, aber auch viele Steine und meist wenig Wasser in dieser Stromschnelle. Das Board wird daher im Watgang an der Leash und mit erhobener Finne ein paar Meter „Gassi geführt".

Die Bille verschwindet dann in einem „grünen Tunnel"; Äste und Baumstämme, die weit in den Fluss hineinragen, versperren manchmal sogar die Weiterfahrt ganz. Meist können wir unsere Boards durch Lücken steuern, die tief genug für unsere Finnen sind. Zum Glück strömt es hier wirklich sehr langsam, so dass man viel Zeit hat um zu reagieren. Einige Baumhindernisse können wir kniend oder auf allen vieren unterqueren, ein andermal müssen wir absteigen und das Board darunter hindurch schieben. Das macht jedoch Laune und verschafft uns die Illusion eines kleinen Dschungelabenteuers. Das plötzliche Auftauchen loungeartiger Sofas auf gestutztem Rasen inmitten des dichten Grüns macht uns bewusst, dass auf der linken Flussseite Grundstücke liegen, die wohl nur noch vererbt werden können. Schaut man dann in die Tiefe des Gartens blickt man auf die prunkvollen Häuser und Villen der feinen Hamburger Gesellschaft.

Unvermittelt schießt ein blauer Eisvogel an mir vorüber und ein paar Paddelschläge weiter erblicken wir am Ufer seine Bruthöhle, eingearbeitet in einen Haufen Erde. Hinter der hübsch gestalteten hölzernen Fußgängerbrücke **PIONIERBRÜCKE** (Abriss und Neubau geplant) liegt im Wald ein hervorragender Pausenplatz, der mit seiner Waldlichtung zu einer Brotzeit einlädt.

Ein Stückchen weiter fallen kleine Teiche auf, welche an die Bille angeschlossen sind. Es sind im Jahre 1863 künstlich angelegte **"BRAUEREITEICHE"** aus denen die Bergedorfer Brauerei einst ihr Wasser für das " Bergedorf Beer" gewann. Im Hang wurden teils noch heute erhaltene Eiskeller angelegt und der Gerstensaft mit im Winter eingelagertem Natureis gekühlt. Wer Kies am Grund der Bille entdeckt, erhält nun die Erklärung: Die Brauerei hatte einst die Steine ausgebracht, um die Wasserqualität für ihr Bier zu verbessern.

Irgendwann tauscht das Grün seinen Platz gegen die Häuser von **BERGEDORF**. Nun ist es nicht mehr weit bis zum Ende der Tour. In der kleinen Bucht des **BOOTSHAUSES BERGEDORF** 1 kann man komfortabel **AUSSETZEN**. Allerdings wird vorab um telefonische Anmeldung gebeten, da es an Feiertagen und schönen Wochenenden zu voll werden kann. Ist einmal alles dicht, paddelt man ein paar Hundert Meter weiter und entdeckt links von der Baumsperre eine weitere **MÖGLICHKEIT** das Brett vom Wasser zu bringen.

Eine 3. Möglichkeit bietet die **BOOTSRAMPE** am kleinen Fachwerkhaus (Eiscafé) links vom unfahrbaren **SERRAHN-WEHR**, das zum alten **BERGEDORFER BINNENHAFEN SERRAHN** führt.Der historische Hafen sowie die Promenade am Schleusengraben wurden umgestaltet. Hier finden Flohmärkte wie der „Kranmarkt" oder das bunte „Serrahnfest" statt (www.bergedorfer-hafen.de).

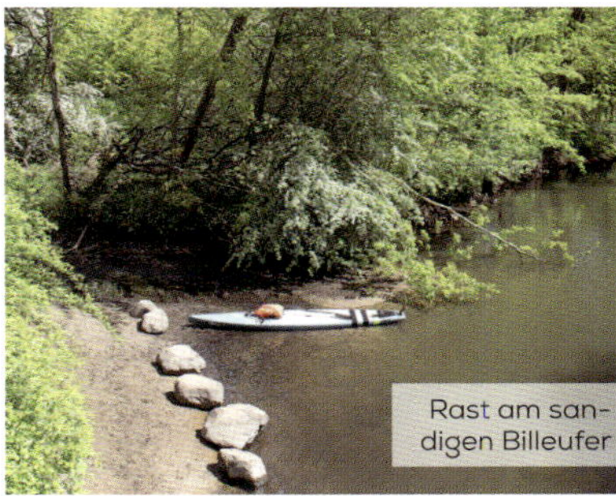
Rast am sandigen Billeufer

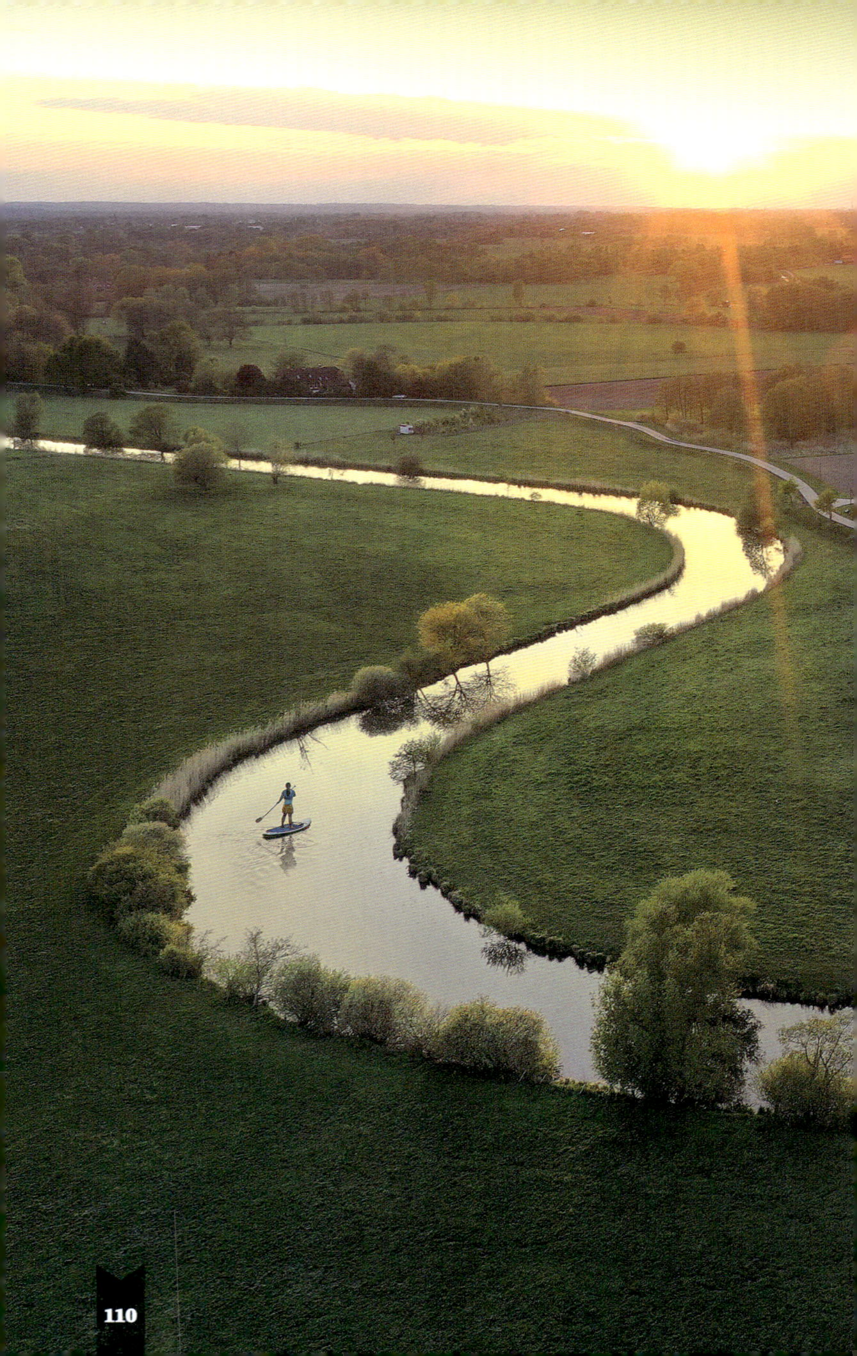

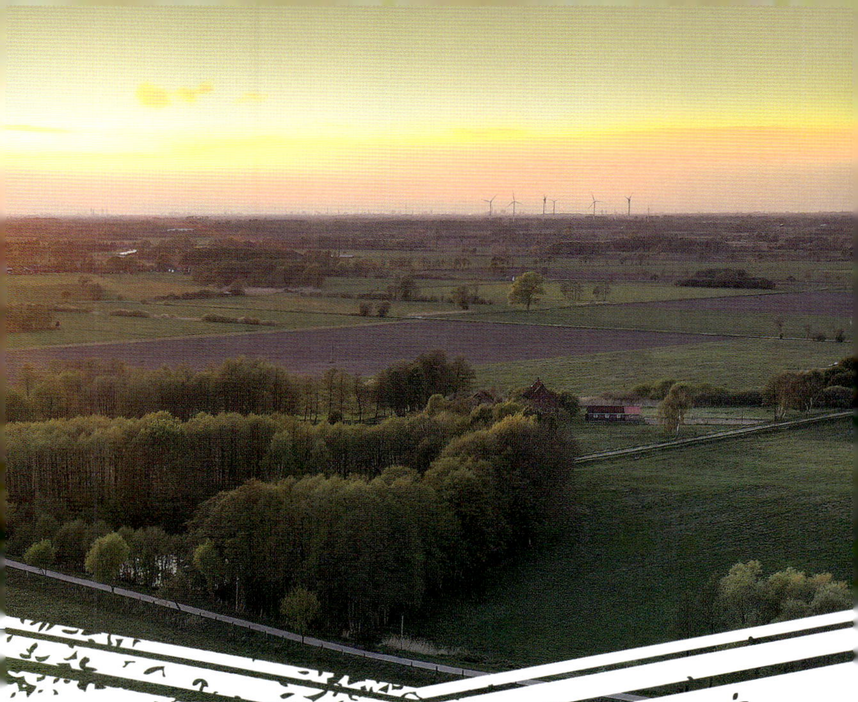

NEETZE

ANSPRUCH | EINKEHR

Durch die ursprüngliche Landschaft der Ostheide, geprägt von geschlossenen historischen Dorfkernen und viel Natur, mäandert das Flüsschen mal durch flaches Wiesengelände, dann wieder durch Waldesgrün. Wer das Wort Ruhe steigern möchte, könnte als Superlativ auf diesen Fluss kommen – die perfekte Destination, für alle die mal schnell dem Trubel der Stadt entkommen wollen!

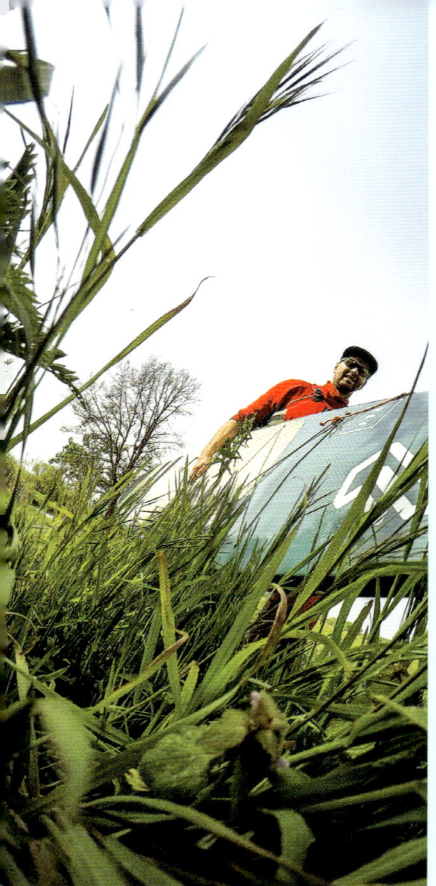

ANFAHRT MIT DEM PKW

Über die A 25 und B 404 bis zur Elbuferstraße, dann über Marschacht bis Artlenburg fahren. Von dort auf der B 209 vorbei an Lüdershausen und nach Überquerung des Reihersees links in die Straße „Auf den Bergen" biegen. Fahrzeit ab HH-Zentrum ca. 0:50 h.

PARKEN

Am südlichen Ufer des Reihersees gibt es am Campingplatz einen großen Parkplatz auf der Wiese.

ANFAHRT MIT DEM ÖPNV

Von HH-Hbf mit RE 3 (Richtung Hannover) oder RE 31 nach Lüneburg. Dort umsteigen auf Buslinie 5900 Richtung Hohnstorf. Aussteigen an der Haltestelle „Lüdershausen, Alte Salzstraße".
Fahrzeit ca. 1:15 h.

ACHTUNG Rückfahrt von Fahrenholz mit ÖPNV nur Mo-Fr möglich.

INFO: www.hvv.de www.kvg-bus.de

BADEN

Am **Reihersee** und am **Barumer See** finden sich kleine Sandstrände, die sich hervorragend zum Baden eignen.

WIND & WETTER

Auf der ersten Hälfte ist die Neetze größtenteils ein Waldfluss und bietet dem Wind kaum Angriffsfläche. Auf dem zweiten Teil wird sie zum Wiesenfluss. Hier kann der Wind schon mal mehr Aktion abfordern, ebenso wie auf den beiden Seen.

BEFAHRUNGSREGELN

Anlegeverbot bis zum Barumer See.

Einsame Badebucht am Barumer See

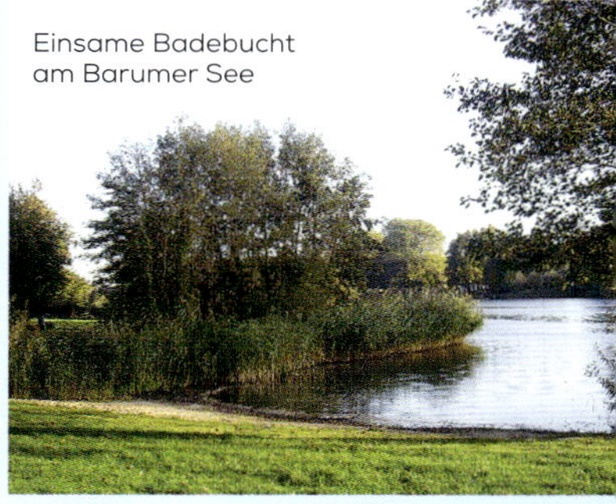

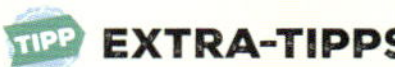

EXTRA-TIPPS

» Das rund 10 Kilometer entfernte **DOPPELSCHIFFSHEBEWERK LÜNEBURG SCHARNEBECK** ist durch mehrere Promenaden gut zu besichtigen und in Verbindung mit dem nahen Museum ein beliebtes Ausflugsziel. Wie in einem überdimensionalen Fahrstuhl überwinden die Schiffe die beeindruckende Höhe von 38 Metern (www.schiffshebewerk-scharnebeck.de).

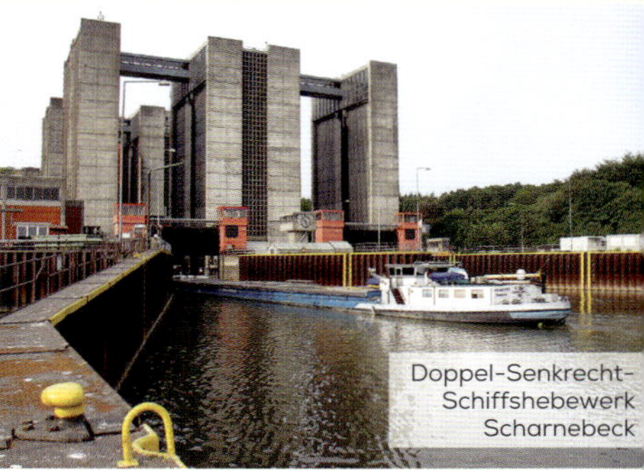

Doppel-Senkrecht-Schiffshebewerk Scharnebeck

» Neben dem Schiffshebwerk liegt der 40.000 qm große **KLETTERWALD LÜNEBURG-SCHARNEBECK** (www.kletterwald-scharnebeck.de) in einem traumhaften Buchenwald. Rund 70 Stationen erwarten die Schwindelfreien, darunter der „Free Fall" aus 15 m Höhe und der Seilrutschenparcour mit einer Gesamtlänge von 435 m!

» Lohnend ist der Besuch des nahen Städtchens **LÜNEBURG** mit seiner sehr sehenswerten historischen Innenstadt. Noch heute kann man anhand der vielen erhaltenen Patrizierhäuser sehen, dass Salz die an der Salzstraße gelegene Hansestadt einst reich gemacht hat.

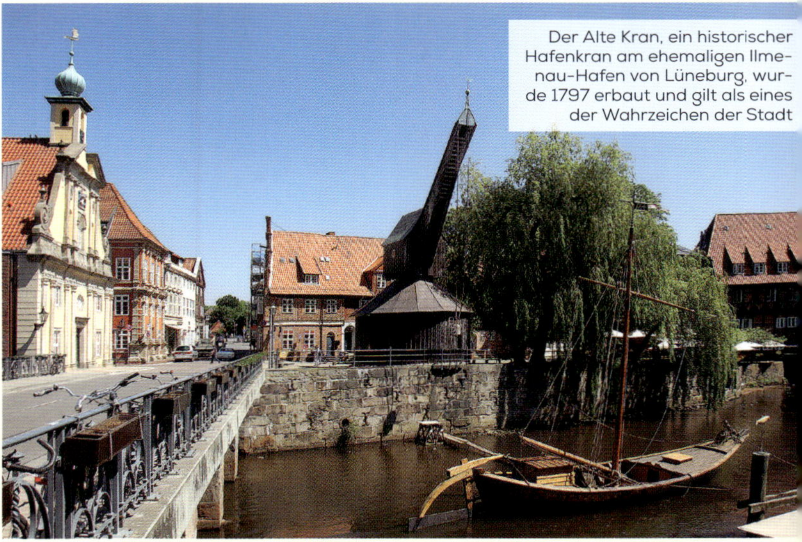

Der Alte Kran, ein historischer Hafenkran am ehemaligen Ilmenau-Hafen von Lüneburg, wurde 1797 erbaut und gilt als eines der Wahrzeichen der Stadt

TOUREN

1 RUHIGE FLUSSTOUR

Vom Reihersee geht es auf dem fast strömungslosen Fluss über den Barumer See zum Schöpfwerk Fahrenholz an der Mündung zur Ilmenau. An den Seen schöne Bademöglichkeiten.

| **LÄNGE** 15 km | **DAUER** 3-5 h

EIN- & AUSSTIEG

EINSTIEG (PKW) Wiese und Sandstrand an der Badestelle am **Reihersee**.

EINSTIEG ÖPNV-ANREISE An der **Brücke im Ort Lüdershausen** (40 m von Bushaltestelle „Alte Salzstraße").

AUSSETZEN Die flache Böschung rechts neben dem **Schöpfwerk in Fahrenholz** eignet sich gut. **ACHTUNG** auf die Strömung bei geöffneter Anlage! Rechts halten & vorsichtig nähern!

ZURÜCK ZUM EINSTIEG Am besten 2. PKW oder Fahrrad vorab deponieren. **MIT ÖPNV** (nur Mo-Fr) 600 m zur Haltestelle „Fahrenholz, Ort" Bus 4404 bis Bf Winsen, RB-Bahn nach Lüneburg, dann Bus 5900 nach Lüdershausen. Fahrzeit mind. 2:10 h.

RÜCKFAHRT NACH HH Bus 4404 (Mo-Fr) bis Bf Winsen, dort mit der Regionalbahn nach Hamburg. Fahrzeit ca. 1:10 h.

SUP-VERMIETUNG

1 RAUTEG-SPORTS
Fahrenholzer Str. 39
21423 Fahrenholz
Tel. (04179) 75 56 80
www.rauteg-sports.de

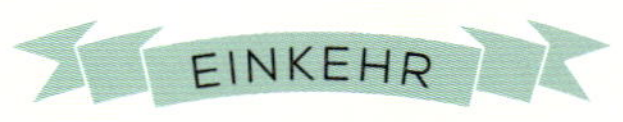

EINKEHR

1 FORSTIS HÜTTN CAMP. AM WIESENGRUND

Auf den Bergen 98, 21382 Brietlingen
Tel. 0176-85 93 33 52
www.campingplatz-am-wiesengrund.de
Fr-So 15-20 Uhr

KLASSIKER Schwungvoll geklopftes Jägerschnitzel XXL mit Pommes

2 GRÜNE STUTE

Kirchweg 15, 21382 Brietlingen
Tel. (04133) 31 07
www.gruene-stute.de
Mi-Sa 12-21 Uhr, So 12-20 Uhr

KLASSIKER Grützwurst mit Gewürzgurke und Bratkartoffeln oder Brietlinger Hochzeitssuppe

3 ZUM AALKRUG

Wiesenstraße 63, 21357 Wittorf
Tel. (04133) 86 33
www.zum-aalkrug.de
Di-Fr ab 16, Sa+So ab 11 Uhr

KLASSIKER Aalkrug-Teller - Räucheraal, Lachs, Matjes mit Bratkartoffeln

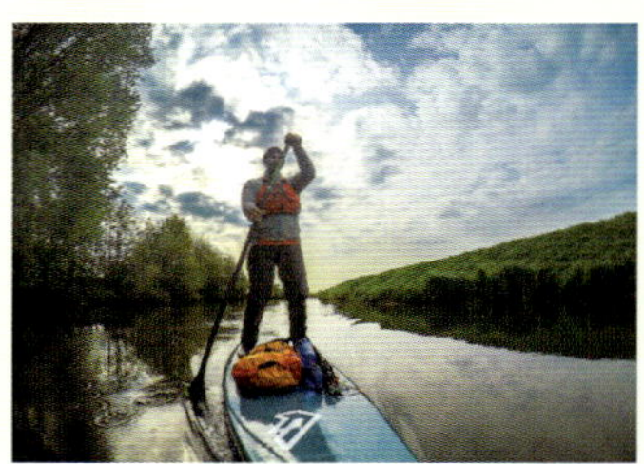

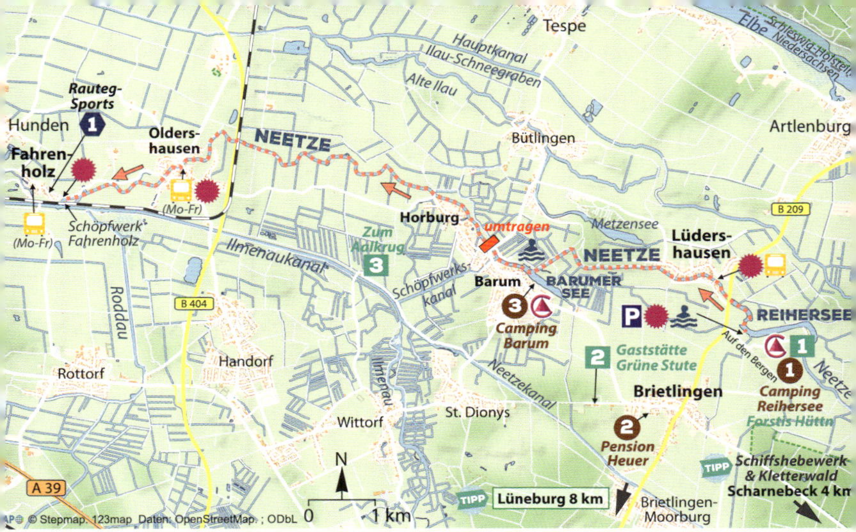

ÜBERNACHTUNG

1 CAMP AM REIHERSEE

Auf den Bergen 101
21382 Brietlingen (Lüdershausen)
Tel. (04133) 35 77 & 36 71
www.camping-camp-am-reihersee.de

1 CAMPINGPLATZ REIHERSEE

Auf den Bergen 96
21382 Brietlingen (Lüdershausen)
Tel. (04133) 32 26
www.campingplatzreihersee.de

2 PENSION HEUER

Große Str. 37, 21382 Brietlingen
Tel. (04133) 222 94 75
& 0157-34 85 26 98
www.pensionheuer.de

3 CAMPINGPLATZ BARUM

Am See 6
21357 Barum
Tel. (04133) 83 39

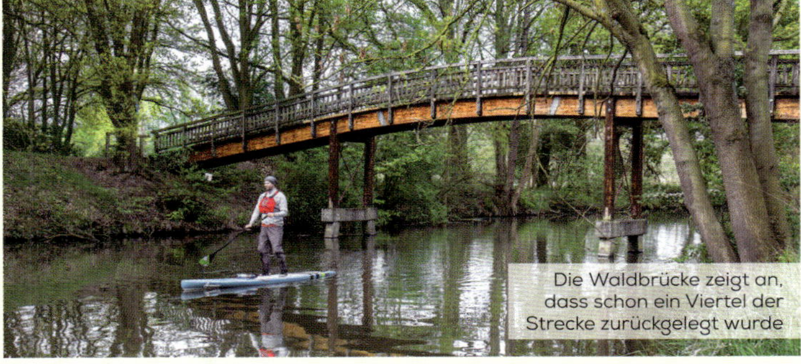

Die Waldbrücke zeigt an, dass schon ein Viertel der Strecke zurückgelegt wurde

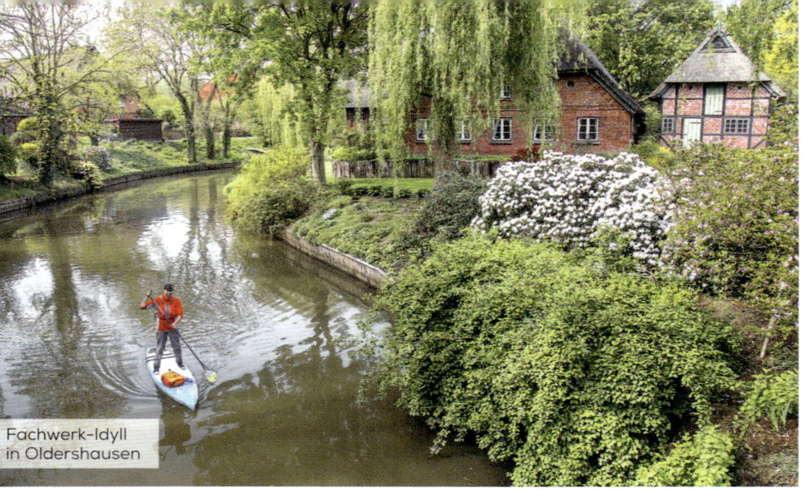
Fachwerk-Idyll in Oldershausen

RUHIG, RUHIGER, NEETZE!

1 Die Sonne geht gerade als feuerroter Ball über dem See auf, als ich mein Brett zum kleinen **SANDSTRAND**  trage. Weiße Nebelschwaden tänzeln über der Wasseroberfläche und ein neugieriger Schwan eilt herbei, um zu sehen, wer hier am frühen Morgen unterwegs ist. Ich lasse die **CAMPINGPLÄTZE AM REIHERSEE** 1 hinter mir und folge dem schlauchartigen Reihersee nordwestwärts. Die Bäume zeigen schon überall einen frischen Mantel aus saftigem Frühlingsgrün. Langsam setzt sich die Sonne durch und die ersten wärmenden Strahlen fallen auf mein Gesicht. Die Brücke der B 209 zeigt das Ende des zwei Kilometer langen Sees an und die unmerklich strömende Neetze verengt sich auf Flussbreite.

Im still daliegenden Dorf **LÜDERSHAUSEN** dirigiere ich das Board vorbei an schönen Bauernhäusern und Gärten. Üppig blühende Rhododendren leuchten in Weiß, Rot und Pink. Ein alter Herr grüßt mit zünftigem „Moin" von einer Brücke.

Hinter dem Dorf dringt die Neetze in ein Waldgebiet vor und die Geräusche der Bundesstraße ebben nun hinter mir ab. Dafür ertönt vielstimmiges Vogelgezwitscher, Spechte hämmern an den Baumstämmen und es riecht nach Waldboden. Die Sonne strahlt wie ein Stern durch das noch im morgendlichen Dunst liegende Blattwerk. Irgendwo hinter dem Wald dringt das Trompeten von Kranichen zu mir herüber. Noch wenige Paddelschläge und ich lande im schmalen **BARUMER SEE**. Am gegenüberliegenden Ufer liegt der **CAMPINGPLATZ BARUM** 3, ich aber halte mich jedoch rechts und komme sogleich an zwei kleinen Sandstränden vorbei – eine gute Gelegenheit für eine kleine Brotzeit.

Am Seeausgang steuere ich mein Brett am Barumer Schöpfwerkskanal vorbei, der direkt zur Ilmenau führt. Nach wenigen Paddelschlägen muss dann vor einem Wehr an zwei kleinen Holzstegen kurz umgehoben werden. Bei genauerer Betrachtung der Ufervegetation fallen mir die Biss- und Nagestellen von Bibern auf. Besonders junge Weiden mit ihrer schmackhaften frischen Rinde scheinen es dem Nager angetan zu haben. Einige von ihnen hat er sogar gefällt. Zu sehen bekomme ich den scheuen Gesellen nicht, dafür aber reichlich Bisamratten, die sich hier sehr wohl zu fühlen scheinen. Biber unterscheiden sich durch eine große breite Schwanzkelle, während der Bisam einen rundlichen dünnen Schwanz hat.

Eine Straßenbrücke kündigt das Dorf **OLDERSHAUSEN** an. Auch hier wieder traditionelle Bauernhäuser mit viel Fachwerk. Wem in Fahrenholz die 600 m zum Bus zu weit sind, kann jetzt bereits aussetzen und an der Brücke „Haltestelle Kindergarten" in den Bus 4404 (nur Mo-Fr) steigen. Hinter dem Ort wird es dann wieder sehr ruhig und auf den letzten Kilometern paddle ich, begleitet von hohem Schilf und grünen Wiesen, zum **SCHÖPFWERK FAHRENHOLZ** an der Mündung der Neetze in den Ilmenaukanal. Rechts ist die Böschung ausreichend flach um gut aus dem Wasser zu kommen und die wundervolle Tour zu beenden.

Mit dem zuvor deponierten Fahrrad fahre ich auf dem Rückweg zum Einstieg (13 km) über Oldershausen zur kanalisierten Ilmenau und entlang ihres Ufers. Ich gönne mir noch eine Einkehr im hochgelobten **GASTHOF ZUM AALKRUG** 3 am **ILMENAUKANAL**, der ein wichtiger Schifffahrtsweg für Salz aus Lüneburg und Gemüse aus dem benachbarten Bardowick war. Schon 1896 stand hier ein Brückenwärterhaus und der Brückenwärter servierte Aal, Brot und Bier. Inzwischen ist viel Zeit vergangen und heute genießen Besucher im Biergarten am Deich deftige und leckere deutsche Küche.

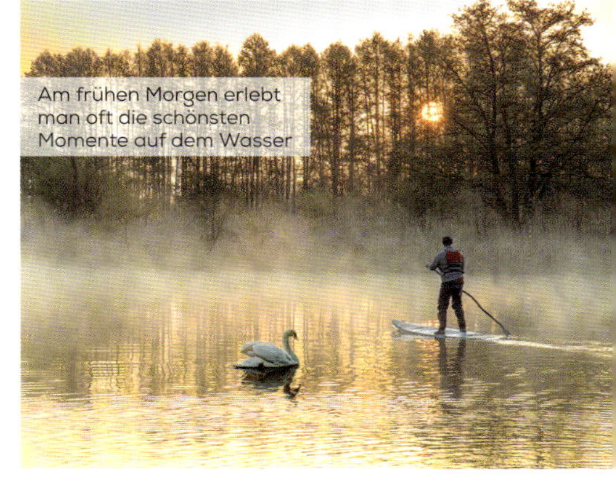
Am frühen Morgen erlebt man oft die schönsten Momente auf dem Wasser

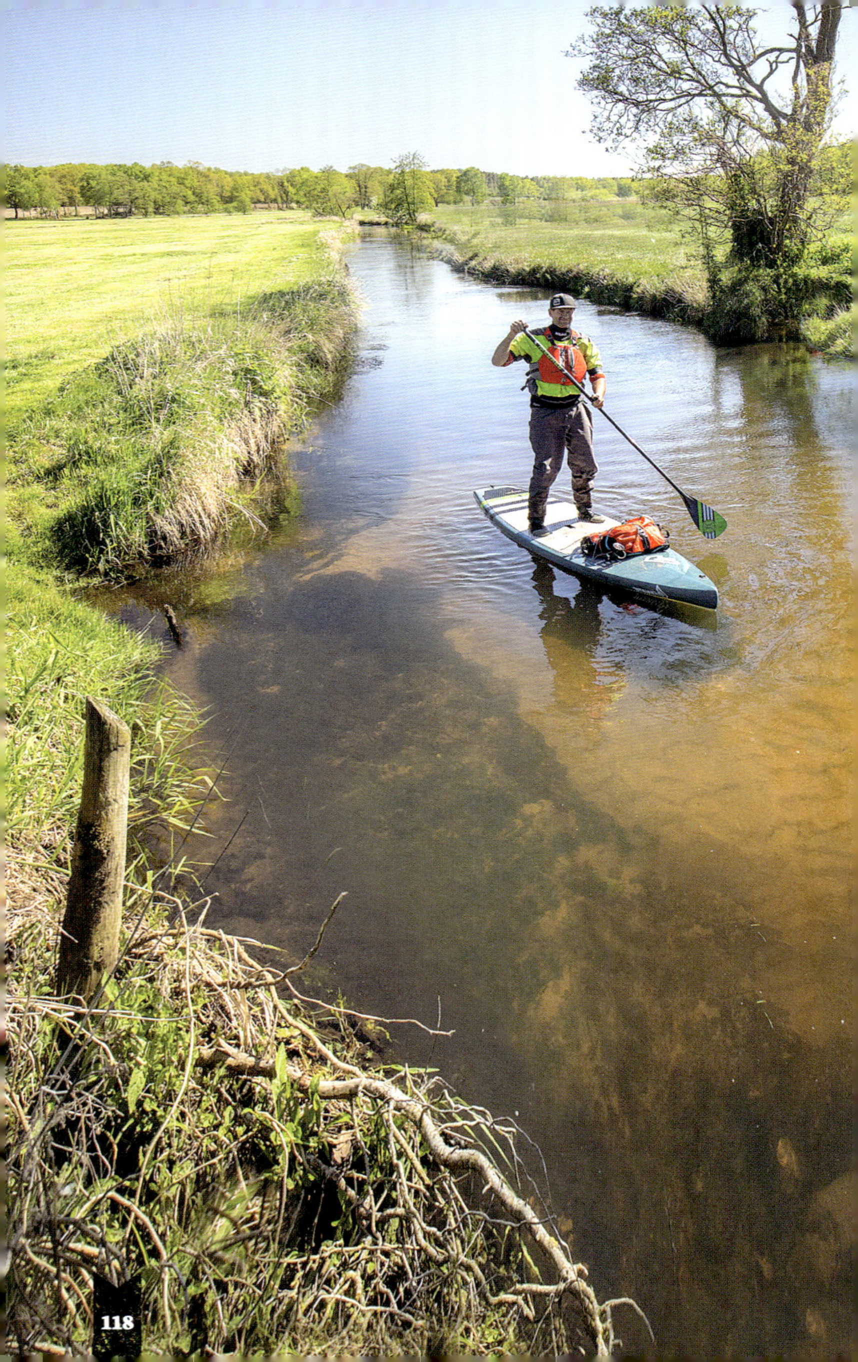

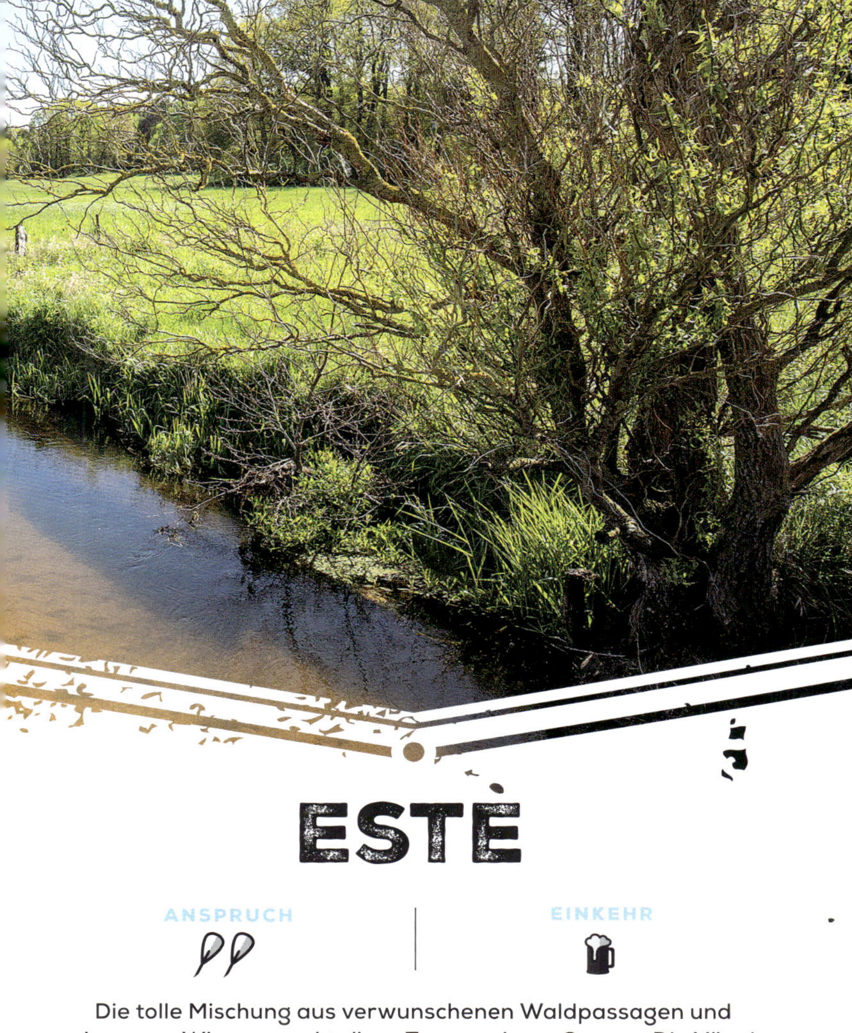

ESTE

ANSPRUCH

EINKEHR

Die tolle Mischung aus verwunschenen Waldpassagen und einsamen Wiesen macht diese Tour zu einem Genuss. Die Vögel pfeifen aus dem Waldesgrün. Gänse trompeten auf den Feldern. Mitunter hört man sogar einen Kranich in der Ferne – Este wir kommen!

WIND & WETTER

Auf der Hälfte der Strecke verläuft die Este im Schutz des Waldes, auf der anderen Hälfte paddelt man durch offene Wiesen. Hier könnte sich starker Gegenwind schon mal auswirken. Bei Hochwasser ist von einer Befahrung abzuraten, ebenso bei zu niedrigen Wasserständen. Leider gibt es keinen Pegel, den man als Maßstab heranziehen könnte.

BEFAHRUNGSREGELN

In den offiziellen Befahrungsregelungen zur Este kommen noch keine SUP-Sportler vor. Daher sollte man SUP-Boards mit Kanu/Kajaks gleichsetzen.

- Befahrung der Este oberhalb Hollenstedt ist gänzlich verboten.
- Ganzjährig besteht von kurz hinter Moisburg bis zur Straßenbrücke der B 73 in Buxtehude eine Befahrungserlaubnis von 9-18 Uhr, für Boote mit max. 1 m Breite und 6 m Länge.
- Das Befahren gegen den Strom ist verboten.
- Es besteht ein Uferbetretungsverbot, außer an ausgewiesenen bzw. zugelassenen Ein- & Aussetzstellen.
- Das Umtragen an Brücken oder umgestürzten Bäumen ist freigestellt.

ANFAHRT MIT DEM PKW

A 1 bis Ausfahrt 44 (Rade) und auf der B 3 Richtung Stade / Buxtehude fahren. Hinter Rade links in die Rader Straße und über Ohlenbüttel und Grauen bis zur Straße „Auf dem Damm 16“ in Moisburg fahren. Fahrzeit ab Hamburg ca. 0:40 h.

ACHTUNG Der An- & Abtransport von SUP-Boards mit dem PKW ist auf dem Weg zur Einsetzstelle NICHT gestattet.

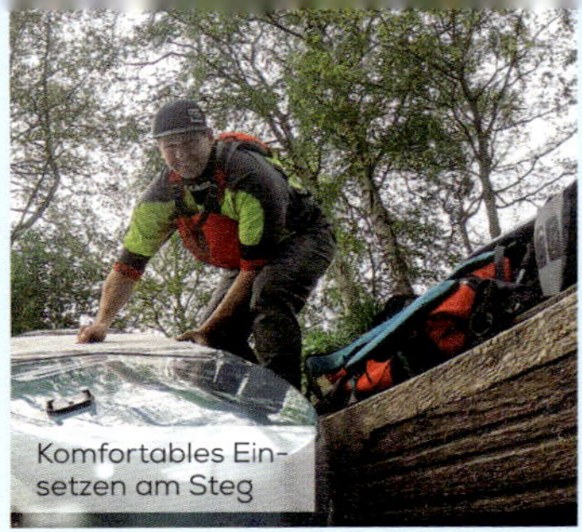

Komfortables Einsetzen am Steg

Bitte unbedingt daran halten, denn der kürzere alte Umtrageweg wurde schon wegen zu viel „Kanuverkehr“ geschlossen, so dass es lange keine offizielle Möglichkeit zum Einsetzen gab.

PARKEN

EINSTIEG In Moisburg schräg gegenüber der Mühle befindet sich ein schattiger Parkplatz unter den Bäumen.

AUSSTIEG Großer Parkplatz in Buxtehude beim Heidebad, Estetalstraße 44.

ANFAHRT MIT DEM ÖPNV

Von HH-Hbf mit der S 3 Richtung Buxtehude nach „Neu Wulmstorf“ fahren. Dort mit dem Bus 4039 (NUR Mo-Sa!) bis „Moisburg, Dorfstraße“ fahren (andere Routen auch möglich, siehe hvv.de). Rund 500 m Fußweg bis zum Einstieg hinter der Mühle. Fahrzeit ca. 1:20 h.

BADEN

Zum Baden ist das Wasser der sauberen **Este** meist zu flach. Lediglich am **Rastplatz "Weißen Sand"** findet man im etwa einen Meter tiefen Wasser eine Möglichkeit sich abzukühlen.

- **Wellnessbad Aquarella Buxtehude** (www.schwimmbad-buxtehude.de).
- **Heidebad Buxtehude**, Riesenwasserrutsche, www.schwimmbad-buxtehude.de).

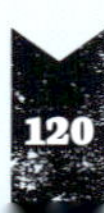

SEHENSWERT

» **MOISBURG:** Wassermühle von 1379 mit Mühlenmuseum - Hier gibt es auch das leckere Moisburger Amtsmühlenbrot. Kirche um 1200 erbaut mit Malereien aus der Zeit um 1640. Das Amtshaus stammt aus dem Jahre 1711.

» **BUXTEHUDE:** Schöne Altstadt z.T. mit historischen Fachwerkhäusern und einem grachtenartigen Hafen nach niederländischem Vorbild. Dreischiffige gewölbte Backsteinbasilika St. Petri. Buxtehude Museum für Regionalgeschichte und Kunst.

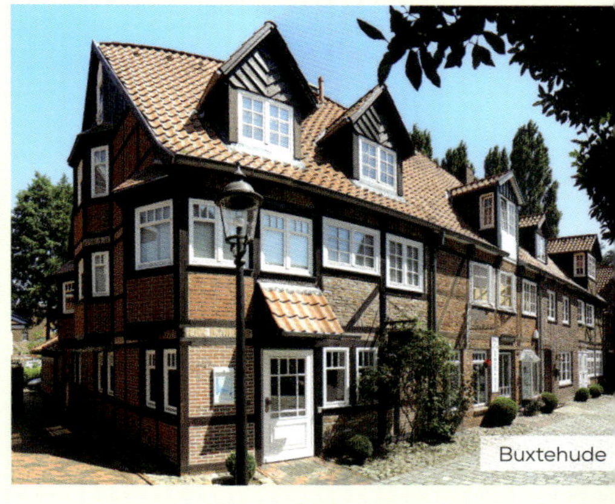
Buxtehude

EXTRA-TIPPS

» Der **ELBE-RADWANDERBUS** mit Fahrradanhänger bringt **AN WOCHENENDEN & FEIERTAGEN** Fahrradfahrer samt Rad ganz bequem zu Ausflugszielen in der Region „Altes Land am Elbstrom“. So kommt man zwischen Mai und Sep Sa+So beispielsweise auf der Linie 2 von Buxtehude über Jork und Königreich nach Finkenwerder. Hier gibt es Anschluss an die HADAG-Fährlinien 62 (nach Landungsbrücken) und 64 (nach Teufelsbrück). Das Deutschland-Ticket ist im Elbe-Radwanderbus gültig! Ansonsten gilt der HVV-Tarif. Somit bietet der Elbe-Radwanderbus eine bequeme und preiswerte Gelegenheit, das Alte Land per Bus und Rad, aber auch per Bus und zu Fuß zu erkunden! Die Fahrpläne sind so aufgebaut, dass Kombinationen mit weiteren öffentlichen Verkehrsmitteln möglich sind. Bitte beachten: Keine Mitnahmegarantie, keine Reservierung möglich. Infos: www.kvg-bus.de

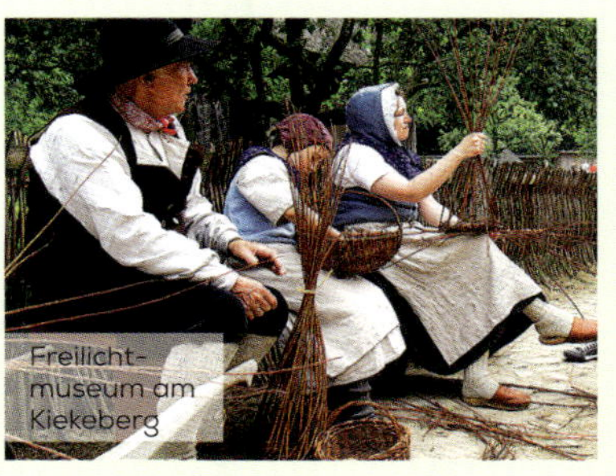
Freilicht-museum am Kiekeberg

» Unbedingt besuchenswert ist das **FREILICHTMUSEUM AM KIEKEBERG** (22 km östlich vom Einstieg /18 km vom Ausstieg). Über 40 historische Gebäude auf einem 12 Hektar großen Freigelände erzählen von der Kultur und der Lebensweise in der Winsener Marsch und der nördlichen Lüneburger Heide. Unter 18 Jahre frei, www.kiekeberg-museum.de

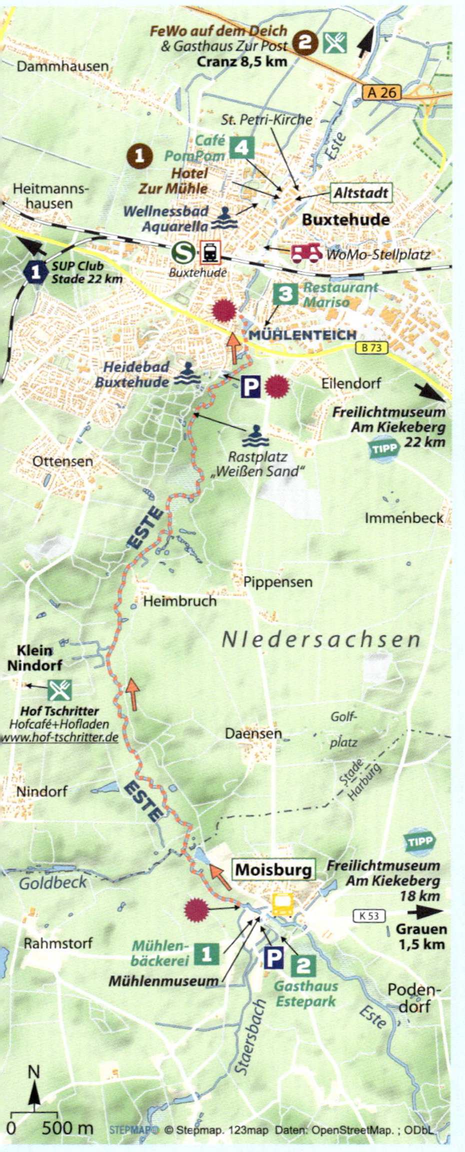

TOUREN

1 EINSAME FLUSSTOUR

Von Moisburg geht es durch eine herrliche Wald- und Wiesenlandschaft nach Buxtehude. Die mäandernde Strecke „würzen" einige Baumhindernisse, die umpaddelt werden wollen.

| **LÄNGE** 8 km | **DAUER** 2-3 h

EIN- & AUSSTIEGE

EINSTIEG IN MOISBURG An einem **Holzsteg** ca. 300 m vom Parkplatz. Wir tragen unsere Boards an Mühle und Mühlenbäckerei vorbei und folgen der kleinen Straße „Auf dem Damm" und dem blauen Kanuzeichen zum Wasser.

ACHTUNG Der An- & Abtransport von SUP-Boards mit dem PKW ist auf dem Weg zur Einsetzstelle NICHT gestattet.

AUSSETZEN BUXTEHUDE Paddler mit zuvor deponierten Fahrrad / 2. PKW setzen links am Ufer an einem Holzsteg vor dem großen Parkplatz vis à vis vom **Heidebad Buxtehude** aus. **ÖPNV-PADDLER** setzen am Ende des **Mühlenteichs** links an einem flachen Steg aus.

ZURÜCK ZUM EINSTIEG Vom Bhf. Buxtehude (Süd) mit dem Bus der Linie 2038 Richtung Hollenstedt bis zur Haltestelle „Moisburg, Kreuzung".

SUP-VERMIETUNG

1 SUP CLUB STADE (22 KM)

Salztorswall 8, 21682 Stade
Tel. 0151-65 10 27 49
www.supclubs.de/stade

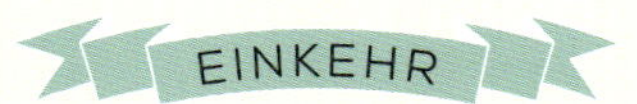

1 MÜHLENBÄCKEREI SCHMACKE

Auf dem Damm 16, 21647 Moisburg
Tel. (04165) 61 88, www.schmacke.de
Mo-Fr 5-18, Sa 5-12 Uhr

KLASSIKER Saftige Zimtbrötchen und leckeres Franzbrötcheneis

2 GASTHAUS ESTEPARK

Alten Weden 8, 21647 Moisburg
Tel. (04165) 12 16
www.gasthaus-estepark.de
Di, Do, Fr 17-22, Sa 13-18 Uhr

KLASSIKER Freitag ist Pizzatag, ansonsten kleine Imbiss-Karte

3 MARISO BUXTEHUDE

Lüneburger Schanze 1
21614 Buxtehude
Tel. (04161) 72 13 66
https://mariso-buxtehude.de
So-Fr 12-14.30 + 17.30-22.30,
Sa 17.30-22.30 Uhr

KLASSIKER Vitello Tonnato - Zartes Kalbsfleisch in Thunfisch-Kapernsauce

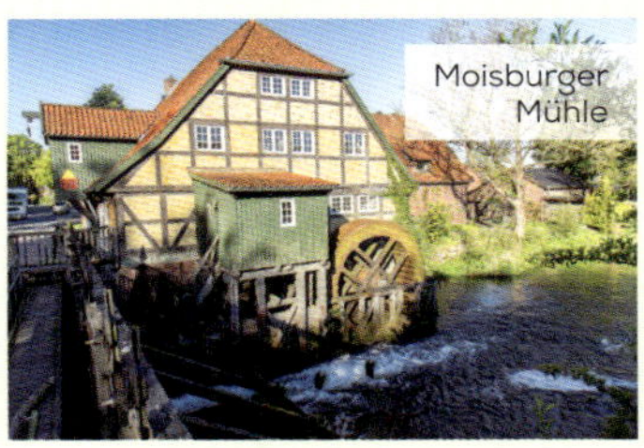
Moisburger Mühle

4 CAFÉ POMPOM

Westfleth 23, 21614 Buxtehude
Tel. (04161) 865 30 93
www.cafepompom.de
Di-Sa 9-17 Uhr

KLASSIKER Unschlagbar tolles Frühstück, auch vegan

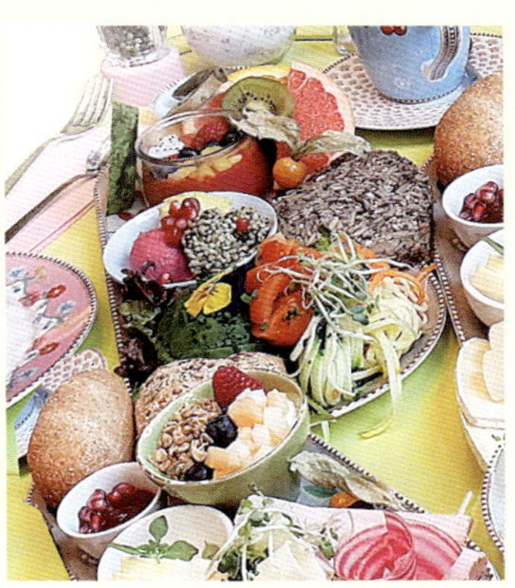

ÜBERNACHTUNG

1 HOTEL ZUR MÜHLE

Ritterstraße 16
21614 Buxtehude
Tel. (04161) 506 50
www.hotelbuxtehude.de

2 FEWO & GASTHAUS ZUR POST

Estedeich 88, 21129 Hamburg-Cranz
Tel. (040) 745 94 09
www.urlaub-hamburg-altesland.de
Empfehlenswertes Fisch-Restaurant
Mi-So 11-20.30 (14.30-17 keine warme Küche) www.gasthaus-zur-post-cranz.de

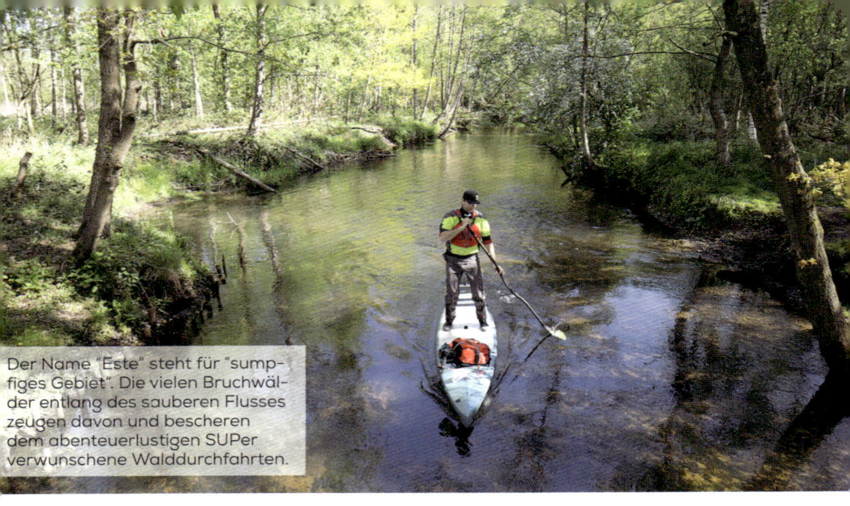

Der Name "Este" steht für "sumpfiges Gebiet". Die vielen Bruchwälder entlang des sauberen Flusses zeugen davon und bescheren dem abenteuerlustigen SUPer verwunschene Walddurchfahrten.

KURVIGE HEIDE-FAHRT

1

Wo in **MOISBURG** heute das schöne Mühlengebäude steht, stand bereits im 14. Jahrhundert eine Mühle. Eines der drei originalen Wasserräder ist sogar noch voll funktionstüchtig und hält die alte Müllertradition aufrecht. Früher konnte man neben der **WASSERMÜHLE** (Museum) einsetzen, aber seitdem der Trubel zu groß geworden ist, muss man sein Board hinter der **MÜHLENBÄCKEREI** 1 auf der kleinen Stichstraße „Auf dem Damm", an ein paar Häusern entlang, 300 Meter zu einem hölzernen **TREPPENSTEG** tragen.

Die **ESTE** fließt auf dieser Tour stetig, aber leicht beherrschbar durch eine ruhige, einsame Landschaft. „Zivilisationskontakt" gibt es praktisch nicht. Einige Baumhindernisse wollen umpaddelt werden, daher sollte man sicher auf seinem Brett stehen und es auch steuern können. Eine Relativierung gibt es: An sonnigen Wochenenden kann es schon mal sein, dass mehr Kanus auf dem Fluss unterwegs sind, als einem lieb ist.

Schon gleich nach dem Ablegen verschwindet der Bach in einem Weidendickicht, so dass man erstmal in die Knie gehen muss, um durch den grünen Tunnel zu kommen. Doch keine Angst, das ist nicht bezeichnend für den Rest der Strecke. Dann geht es durch eine offene Weidelandschaft. Prima, so kann man sich an den Fließrhythmus und die gemütliche Strömung gewöhnen. Trotz des leicht bräunlichen Wassers lässt es Blicke auf den Flussgrund zu, an dessen Rändern sich Polster aus Wasserpflanzen gebildet haben, die manchmal mit ein paar Ziehschlägen umkurvt werden wollen. Die Geräusche der Straße sind nun bald verschwunden – Entspannung ist angesagt und ich sauge tief die frische Morgenluft ein. Der Gesang von Feldlerchen und der regelmäßige, aber stetig variierende Vortrag der Singdrossel ertönt. Ein Reh schreckt ein paar Dutzend Meter weiter im Feld auf, läuft aber nicht weg, sondern schaut interessiert herüber.

Hinter einer einsamen Holzbrücke, an der ich kurz den Kopf einziehen muss, geht es in Schlangenkurven hinein in einen verwunschenen Wald. Erlen, Eichen, Weiden, Eschen und blühende Weißdornbüsche säumen die Este. Spechte hämmern irgendwo in den Baumkronen. Der Kuckuckruf schallt durchs Unterholz. Hinter jeder Kurve wartet eine neue Variation aus Wasser und Grün. Mal recken alte Erlen ihre ausladenden Arme übers Wasser, so dass man sich bücken oder zur anderen Flussseite steuern muss. An einigen Stellen haben sich Sandbänke gebildet, die mit Mustern aufwarten, wie man sie auch vom Meeresstrand kennt. Nur dass hier die Strömung für die Ablagerungen sorgt und keine Wellen.

Das dichte Grün weicht wieder einer offenen Graslandschaft, in der ein Bauer gerade dabei ist, seine Wiese zu mähen. Der Geruch von frischem Gras verbreitet sich im ganzen Tal. An einer halb verfallenen Brückenkonstruktionen muss ich mich ausnahmsweise mal setzen, um darunter hindurchzukommen.

Auf dem letzten Drittel vor Buxtehude verlangsamt sich die Strömung etwas. Hier hängt häufiger mal ein gefallener Baum ins Wasser. In weiser Voraussicht habe ich eine sehr kurze Flussfinne unter das Brett geschraubt, so dass ich fast überall ohne Probleme durchkomme. Durch einen Auwald aus Pappeln, Birken und Weiden nähert man sich viel zu schnell **BUXTEHUDE**. Dort, wo linker Hand ein **HOLZSTEG** ● am Ufer auftaucht, steigen alle, die hier am Heidebad zuvor ihr Auto abgestellt haben, aus dem Fluss. Wer dagegen zum Bahnhof möchte, der setzt besser ein paar Hundert Meter weiter am **MÜHLENTEICH** ● aus.

Ein Besuch der **BUXTEHUDER ALTSTADT**, mit ihren historischen Bauwerken wie der Backsteinbasilika St. Petri oder dem Marschtorzwinger, Teil der mittelalterlichen Stadtbefestigung, muss noch sein. Dann können wir auch noch gleich am hübschen Westfleth im absolut außergewöhnlichen **CAFÉ POMPOM** 4 mit seinen verspielten Blumentapeten einkehren – oder draußen auf bunten Stühlen am Fleeth sitzen. Die liebevoll angerichtete Frühstücksplatte ist unschlagbar: Brötchen, Waffeln , Früchte, selbstgemachte Marmelade mit Granatapfelkernen, Nutella, Käse, Seranoschinken, italienische Salami und Frischkäse, frischer Orangensaft, leckerer Latte Macchiato und – Zimtbrötchen direkt aus dem Ofen!

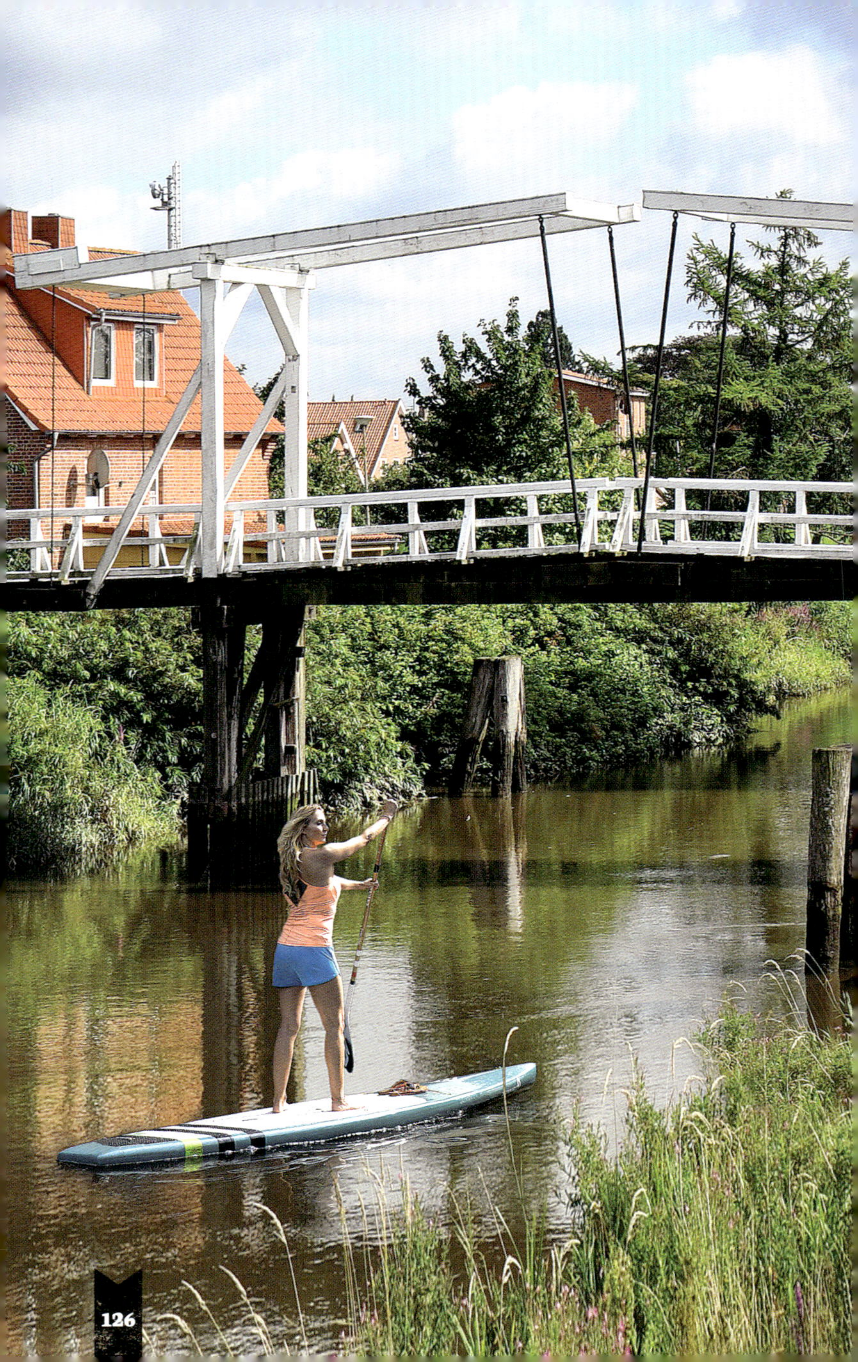

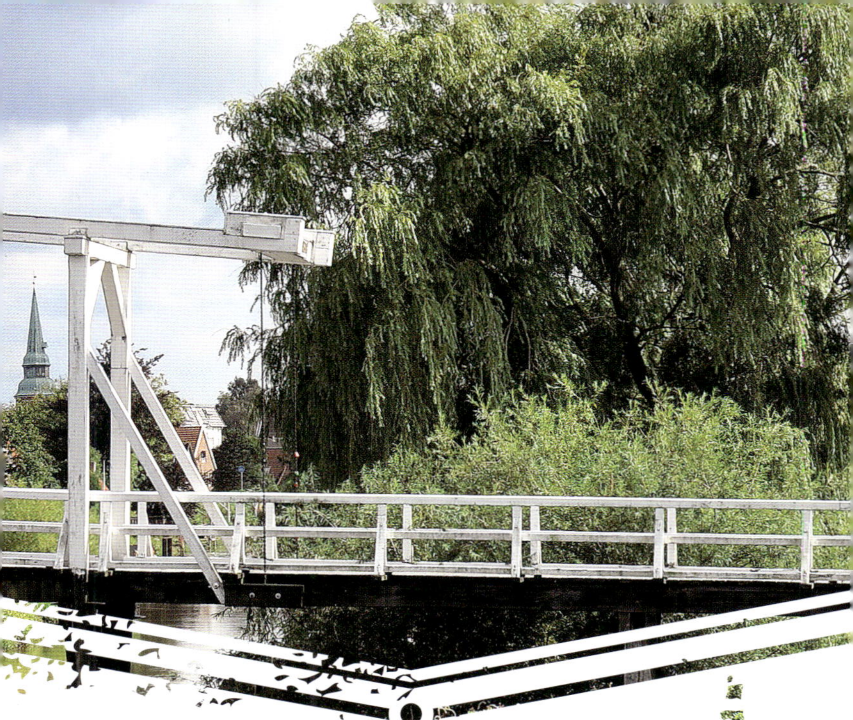

LÜHE

ANSPRUCH

EINKEHR

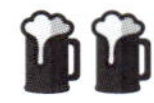

Direkt vor den Touren Hamburgs liegt Nordeuropas größtes zusammenhängendes Obstanbaugebiet. Zur Obstbaumblüte im Frühjahr ist eine entspannte SUP-Tour entlang prunkvoller bäuerlicher Fachwerkhäuser, die sich hinter den Deich ducken, besonders reizvoll und gehört auf jede „To-do-Liste" von Stand up Paddlern in der Hamburger Region.

TIDE, WIND & WETTER

Für eine Tour muss man einen Blick auf die Gezeitentafel werfen. Bezugspunkt ist Lühort an der Elbe (www.bsh.de, >Daten, >Gezeiten). Die Gezeiten in Horneburg sind zu jenen in Lühort etwa um zwei Stunden versetzt. Daher wird man Hoch- und Niedrigwasser in dem kleinen Ort erst zwei Stunden später erwarten, als an der Flussmündung.

Der Wasserstand auf der Lühe hängt von vielen Faktoren ab: Windverhältnisse, Mondstand, Regenhäufigkeit sowie Öffnung oder auch Schließung des Sperrwerks. Auch wenn die Tide den Rhythmus auf der Lühe bestimmt, sollte man den Wind nicht außer Acht lassen, denn in der offenen Landschaft bläst dieser weitgehend ungehindert über das Alte Land und kann, wenn er aus der falschen Richtung kommt, das Paddeln verleiden. Zum Glück hat man durch die zwei Fließrichtungen die Möglichkeit weitgehend für Rückenwind zu sorgen.

BEFAHRUNGSREGELN

- Oberhalb von Horneburg ist die Befahrung von Aue und Landwettern aus Naturschutzgründen verboten.
- Das Befahren der Rücklaufstauwasserflächen (Teiche am Lühe-Rand) unterhalb Horneburgs ist ebenfalls nicht gestattet.

Die Lühe ist offiziell Seewasserstraße, auch wenn es keine Berufsschifffahrt mehr auf dem Fluss gibt. Es finden daher die gesetzlichen Regelungen der Seeschifffahrtsstraßenordnung Anwendung. Wichtige Binnenschifffahrtszeichen siehe Umschlagklappe vorne.

ANFAHRT MIT DEM PKW

A 7 Abfahrt 30 (Waltershof) Richtung Stade. Immer in Elbnähe auf „Finkenwerder Straße", dann „An der Alten Süderelbe" und „Neuenfelder Hauptdeich" bis Lühe-Fähranleger in Grünendeich fahren. Fahrzeit ab HH-Zentrum ca. 1:00 h.

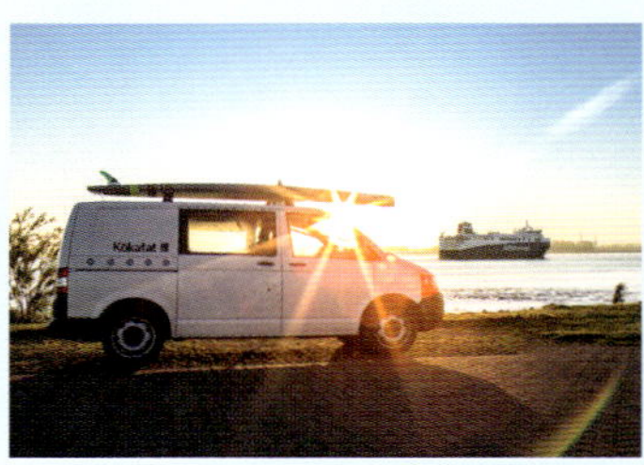

PARKEN

GRÜNENDEICH Am Sperrwerk gibt es zahlreiche kostenpflichtige Parkplätze.
HORNEBURG Kostenfrei am Straßenrand neben der öffentlichen Steganlage.

ANFAHRT MIT DEM ÖPNV

Vom HH-Hbf mit der Regionalbahn RE 5 oder S 3 nach Stade. Umsteigen auf den Bus 2050 Richtung Estebogen. Oder am Wochenende im Sommer in Stade oder Horneburg weiter mit dem Elbe-Radwanderbus (Tageskarte 5,-€, HVV-Tickets haben keine Gültigkeit). Aussteigen am Deich an der Haltestelle „Grünendeich, Fähre". Fahrzeit ca. 1:20 h.

BADEN

Zum Baden ist die Lühe wegen ihrer braunen Wasserfarbe eher weniger geeignet.

- **Erlebnis- und Freibad Stade Solemio**, Sauna & Sole (www.solemio-stade.de).
- **Freibad Horneburg** ca. Mitte Mai - Mitte Sep (www.horneburg.de).

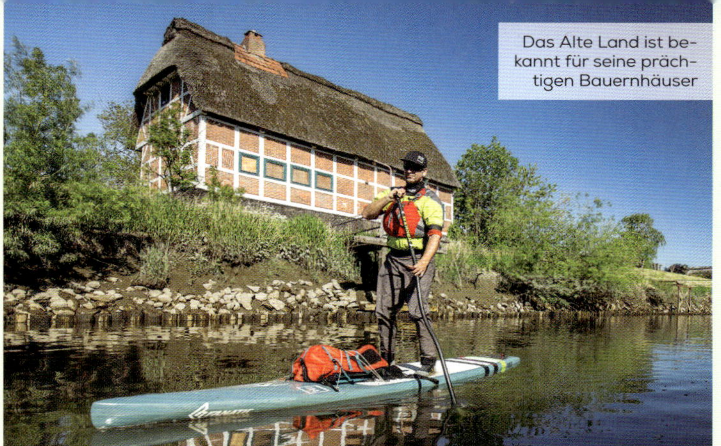

Das Alte Land ist bekannt für seine prächtigen Bauernhäuser

SEHENSWERT

» **STEINKIRCHEN:** Kirche St. Martini et Nicolai (14. Jh.) zu Steinkirchen, die Arp-Schnitger-Orgel von 1687 zählt zu seinen besterhaltenen Orgeln.

» **HORNEBURG:** Liebfrauenkirche von 1632, Horneburger Schloss (privat) - Herrenhaus im Tudor-Stil mit Schloßpark, Handwerksmuseum (www.horneburg.de).

» **JORK:** Prächtiges Rathaus. Das Museum „Altes Land“ ist in einem prunkvollen Altländer Fachwerkhaus untergebracht und informiert über die Entwicklung und Technikgeschichte des Alten Landes, den Deichbau, die Schifffahrt und den Obstbau (www.jork.de).

EXTRA-TIPPS

» Besonders reizvoll im Alten Land sind die sogenannten **ALTLÄNDER PRUNKPFORTEN**. Mit diesen kunstvollen Hofzugängen ließen sich Ende des 17. Jahrhunderts wohlhabende Altländer ihre Höfe schmücken. Tipps wo sie zu finden sind, gibt die Website www.altes-land.de

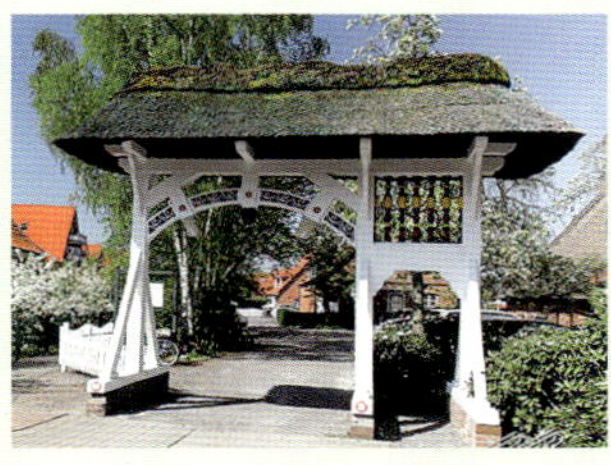

» Am ersten Maiwochenende wird in **JORK** die neue **BLÜTENKÖNIGIN** gekrönt. Im Anschluss gibt es einen großen Festumzug mit Blütencorso durch den Ort und am Abend ein Konzert und Feuerwerk.

» **ALTLÄNDER KIRSCHENWOCHE** Ende Juni / Anfang Juli mit Hofführungen, Radtouren, Kutschfahrten, Kirschenpflücken und Verkostungen. Höhepunkt ist am Ende der Woche der **KIRSCHMARKT IN JORK** mit Volkstänzen, Trachten und Musik sowie einem Kleinkunst- & Kunsthandwerkermarkt (www.altes-land.de).

TOUREN

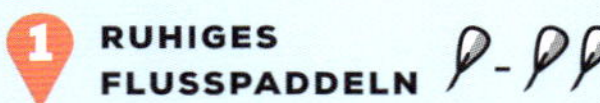

1 RUHIGES FLUSSPADDELN

Ab Horneburg ist die Lühe auf kompletter Strecke bis zur Mündung in die Elbe dem Einfluss der Tide ausgesetzt - mit Wasserstandschwankungen von bis zu 3 Metern. Der Fluss ist daher in beide Richtungen zu befahren.

➔ | **LÄNGE** 12 km | **DAUER** 3-4 h

EIN- & AUSSTIEGE

EINSTIEG In **Grünendeich** kann man über die Steinschüttung ins Wasser kommen. Bei niedrigen Wasserständen könnte Schlick das Einsteigen erschweren. In diesem Fall auf Privatgeländen mit Schwimmsteg nachfragen, ob man einsetzen darf, z. B. am Café des Fähranlegers (nicht während Fährankünften).

AUSSETZEN (& EINSETZEN) In **Horneburg** am öffentlichen **Schwimmsteg** an der **Hafenstraße**. Zugang ca. 100 m vom Marschdamm.

ZURÜCK ZUM EINSTIEG Mo-Fr von Bf Horneburg Bus 2053 nach Steinkirchen, Umstieg in Bus 2050 bis „Grünendeich, Fähre“ (Fahrzeit 0:40 h). Mitte April bis Anf. Okt Sa+So mit dem Elbe-Radwanderbus.

ZURÜCK NACH HAMBURG Vom Bf Horneburg (1,2 km Fußweg von der Aussetzstelle) in 0:50 h nach Hamburg.

SUP-VERMIETUNG

1 SUP CLUB STADE
Salztorswall 8, 21682 Stade
Tel. 0151-651 027 49
www.supclubs.de/stade

EINKEHR

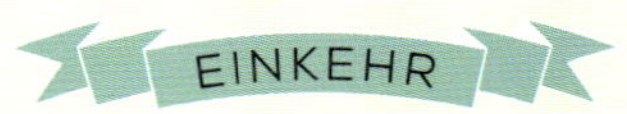

1 STUBBE'S GASTHAUS

Gasthof, Zimmer, WoMo-Stellplatz
Lühe 46, 21635 Jork
Tel. (04142) 25 35
www.stubbes-gasthaus.de
Di-So 11.30-20 Uhr

KLASSIKER „Hamburger Pannfisch“ in Senfsauce mit Bratkartoffeln

2 HEIMATLIEBE

Alter Marktpl. 12, 21720 Steinkirchen
Tel. (04142) 898 77 37
www.heimatliebesteinkirchen.de
Tägl. 11-21 Uhr, Di Ruhetag

KLASSIKER Gouda Döner, Belegtes Pide-Fladenbrot mit Käse überbacken

3 BIOHOF OTTILIE

Hofladen & Café, Veranstaltungen
Ort 19 *(vis-à-vis von Steinkirchen)*
21720 Mittelnkirchen
Tel. (04142) 81 26 34
www.biohof-ottilie.de
Öffnungszeiten siehe Website

KLASSIKER Oberleckerer Apfelkuchen, Altländer Apfel-Ketchup

4 GASTHAUS OP'N DIEK

Dorfstraße 128
21720 Mittelnkirchen
Tel. (04142) 23 54
Mi Ruhetag, sonst tägl. 12-20.30 Uhr

KLASSIKER
Krabben mit Rührei & Schnitzel

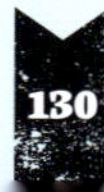

ÜBERNACHTUNG

❶ HOTEL ELBBLICK
Direkt an der Elbe, mit Restaurant
Lühe 40, 21635 Jork OT Lühe
Tel. (04142) 818 00
www.elb-blick-luehe.de

❷ CAMPINGPLATZ NESSHOF
Auch Schlaffässer & Schäferwagen
Neßstr. 32
21720 Guderhandviertel
Tel. (04142) 81 03 95
www.nesshof.de

❸ PENSION JANINA
Isern-Hinnerk-Weg 1 a
21640 Horneburg
Tel. (04163) 81 24 40
www.pension-janina-horneburg.de

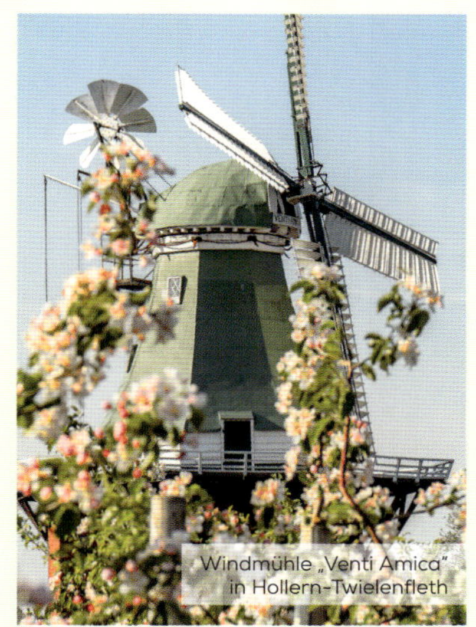
Windmühle „Venti Amica" in Hollern-Twielenfleth

ZUR OBSTBAUMBLÜTE DURCHS ALTE LAND

1

Direkt vor den Touren Hamburgs liegt das ALTE LAND – eine von Menschenhand planmäßig angelegte Kulturlandschaft, die einzigartig in Deutschland ist. Unter Anleitung holländischer Kolonistenführer haben vor über 800 Jahren Siedler das Land dem Wasser abgerungen und eine blühende Landschaft geschaffen, im wahrsten Sinne des Wortes, denn heute blühen im Frühjahr 18 Millionen Obstbäume um die Wette.

Wie schon im Infoteil erwähnt, kann man den Tidefluss in beide Richtungen paddeln. Wegen mittelstarken Windes aus Nordost fällt unsere Entscheidung für einen Start in **GRÜNENDEICH** an der Lühemündung. Dafür warte ich den Niedrigwasserstand ab und gebe dem Wasser zusätzlich Zeit etwas aufzulaufen, bis ich ohne Probleme über die Steinschüttung mein Board ins Wasser setzen kann. Die ersten paar Schläge rühre ich noch Elbwasser auf, ehe ich in die **LÜHE** einbiege und durch die offenstehenden Sperrwerkstore fahre. Bei Sturmflut werden diese Tore zum Schutz gegen Überschwemmung des Hinterlandes geschlossen.

Anfangs fließt das schokobraune Wasser allerdings kaum merklich, sondern scheint eher gemütlich, aber unentschlossen hin und her zu strudeln, ehe ein leichter Zug merkbar wird. Der Wasserstand stellt auch bei Niedrigwasser kein Problem dar, solange man sich weitgehend in der Mitte des Flusses bewegt. Ein gern postulierter Nachteil einer Fahrt auf der Lühe bei Niedrigwasserstart ist, dass man trotz der erhöhten Position vom Board zunächst nicht richtig über die Deiche hinweg in die Landschaft schauen kann. Daher sind es anfangs tatsächlich erstmal nur die Giebel der prachtvollen Fachwerkhäuser, die es zu bewundern gilt. Auf der anderen Seite hat der niedrige Wasserstand seine eigene Faszination, denn die Ufer sind von einer Schicht aus braunem Schlick bedeckt – es ist als wäre man im Wattenmeer unterwegs, nur dass das Watt „als Tapete an den Wänden klebt". Wer hier spontan ans Ufer gelangen wollte, würde daher sehr tief einsinken.

Mit der Zeit nimmt die Lühe etwas an Fahrt auf und es geht vorbei an Schwimmstegen, an denen kleine und größere Segel- und Motoboote festgemacht liegen. Diese Anlagen sind allesamt privat und dürfen nicht betreten werden. Fasziniert schaue ich zu, wie das Wasser weiter steigt. Es läuft nicht ganz gleichmäßig auf, denn ich beobachte kleine Wellenschübe anhand der Wasserstandslinie. Nach einem neuen Schwall Wasser sinkt der Wasserstand oft für eine kurze Weile unter die frisch befeuchtete Linie. Erst mit der nächsten Tidenwelle wird dieser wieder einen Moment überschritten. Bei besonders ausgeprägten Schwällen kann ich auf dem Board fühlen, wie dieses leicht angehoben wird und mein Blick nun über den Deich reicht, hinter dem sich seit über 150 Jahren die Apfel- und Kirschplantagen erstrecken.

Unter der romantischen **HOGENDIEKBRÜCKE** hindurch, die den Einfluss der holländischen Besiedlung verdeutlicht und eines der beliebtesten Fotomotive im Alten Land ist, geht es auf **STEINKIRCHEN** zu. Der öffentliche Anleger dort ist der einzige entlang der Lühe, an dem man an Land gehen und pausieren kann. Hier liegt auch „Elli", eine fast 100-jährige Hafenbarkasse, die in der Saison als Ausflugsschiff verkehrt. Vom Anleger sind es rund 600 m über die Brücke auf die andere Flussseite, die zu **MITTELNKIRCHEN** gehört, zum **BIOHOF & HOFCAFÉ OTTILIE** 3. Ein echter Geheimtipp! An den Wochenenden gibt es hier „Kaffeeklatsch" (genaue Tage & Uhrzeit siehe Website). Die wie zufällig verstreuten Tische und selbst gebauten Strandkörbe zwischen Obstbäumen hinterlassen einen tiefenentspannten Eindruck. Den Mittelpunkt des Hofplatzes bildet ein hundertjähriger Walnussbaum. Neben feinsten Fairtrade Kaffeeprodukten gibt es hausgemachte Torten, vegane Kuchen und leckeres Eis sowie im Hofladen selbst hergestellte Manufaktur-Produkte (alles bio).

Mittlerweile strömt die Lühe mit etwa 1 Stundenkilometer. Der Wasserstand ist schon merklich gestiegen und so ist von den Fachwerkhäusern in den sogenannten Marschhufendörfern viel zu sehen. Sorgfältig instand gehaltene niedersächsische Altländer Hallenhäuser mit handwerklich aufwendigen Giebeln bilden die Prunkstücke der Siedlungen. Ich bestaune die Schmuckelemente aus weißen Fachwerkhölzern in Kombination mit roter Ziersetzung aus Klinkerziegeln. Nicht umsonst gelten die Häuser als einer der Höhepunkte deutscher Bauernhausarchitektur.

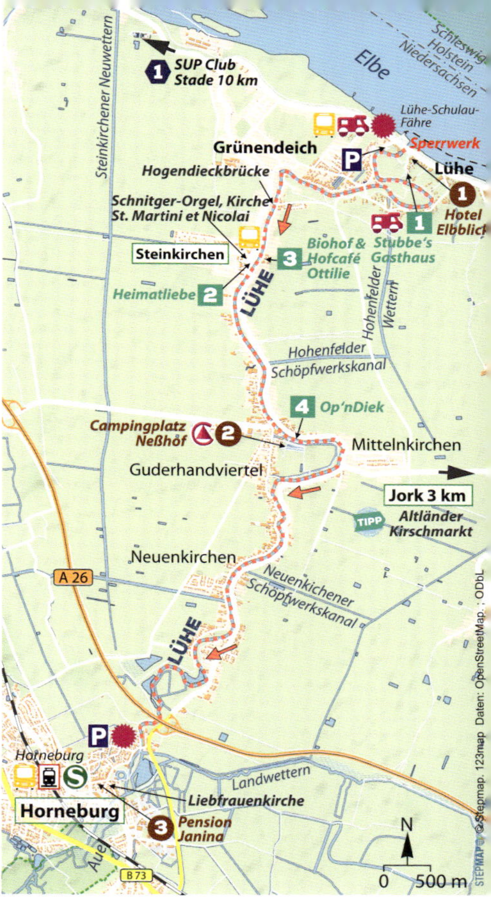

Auf dem letzten Abschnitt sprudelt klares Wasser aus den Rücklaufbecken in den Fluss, welche durch Steinschüttungen von ihm getrennt sind. Das offene Weideland mit vereinzelten Uferbäumen ist nun weit einsehbar. Bussarde und Rotmilane schweben über mir in der Luft. Eine herrliche Stimmung! Viel zu schnell kommt die Autobahnbrücke in Sicht, welche das nahe Ende der Tour ankündigt. Ein paar Hundert Meter sind es noch bis **HORNEBURG**, wo ich am **SCHWIMMSTEG** komfortabel aussetzen kann. Zurück zum Auto geht es mit dem vorab postierten Fahrrad. Nun kann ich die hübsche Deichlandschaft mit ihren Fachwerkhäusern nochmal aus einer anderen Perspektive betrachten. Und natürlich statte ich dem **GASTHAUS OP'N DIEK** 4 einen Besuch ab. Im urigen Gasthof oder draußen im schönen Biergarten gibt es „Essen wie bei Muttern".

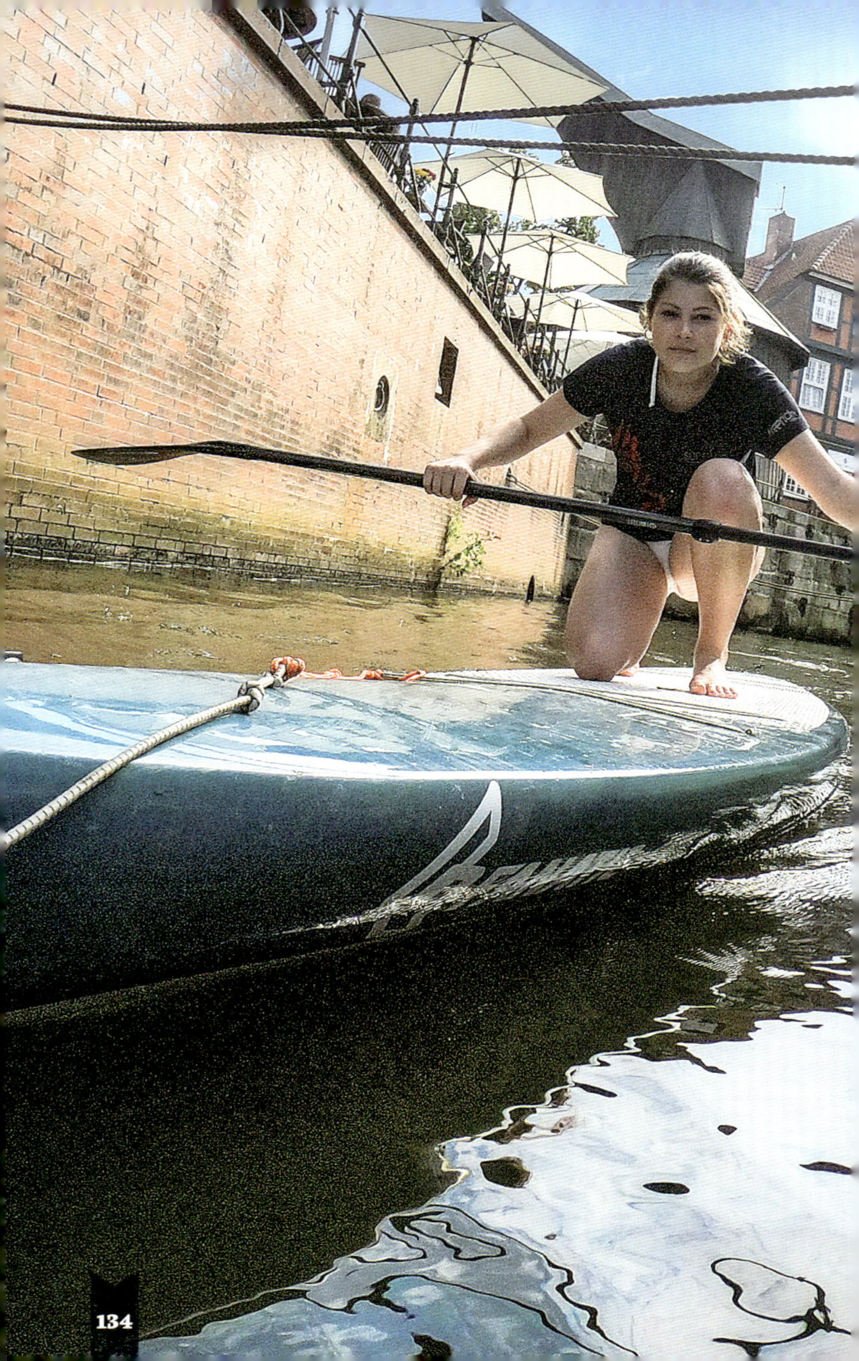

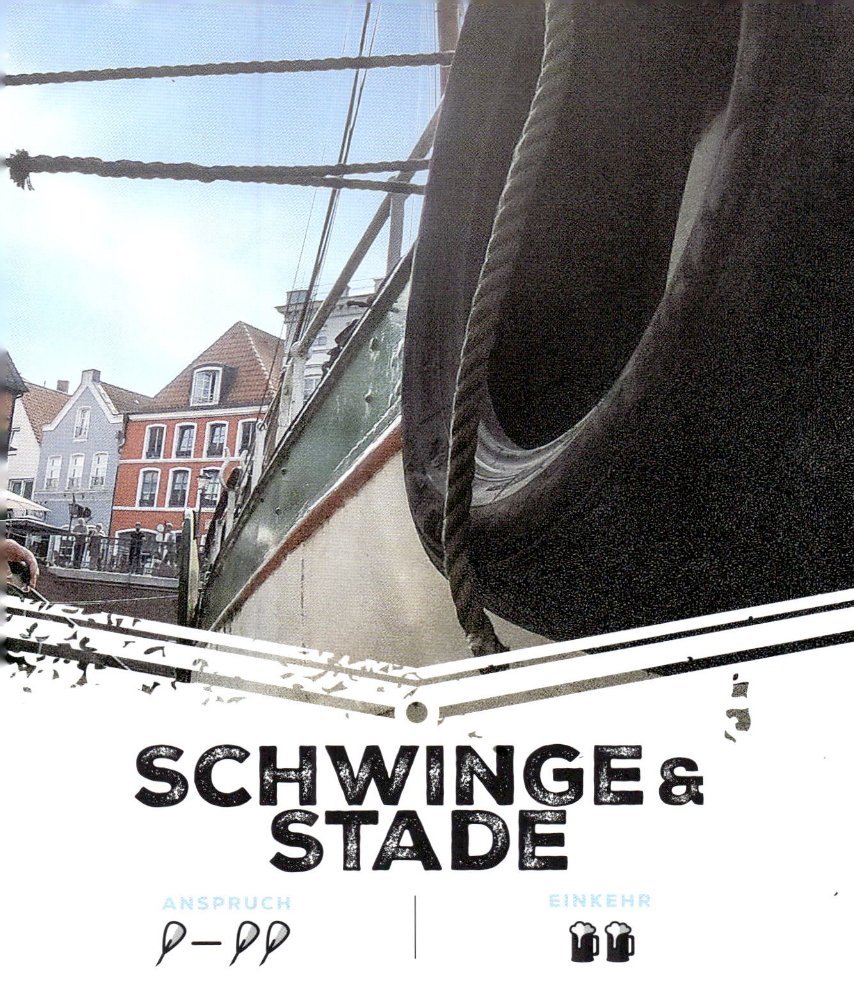

SCHWINGE & STADE

ANSPRUCH

EINKEHR

Die Kombination von maritimem Flair der alten Hansestadt Stade und ganz viel Natur auf dem Oberlauf des mäandernden Wiesenflusses – einer einsamen Flusslandschaft mit bewaldeten Randbereichen und Bruchwäldern – machen den besonderen Reiz dieser Tour aus.

WIND & WETTER

Wind kann auf der Oberen Schwinge Auswirkungen haben, da sich in der flachen Landschaft nur wenige Bäume am Fluss befinden. Den besten Windschutz hat man in der Stadtschwinge, wo Parkbäume, Alleen oder Gebäude Schutz bieten.

Im Unterlauf ragen mancherorts alte, halb verrottete Pfähle aus dem Wasser (je nach Tidenstand evtl. nicht sichtbar).

Für die Tidenschwinge empfiehlt es sich, einen Blick in die Gezeitentafeln zu werfen. Bezugspunkt ist Stadersand an der Elbe (www.bsh.de >Daten >Gezeiten oder www.gezeitenfisch.com). Die Gezeiten in Stade sind zu jenen in Stadersand etwa um 0:30 h versetzt.

BEFAHRUNGSREGELN

- Auf der Strecke zwischen der Schwingestraße (K 1) beim Dörfchen Schwinge und der Brücke an der Bundesstraße 73 dürfen Paddler nur vom 16.05. bis 14.10. zwischen 8 und 19 Uhr unterwegs sein, und nur, wenn gleichzeitig der Pegel unter der Brücke „grün" anzeigt.
- Es darf nur stromabwärts gepaddelt werden und auch von „nicht gewerblichen" Gruppen.
- Anlanden ist nur an ausgewiesenen Plätzen erlaubt.
- Zwischen Innenstadt und B 73-Brücke ist es nur erlaubt stromauf zu paddeln, allerdings ohne anzulanden.
- Stand up Paddler werden in der Salztorschleuse grundsätzlich nicht geschleust.

Unterhalb von Stade ist die Schwinge offiziell Seewasserstraße, auch wenn es keine Berufsschifffahrt mehr auf dem Fluss gibt. Es finden daher die gesetzlichen Regelungen der Seeschifffahrtsstraßenordnung Anwendung (Binnenschifffahrtszeichen siehe Umschlagklappe vorne).

ANFAHRT MIT DEM PKW

A 7 Abfahrt 30 (Waltershof) Richtung Stade. In Elbnähe auf „Finkenwerder Straße", dann „An der Alten Süderelbe" und „Neuenfelder Hauptdeich" bis Neuenschleuse fahren. Dort links ab und über Mittelnkirchen zur B 26 und auf dieser nach Stade. Fahrzeit ab HH-Zentrum ca. 1:15 h.

PARKEN ROUTE 1

Gebührenpflichtige Parkplätze "Hafen" und "Beim Salztor" direkt am Burggraben. Oder am 200 Meter entfernten CineStar (Am Schwingedeich 3T).

PARKEN ROUTE 2

START Gratis Parken auf einem Waldweg 100 m nördlich der Schwinge oder auf einem Wiesenstreifen am Fahrbahnrand.

ZIEL Gebührenpflichtiger Platz (Beim Salztor 5). Oder gratis am 200 Meter entfernten Kino (Am Schwingedeich 3T).

PARKEN ROUTE 3

START Gratis Parkmöglichkeit am Kino (Am Schwingedeich 3T).

ZIEL Mehrere Parkplätze in Stadersand auf der linken Seite an der Mündung der Schwinge, Stader Elbstraße.

ANFAHRT MIT DEM ÖPNV

Von HH Hbf mit RE 5 oder S-Bahn 3 nach Stade. Fahrzeit ca. 1:00 h.
Zur Route 2 weiter von Stade mit Bus 2365 nach Schwinge (www.kvg-bus.de), dort 1 km zur Einsetzstelle.

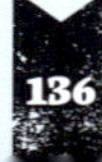

BADEN

Baden ist in der **Stadtschwinge** möglich, wenn auch das Wasser etwas bräunlich daherkommt.

- **Solemio Stade**, Erlebnis- und Freibad, Sauna & Sole (www.solemio-stade.de).
- **Freibad Horneburg** ca. Mitte Mai - Mitte Sep (www.horneburg.de).

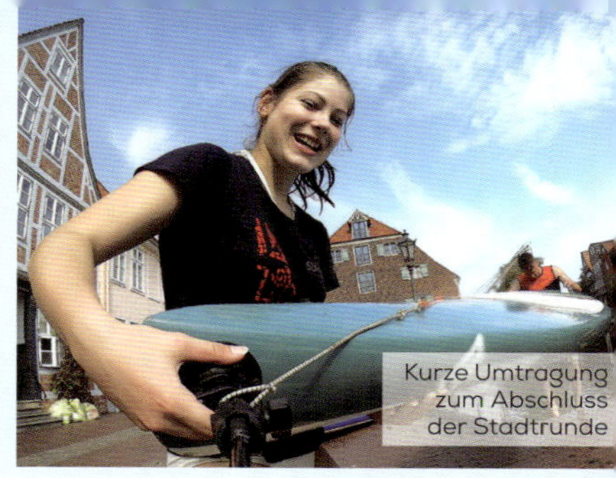

Kurze Umtragung zum Abschluss der Stadtrunde

SEHENSWERT

» **STADE: HISTORISCHE ALTSTADT** mit Fleeten und Fachwerkhäusern, meist aus dem 17. Jahrhundert. Rathaus von 1667. Die „Cosmae-Kirche" mit einer bedeutenden Hus / Schnitger-Orgel. Hansehafen mit historischem Hafenkran und dem Schwedenspeicher (Museum) von 1705 und dem Kunsthaus Stade. Bürgermeister-Hintze-Haus am Alten Hansehafen - ein Giebelhaus mit reich verzierter Weserrenaissance-Fassade. Freilichtmuseum auf der Insel (www.museen-stade.de).

» **FESTUNG GRAUERORT** (10 km nördlich von Stade): 1869-1879 von den Preußen zum Schutz vor feindlichen Schiffen errichtet, heute Museum (www.grauerort.com).

TIPP EXTRA-TIPPS

» Die **STADE BEACHDAYS** bringen Beachvolleyball, Strand, Urlaubsfeeling und besonderen Lifestyle in die Innenstadt. Im August treten auf dem Platz „Am Sande" die besten Frauen- & Männerteams (www.stade-beachdays.de).

» Strandurlaub fast vor der Haustür - der lange **BASSENFLETHER ELBSTRAND** ist wohl einer der schönsten Strände im Hamburger Einzugsgebiet. Strandpartys, Lagerfeuer, Beachvolleyball, Spaziergänge. Oder baden in der Elbe mit Blick auf die eindrucksvollen Hochseeschiffe mit bis zu 14 Metern Tiefgang, an dem an dieser Stelle mehr als 2 Kilometer breiten Fluss.

» Ein besonderes Erlebnis ist die Fahrt mit dem historischen **MOOREXPRESS** von Stade über Worpswede durchs Teufelsmoor nach Bremen & zurück (Mai-Sep Sa+Fei).

» Auf der ausgedehnten **MARSCH- UND MOORLANDSCHAFT KEHDINGENS** (Kehdinger Land zwischen Stade und Cuxhaven) fallen im Herbst und Frühjahr Tausende von Nonnen- & Blässgänsen, Goldregenpfeifern und viele Hundert Kampfläufer zur Rast ein. Mit dem **VOGELKIEKER** - einem Doppeldecker-Bus als Vogelbeobachtungsstation, kommt man der Vogelwelt ganz nah. Biologen informieren unterhaltsam über Flora und Fauna. Hochwertige Ferngläser und Vogel-Bestimmungstafeln sind an Bord. **MOORKIEKER-TOUR:** Mit einer umgebauten Lorenbahn durchs Aschhorner Moor. **TIDENKIEKER-TOUR:** Mit dem Flachbodenschiff unberührte Landschaften entdecken (verein-naturerlebnisse.de).

TOUREN

1 STADTRUNDE

Auf dem Burggraben rund um die Stader Altstadt mit kleiner Umtragung am Salzhafen und ein Stück auf der Schwinge hin und zurück.

| **LÄNGE** 8,5 km | **DAUER** 2-3 h

2 TRAUMHAFTE FLUSSTOUR

Nahe des Örtchens Schwinge führt die Tour entlang der Schwingewiesen direkt ins Zentrum der Hansestadt.

| **LÄNGE** 14 km | **DAUER** 3-4 h

3 TIDENSCHWINGE

Vom Stader Stadthafen geht es zur Schwingemündung an die Elbe.

| **LÄNGE** 4,5 km | **DAUER** 1-2 h

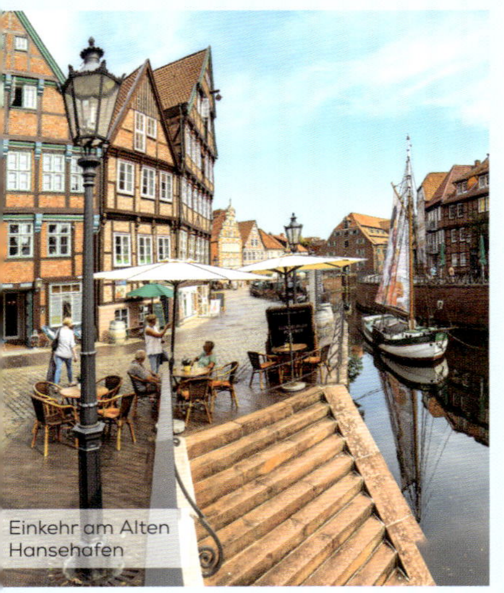
Einkehr am Alten Hansehafen

EIN- & AUSSTIEGE

EIN- & AUSSTIEG ROUTE 1 - STADE
Komfortabel am Holzsteg an der **"Güldenstern-Bastion"** in den **Wallanalagen** oder Parkplatzböschung unmittelbar vor der **Schleuse** (Beim Salztor 5).

EINSTIEG ROUTE 2 - ORT SCHWINGE
An der **Brücke der K1** zwischen den Orten Schwinge und Fredenbeck. Über eine Treppe kommt man seitlich ans Wasser, muss aber über die Straßenbeplankung heben.

AUSSTIEG ROUTE 2 - STADE Am komfortablen Holzsteg an der **„Güldenstern-Bastion“** in den **Wallanalagen** oder an der Parkplatzböschung unmittelbar links vor der **Schleuse** (Beim Salztor 5).

ZURÜCK Von Stade mit dem Bus nach Schwinge (www.kvg-bus.de), 1 km zur Einsetzstelle. Oder mit 2. Pkw / Fahrrad.

EINSTIEG ROUTE 3 - STADE
Schwimmsteg am **Stadthafen** (Kommandantendeich), beim Kinoparkplatz.

AUSSTIEG ROUTE 3 - SCHWINGEMÜNDUNG AN DER ELBE. Je nach Wasserstand an einem der Schwimmstege oder am Elbstrand links der Mündung.

ZURÜCK Mit dem SUP zurückpaddeln oder von Stadersand mit Bus 2006 (nur 2-3 tägl.!) nach Stade. www.kvg-bus.de

SUP-VERMIETUNG

1 SUP CLUB STADE
Salztorswall 8 / Am Holzhafen
21682 Stade, Tel. 0151-651 027 49
www.supclubs.de/stade

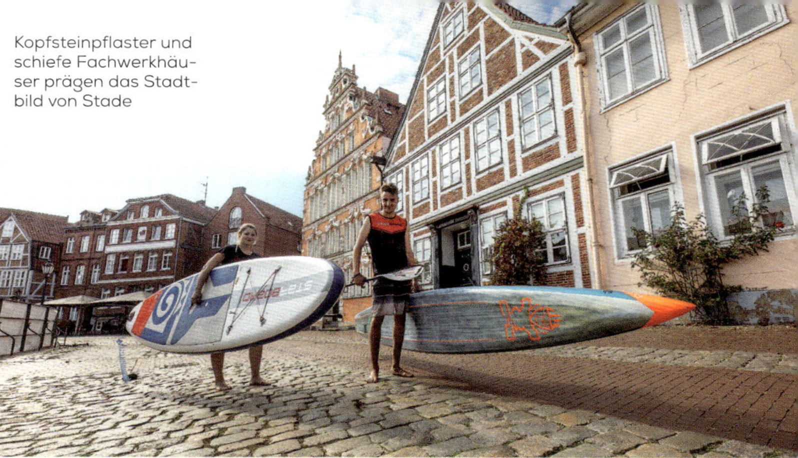

Kopfsteinpflaster und schiefe Fachwerkhäuser prägen das Stadtbild von Stade

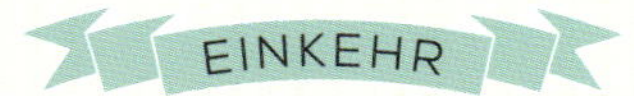

1 PETIT FILOU

Wasser Ost 2, 21682 Stade
Tel. (04141) 991 48 30
Di-So 9.30-18 Uhr Mi-Sa bis 21 Uhr

KLASSIKER Leckere Tagesgerichte wie Friesenflammkuchen, Lachsburger

2 RISTORANTE AL PORTO

Neubourgstraße 11, 21682 Stade
Tel. (04141) 77 89 92, www.al-porto.de
Mo-Sa 18-23 Uhr

KLASSIKER Sardische Küche

3 RESTAURANT ELBBLICK

Schiffsanleger Stadersand
Stader Elbstraße 1 c, 21683 Stade
Tel. (04141) 79 46 41, Di-So 12-18 Uhr
www.elbblick-stadersand.de

KLASSIKER Schollenfilet mit grandiosem Elbblick

ÜBERNACHTUNG

1 HOTEL AM HOLZHAFEN

Salztorscontrescarpe 8, 21680 Stade
Tel. (04141) 52 90 88
www.hotel-in-stade.de

2 HAVENHOSTEL STADE

Am Schwingedeich 5, 21680 Stade
Tel. (04141) 541 11 0
www.havenhostel.de

3 JUGENDHERBERGE STADE

Kehdinger Mühren 11, 21682 Stade
Tel. (04141) 463 68
www.stade.jugendherberge.de

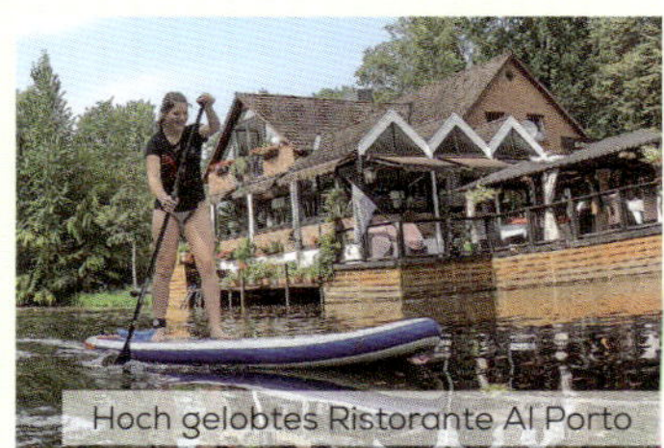

Hoch gelobtes Ristorante Al Porto

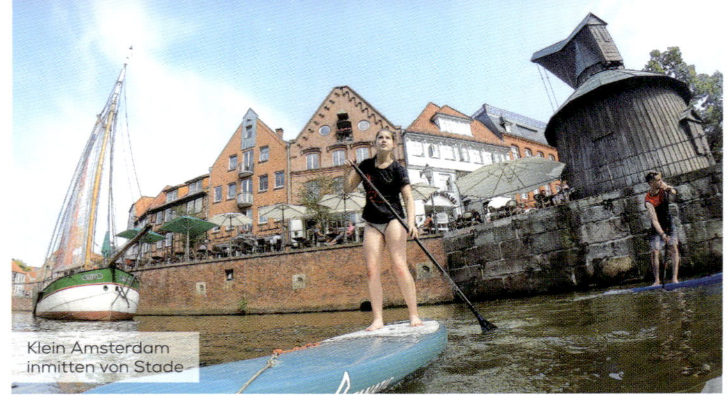
Klein Amsterdam inmitten von Stade

MARITIMES HAFENFLAIR UND EINSAMER FLUSS

Wer nicht an der Böschung vor dem Parkplatz mit Blick auf die **SALZTORSCHLEUSE** einsetzen will, läuft an den Wallanlagen 500 Meter südwärts und nutzt zum Einsetzen in den **BURGGRABEN** den geschwungenen komfortablen Holzsteg unterhalb der **GÜLDENSTERN-BASTION**. Als **STADE** zum Königreich Schweden gehörte, umrahmten neun aus der ehemaligen Stadtmauer hervorragende Bastionen als Verteidigungsring fast lückenlos die Altstadt, von denen noch heute Reste zu erkennen sind.

Nach rechts paddelnd verengt sich die Schwinge zusehends und verschwindet in einem grünen Tunnel aus dichtem Uferbewuchs. Hinter einer hübschen Fußgängerbrücke taucht die ehemals zur schwedischen Festungsanlage gehörende **MUSEUMSINSEL** auf, erkennbar am Altländer Bauernhaus von 1733 mit seinem reichen Schmuckmauerwerk. Zusammen mit mehreren Gebäuden, die in der Stader Umgebung demontiert und auf der Insel wieder aufgestellt wurden, sowie diversen bäuerlichen Geräten, bilden sie das Museumsensemble. Nach einer weiteren Brücke kommen wir an dem auch von Starkoch Christian Rach viel gelobten **RISTORANTE AL PORTO** 2 vorbei, das idyllisch am Wasser liegt.

Die kurz darauf von links mündende **SCHWINGE** ist unbedingt eine Erkundung wert. Mit sanften Schlägen treiben wir unsere Boards durch ein waldartiges Gebiet, das in weiten Flusskehren in eine schöne Wiesenlandschaft übergeht (Anlandeverbot!). Vor der Brücke der B 73 kehren wir um, weiter darf man entgegen der Strömung nicht paddeln, und paddeln auf gleichem Weg zurück.
Zurück an der **STADTSCHWINGE** folgen wir dieser nun nach links durch eine

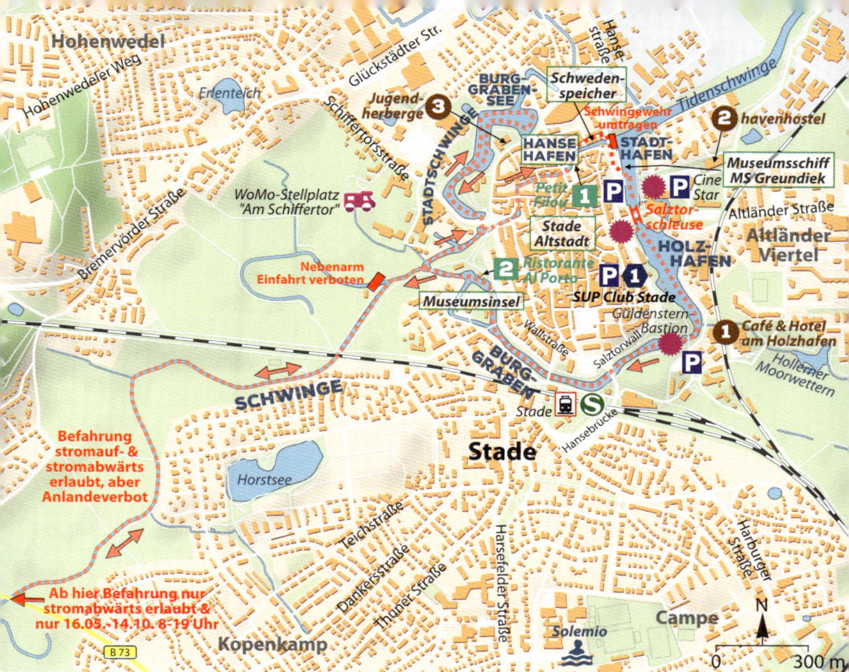

parkartige Landschaft bis zum **BURGGRABENSEE**. An dessen Ende wenden wir erneut und paddeln bis hinter die breite Straßenbrücke zurück. Dort wartet, etwas versteckt, das eigentliche Highlight einer Stade-Tour. Wir folgen dem kleinen Kanal nach links unter der tiefen Brücke hindurch und landen vor einem Holzwehr, an dem normalerweise immer eines der Tore offensteht. In Bückhaltung gleiten wir in das enge, beinahe verwunschene Fleet, das uns unter mehreren Brücken in den **ALTEN HANSEHAFEN** führt. Auf seiner gesamten Länge wird der Hafen von historischen Fachwerkhäusern, meist aus dem 15. und 17. Jahrhundert, gesäumt. In seiner Mitte ragt der hölzerne Nachbau einer Krananlage aus jener Zeit. Rund um das Hafenbecken finden wir einige Gastronomiebetriebe, die über Treppen leicht zu erreichen sind. Direkt am Fleet zu sitzen und es sich gut gehen zu lassen, hat ein bisschen was von Amsterdam. Ursprünglich ein Tidehafen, wurde dieser nach der großen Sturmflut von 1962 zwecks Hochwasserschutz durch ein Wehr abgetrennt. Daher enden wir am **SCHWEDENSPEICHER** mit unseren Boards in einer Sackgasse. Jetzt haben wir die Wahl. Entweder die schöne Strecke wieder zurück oder die Stadtrunde vollenden und in den **STADTHAFEN** umtragen, um am gegenüberliegenden Ufer unterhalb des Kinos am **SCHWIMMSTEG** ● auszusetzen.

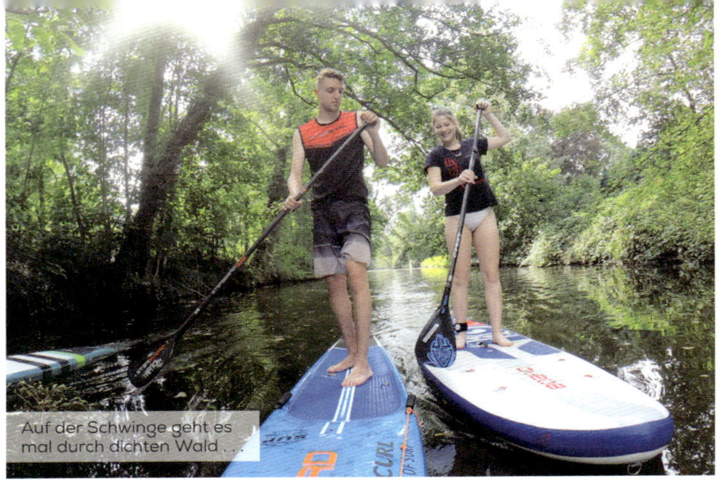

Auf der Schwinge geht es mal durch dichten Wald . . .

DURCH DIE SCHWINGEWIESEN 

2

Auf dieser Tour erwartet uns Natur pur. Wenn Wasserstand und Vegetation es zulassen, setzen wir an der **BRÜCKE** zwischen den Orten **SCHWINGE** und **FREDENBECK** in das schmale Flüsschen ein. Bald wird es breiter und fließt durch ein wunderbares Wiesental. Vereinzelte Bäume am Ufer werfen auch mal Äste ab, die Hindernissen werden.

Bauernhöfe und Wäldchen erscheinen am Ufer sowie einige Hügel, auf denen man vielleicht ein Reh entdeckt. Hinter der Fußgängerbrücke begleiten alte Pappelalleen die mäandernde **OBERE SCHWINGE**. Ohne große Strömung schlängeln wir uns unter den beeindruckenden Baumreihen weiter Richtung Stade.

Hinter der Brücke der Bundesstraße tauchen wir förmlich in einen Baumtunnel ein. Bei Erreichen der **STADTSCHWINGE** legen wir die letzten Meter zum **BURGGRABEN** zurück, wo wir nach 1 km am geschwungenen Holzsteg aussetzen.

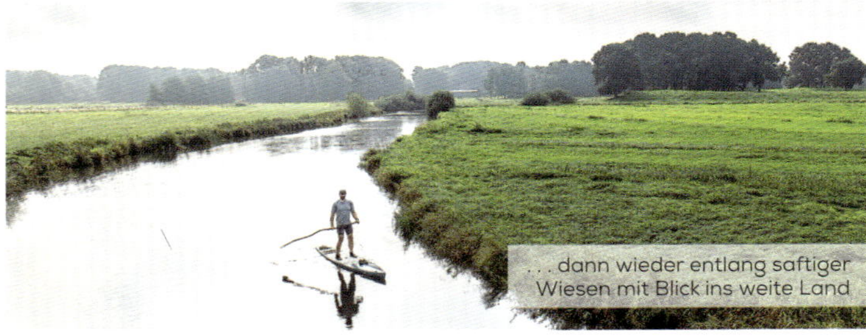

. . . dann wieder entlang saftiger Wiesen mit Blick ins weite Land

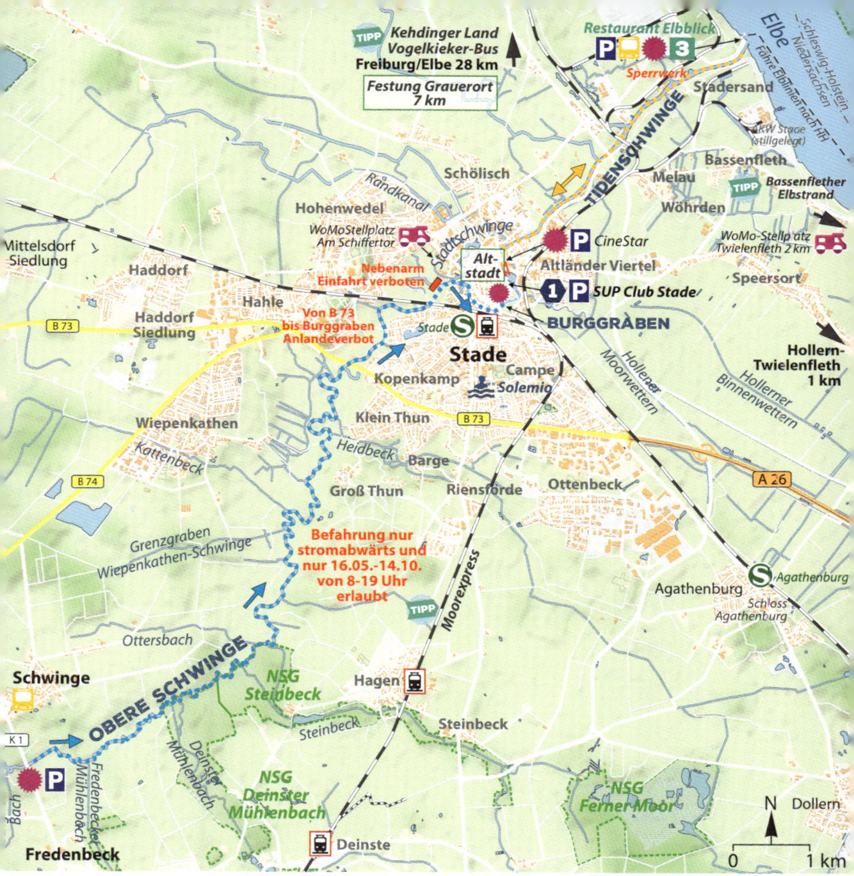

TIPP Kehdinger Land Vogelkieker-Bus
Freiburg/Elbe 28 km
Festung Grauerort 7 km
Restaurant Elbblick
3
Sperrwerk
Elbe
Schleswig-Holstein – Niedersachsen
Fähre Elbinlinien nach HH
Stadersand
KKW Stade (stillgelegt)
TIDENSCHWINGE
Bassenfleth
Melau
TIPP Bassenflether Elbstrand
Wöhrden
Schölisch
Randkanal
Hohenwedel
Stadtschwinge
WoMoStellplatz Am Schiffertor
CineStar
WoMo-Stellplatz Twielenfleth 2 km
Mittelsdorf Siedlung
Haddorf
Alt-stadt
Altländer Viertel
Nebenarm Einfahrt verboten
1 SUP Club Stade
Speersort
Hahle
Haddorf Siedlung
B 73
Von B 73 bis Burggraben Anlandeverbot
Stade
BURGGRABEN
Stade
Hollern-Twielenfleth 1 km
Campe
Kopenkamp
Solemio
Hollener Moorwettern
Hollerner Binnenwettern
Wiepenkathen
Klein Thun
B 73
Kattenbeck
Heidbeck
Barge
B 74
Groß Thun
Riensförde
Ottenbeck
A 26
Grenzgraben Wiepenkathen-Schwinge
Befahrung nur stromabwärts und nur 16.05.-14.10. von 8-19 Uhr erlaubt
Moorexpress
Agathenburg
Agathenburg
Schloss Agathenburg
TIPP
Ottersbach
Schwinge
OBERE SCHWINGE
NSG Steinbeck
Hagen
K 1
Steinbeck
Steinbeck
Fredenbecker Mühlenbach
Deinster Mühlenbach
NSG Deinster Mühlenbach
NSG Ferner Moor
N
Dollern
Bach
Fredenbeck
Deinste
0 1 km

BIS ZUR ELBE UND ZURÜCK

3

Vom **SCHWIMMSTEG** im **STADTHAFEN** folgen wir der **TIDENSCHWINGE** über vier Kilometer bis zur Elbmündung. Wiesen, Alleen und kleine Yachthäfen begleiten uns. Nach dem Sperrwerk ist es nicht mehr weit bis zur **AUSSETZSTELLE**. Nur im unteren Teil kann die Strömung etwas stärker werden. Wer die gleiche Strecke wieder zurückpaddelt, baut am besten einen „Tidenkipp" in die Mitte der Tour ein.

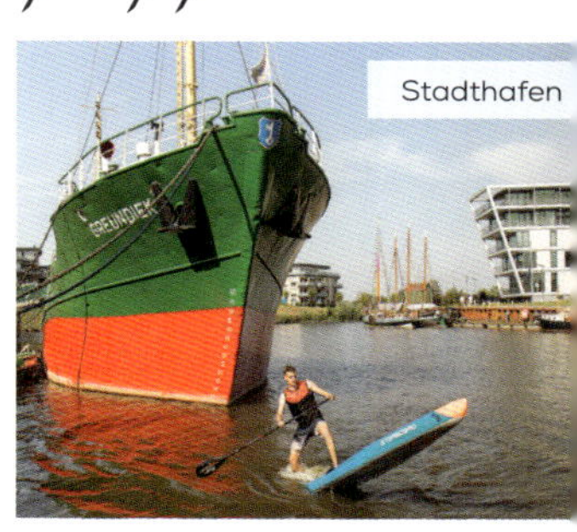

Stadthafen

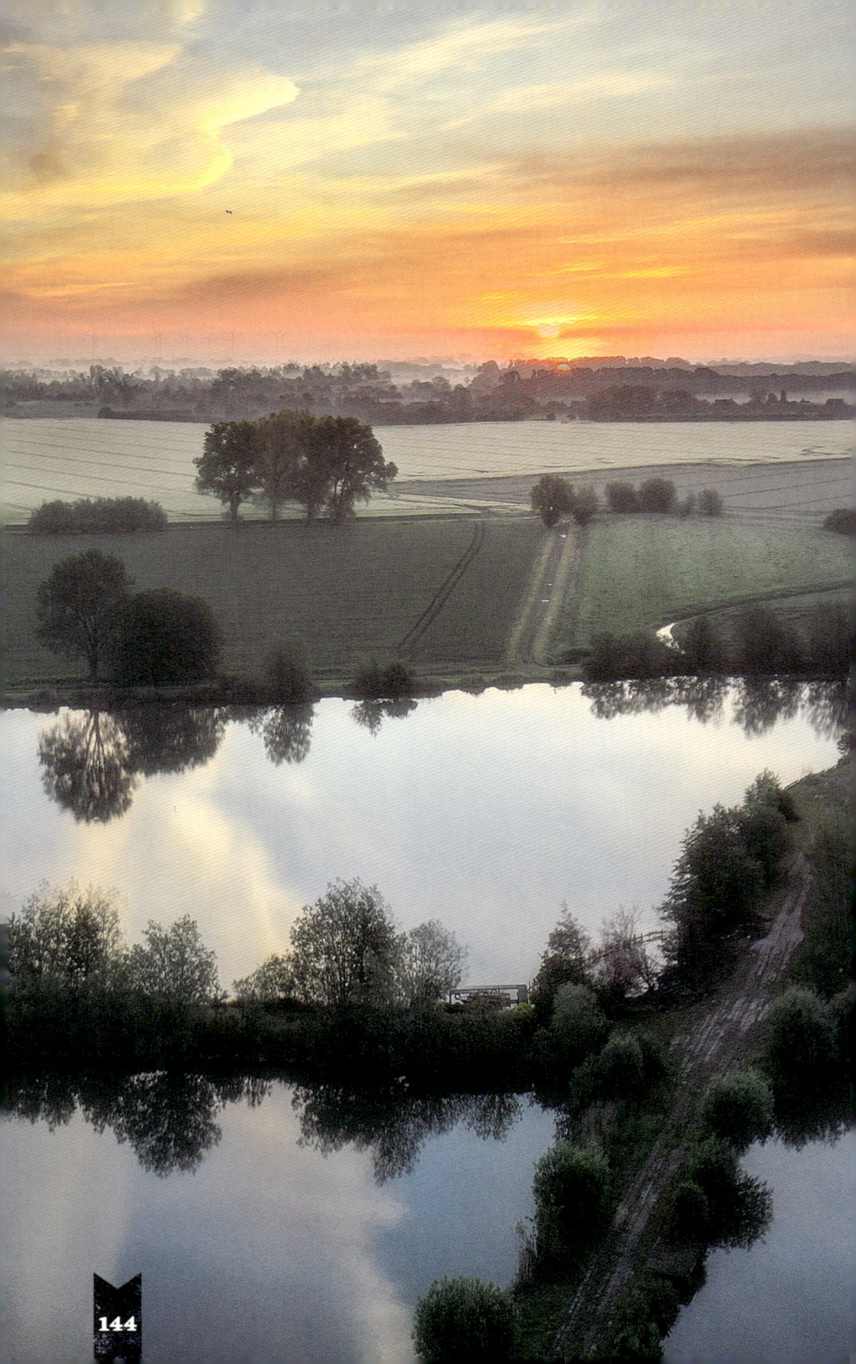

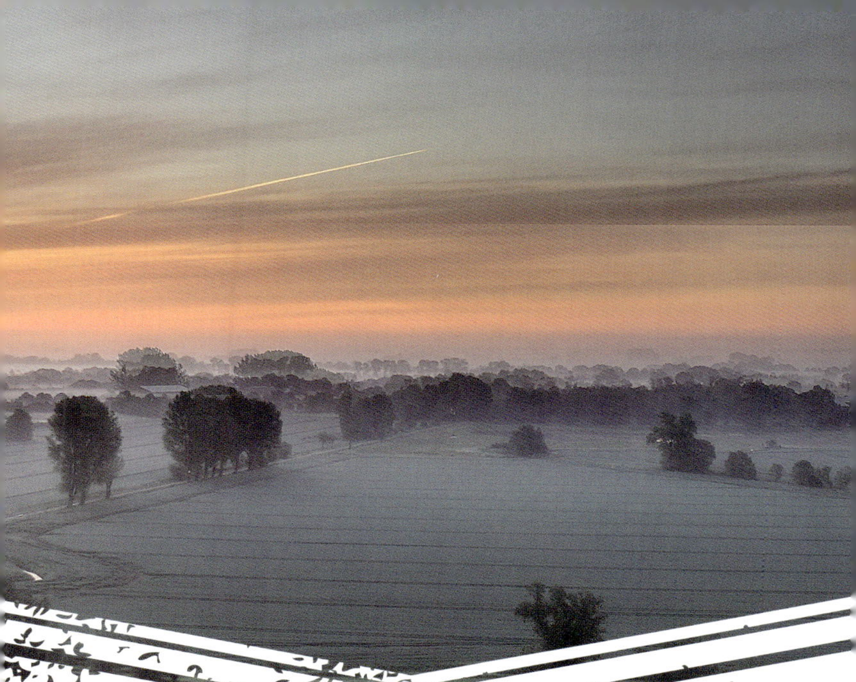

KRÜCKAU

ANSPRUCH

EINKEHR

Der liebliche kleine Tidenfluss vor den Toren Hamburgs eignet sich hervorragend für eine SUP-Tour mit der ganzen Familie. Er kann wegen der Gezeiten in beide Richtungen befahren werden. Hier können wir unaufgeregt die Natur genießen und uns entspannt der Strömung anvertrauen.

TIDE, WIND & WETTER

Der Wasserstand der Krückau ist bis Elmshorn gezeitenabhängig. Eine Fahrt muss daher mit ein- oder ablaufenden Wasser geplant werden. Tidenstände bekommt man z. B. unter www.bsh.de >Daten >Gezeiten (Bundesamt für Seeschifffahrt und Hydrographie) oder www.gezeitenfisch.com

Referenzorte sind: Elmshorn und Krückau-Sperrwerk. Es gibt eine etwa 20-minütige Verzögerung im Wasserstand zwischen Elmshorn und dem Sperrwerk. Die Wasserstandsänderung kann zwischen ein und zwei Meter variieren, je nach Mondstand und Windbedingungen.

Da die Landschaft flach und offen ist, sollte eine Fahrt auch mit Beachtung der Windverhältnisse geplant werden, um nicht unnötig viel Kraft zu vergeuden. Stehen Wind und Tidenrichtung in einer Linie, ist eine Genussfahrt garantiert.

ANFAHRT MIT DEM PKW

Von HH die A 23 Richtung Elmshorn. Ausfahrt 13 (Tornesch) abfahren und nach links Richtung Tornesch. Über Seestermühe zum Sperrwerk fahren.

Wer in Elmshorn starten möchte, fährt kurz vor Elmshorn an der Ausfahrt Franzosenhof ab und dann über die Hamburgerstraße zum Südufer am Hafen. Fahrzeit ab HH ca. 1:00 h.

PARKEN

Im Hafen von Elmshorn (Südufer) kann man frei parken, solange keine Veranstaltungen stattfinden.

Am Krückau-Sperrwerk gibt es einige freie Parkplätze vor dem Deich.

ANFAHRT MIT DEM ÖPNV

Mit der Regionalbahn gelangt man von HH-Hbf in einer halben Stunde nach Elmshorn.

Zum Krückau-Sperrwerk gibt es keine gute ÖPNV-Verbindung. Der Bus 6506 in Seestermühe ist 2,5 km Fußweg entfernt. Fährt nur nach Bedarf: bis 1 Std. vor Abfahrt anmelden unter (04121) 90 66 66.

BADEN

Für eine kleine Abkühlung könnte man an einigen Rastplätzen entlang des **Ufers der Krückau** ins Wasser gehen.

- Traglufthalle, Freibad mit 102 m Wasserrutsche & Sauna im **Badepark Elmshorn** (www.badepark-elmshorn.de).
- Ein beliebter Badestrand an der Elbe ist der **Badestrand Kollmar** ca. 2 km nordwestlich der Krückaumündung.

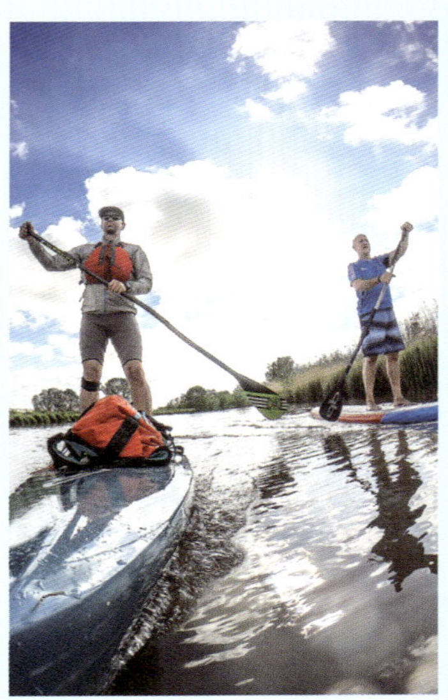

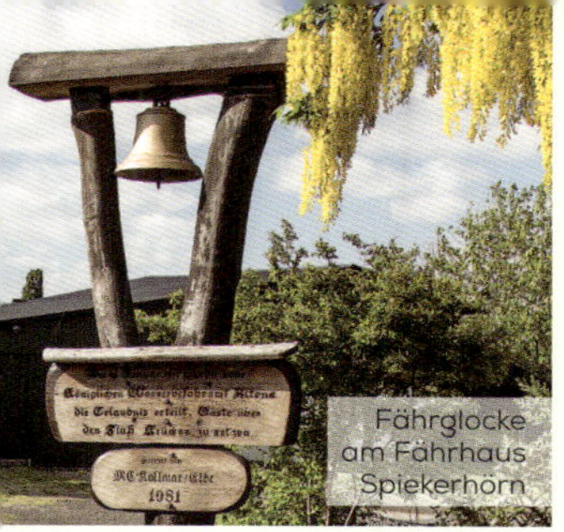
Fährglocke am Fährhaus Spiekerhörn

SEHENSWERT

» **ELMSHORN:** St. Nikolai-Kirche - gotische Saalkirche mit barocker Ausstattung. Industriemuseum - präsentiert die Entwicklung von Industrie, Technik, Arbeit und Alltag in Schleswig-Holstein und Elmshorn. Heimatmuseum „Konrad-Struve-Haus". Der Wasserturm (1902) ist zu Turmführungszeiten zu besichtigen.

» **ST. JOHANNESKIRCHE** in **SEESTER:** Eine der ältesten Kirchen der Region. Auf dem alten Kirchhof findet man Grabstellen aus dem 19. Jh., aber auch noch ältere Grabsteine, deren ältester mit 1663 datiert ist.

EXTRA-TIPPS

» Entlang der Krückau führt der idyllische **KRÜCKAUWANDERWEG** von Elmshorn nach Barmstedt zur **RANTZAUER SCHLOSSINSEL** durch naturnahe Gegenden.

» **PAGENSAND** - die sechs Kilometer lange und einen Kilometer breite Insel in der Elbe gegenüber der Krückaumündung ist ein kleines Naturparadies mit Wald, Wiesen und einem langen Sandstrand, der ein wenig an Amrum erinnert. Große Teile der Insel sind besonders geschützt. Die Tourist-Info im Elbmarschenhaus in Haseldorf bietet Touren nach Pagensand an oder man setzt mit dem eigenen Boot über. Nicht motorisierte Wasserwanderer dürfen für eine Nacht zelten.

» Das rund 12 Kilometer südlich des Sperrwerks gelegene **ELBMARSCHENHAUS IN HASELDORF** (www.elbmarschenhaus.de) informiert in einer multimedialen Ausstellung über den Natur- und Kulturraum der Elbmarschen. Der idyllische **SCHLOSSPARK** des **HERRENHAUSES** gegenüber, lädt zum Spaziergang ein.

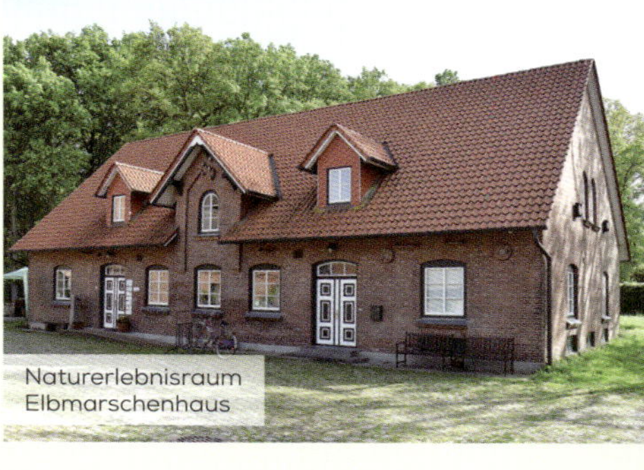
Naturerlebnisraum Elbmarschenhaus

» Eine **DEICHTOUR** mit dem Rad entlang der Elbe ist ein Genuss - Ruhe, Leuchttürme, große Pötte auf der Elbe und Tierbeobachtungen machen eine solche Fahrt aus.

» Gartenliebhabern sei der Besuch des **„ROSENGARTEN AN DER ELBE"** im nahen **KOLLMAR** empfohlen, wo rund 570 verschiedene Rosensorten zu bestaunen sind. Besichtigungstermine/offenes Gartenwochenende: www.rosengarten-an-der-elbe.de

TOUREN

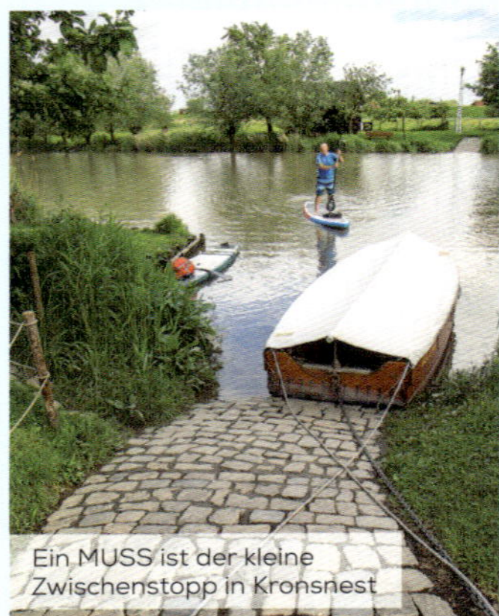
Ein MUSS ist der kleine Zwischenstopp in Kronsnest

1 TIDENFLUSS
Vom Krückau-Sperrwerk gemütliches Paddeln bis nach Elsmhorn. Unterwegs schöne Pausenplätze.

| **LÄNGE** 10,5 km | **DAUER** 2-3 h

EIN- & AUSSTIEG

EINSETZEN AM KRÜCKAU-SPERRWERK kann man gut über die Steinschüttung vor dem Sperrwerk, solange der Wasserstand nicht zu niedrig ist.

AUSSTIEG IN ELMSHORN Man legt bei hohem Tidenstand direkt am Kai im Hafen an. Bei niedrigem Wasserstand nutzt man einen der Schwimmstege am gegenüberliegenden Ufer.

ZURÜCK ZUM EINSTIEG mit 2. Pkw/Rad. Bus siehe Anfahrt mit ÖPNV.

KEINE SUP-VERMIETUNG

EINKEHR

1 LANDGASTHAUS FÄHRHAUS SPIEKERHÖRN

Spiekerhörn 13, 25335 Raa-Besenbek
Tel. (04121) 39 90
www.faehrhaus-spiekerhoern.de
Do+Fr 17-21, Sa 11.30-21, So 10-15 Uhr

KLASSIKER Sonntags-Brunch mit leckerem Räucherfisch

2 ELRADO-HOUSE

Wedenkamp 26, 25335 Elmshorn
Tel. (04121) 210 77
www.elrado-house.de
Mo-Sa 11.30-22 Uhr

KLASSIKER Holzfäller-Steak mit gebratenen Zwiebeln

3 BRODERICK ELMSHORN

Königstraße 3, 25335 Elmshorn
Tel. (04121) 806 90 28
www.broderick-elmshorn.de
So-Do 17-23.30, Fr+Sa 17-1.30 Uhr

KLASSIKER Burger „Schall & Rauch“ mit Cheddar-Käse, knusprigem Bacon, Zwiebelringen im Bierteig

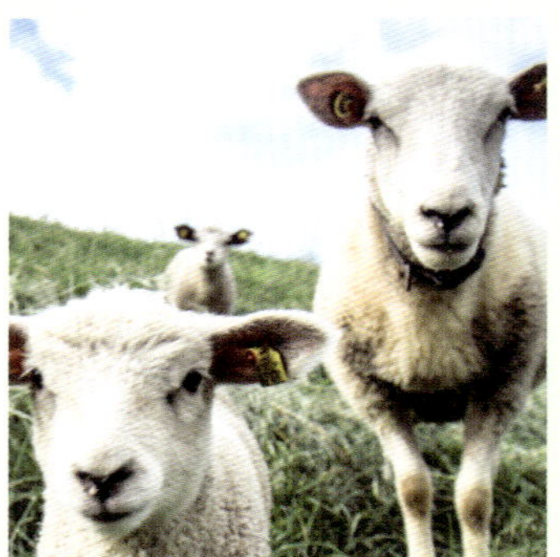

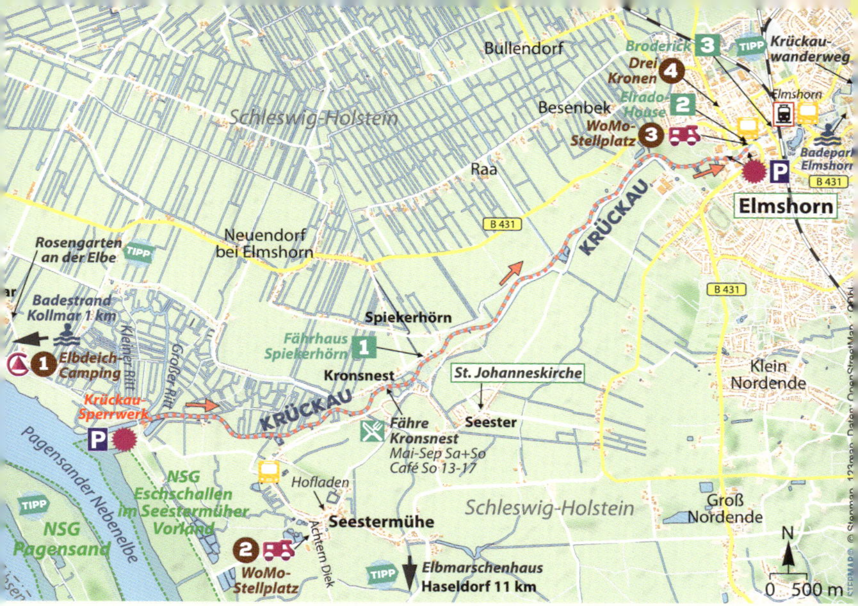

ÜBERNACHTUNG

1 ELBDEICHCAMPING
Kleine Kirchreihe 22, 25377 Kollmar
Tel. (04128) 13 79
www.elbdeich-camping.de

2 WOMO-STELLPLATZ SEESTERMÜHE
Achtern Dieck, 25371 Seestermühe

3 WOMO-STELLPLATZ ELMSHORN
Wedenkamp / Nordufer, 25335 Elmsh.

4 HOTEL DREI KRONEN
Gärtnerstraße 92, 25335 Elmshorn
Tel. (04121) 421 90, www.hotel-drei-kronen-elmshorn.com

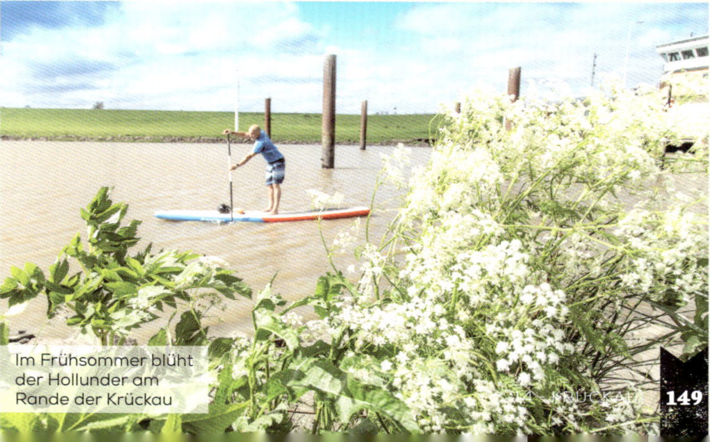

Im Frühsommer blüht der Hollunder am Rande der Krückau

TIDENFAHRT DURCH EIN NATURIDYLL AN DER ELBE

Die **HASELDORFER MARSCH** ist durch die Nähe zum Großraum Hamburg bei den Menschen sehr beliebt. Auf, vor und hinter dem Deich trifft man auf Skater, Radfahrer, Spaziergänger oder Erholungssuchende, die es sich am Elbstrand mit Blick auf die großen Pötte gut gehen lassen. Das Marschengewässer **KRÜCKAU** mündet gegenüber der Insel Pagensand in die Elbe. Schon 1764 hat man am Krückau-Ufer Schiffbau betrieben. Elmshorn besitzt durch das Flüsschen einen Hafen, von dem aus 1817 die "Grönlandfahrt" und Walfang betrieben wurde. Sogar eine Tranbrennerei existierte bis 1872.

Als wir zur Fahrt auf dem beschaulichen Gewässer aufbrechen, zieht frischer Wind von 4 bis 5 Windstärken aus Westnordwest übers flache Land. Grund genug, vom Sperrwerk aus mit der auflaufenden Tide in Richtung Elmshorn zu paddeln. Gut zwei Stunden nach dem niedrigsten Wasserstand kommen wir links neben dem **KRÜCKAU-SPERRWERK** über eine Steinschüttung ohne Probleme ins Wasser. Die mächtigen Tore des Sperrwerks schützen seit 1969 das Binnenland vor Hochwasserereignissen. In der Zeit davor leiteten die Deiche entlang der Krückau das Hochwasser schnell mitten hinein ins Herz von Elmshorn. Überschwemmungen waren zu dieser Zeit keine Seltenheit.

Kaum haben wir die Bretter dem Stromzug überantwortet, bekommen wir echten Schub. Dazu addiert sich auch noch der Rückenwind! So lassen wir die Wände des Sperrwerks schnell hinter uns und tauchen ein ins Grün zwischen den Deichen. Der Wasserstand ist so hoch, dass wir wunderbar in die Landschaft rundherum schauen können. Ein Kiebitz macht durch ein jodelndes Geräusch am Ufer auf sich aufmerksam. Er versucht erfolgreich durch Flugmanöver eine schwarze Krähe aus der Nähe seines Bodennestes zu vertreiben. Auf den nächsten Kilometern sehen wir hübsche Pausenplätze auf den angrenzenden Kuhweiden, die in den gelben Blüten des Wasserhahnenfußes schwelgen. Immer wieder blicken wir auf winzige Häfen die nur 3-4 Booten Platz bieten.

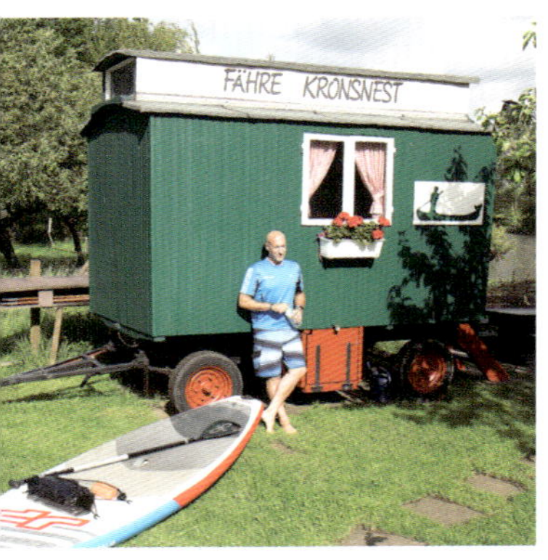

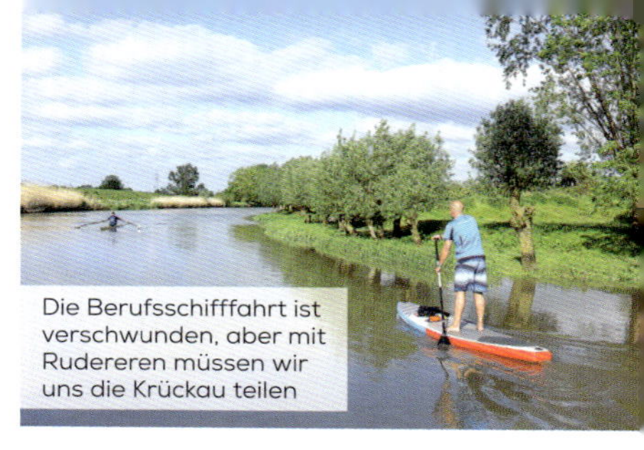

Die Berufsschifffahrt ist verschwunden, aber mit Rudereren müssen wir uns die Krückau teilen

Dort wo der Deich dem Fluss näherkommt, lugen die Reetdächer des beschaulichen Dorfes **SEESTER** hervor. Hier legen wir kurz an, um von der Deichkrone aus einmal einen Überblick zu bekommen.

Nicht mehr weit ist es bis **KRONSNEST**, wo eine kleine Schute am Ufer liegt. Es handelt sich bei dem nach historischem Vorbild aus Eichenholz gebauten Holzboot um die **FÄHRE VON KRONSNEST** - kleinste Personen- & Fahrrad-Fähre Deutschlands und einzige handbetriebene Fähre in Schleswig-Holstein (www.faehre-kronsnest.de). Im **„STÖPENKIEKER“**, einem Mini-Museum, erfährt man in wechselnden Ausstellungen so manches über heimatliches, historisches sowie handwerkliches und regionales Geschehen rund um die Fähre. Der schön angelegte Platz mit Sitzbänken eignet sich hervorragend zur Pause, wenngleich es an schönen Pausenplätzen an der Krückau wahrlich nicht mangelt. Während der Fährsaison (1. Mai-3. Okt) verwöhnen Vereinsmitglieder des Fährvereins jeden Sonntag zwischen 13 und 17 Uhr die Gäste im **„SÖÖTE ECK“** mit Kaffee, Fährwaffeln und selbst gebackenem Kuchen. Nur ein paar Paddelzüge später passieren wir den Schwimmsteg vom **LANDGASTHAUS FÄHRHAUS SPIEKERHÖRN** 1. Hier kann man am Sonntag beim beliebten Brunch oder an "Aktions-Tagen" schlemmen.

Die vielen Schwebstoffe in der bei auflaufendem Wasser aus der Elbe kommenden Krückau lässt es milchig braun erscheinen, weist aber trotzdem eine gute Wasserqualität auf. Kaum vorstellbar, dass der Fluss vor 50 Jahren wegen Einleitungen der umliegenden Fleischfabriken noch zu den dreckigsten Flüssen Deutschlands zählte. Bald kommen die Industriegebäude der Kölln-Werke in Sicht, die den meisten wohl durch ihre Haferflocken bekannt sein dürften. Seit 1820 werden hier Nahrungsmittel hergestellt, die lange auch über die Krückau in Richtung Hamburg verschifft wurden. Noch heute liegt das Frachtschiff Klostersande im Elmshorner Hafen. Die letzte Fahrt des heute als Eventschiff genutzten Frachters fand im Jahre 2000 statt. Vor uns taucht die erste Brücke auf dieser Tour auf. Kurz davor könnte man auf der linken Seite gut an einem **SCHWIMMSTEG** anlanden bzw. alternativ einsetzen. Da wir die ganze Zweit mit auflaufendem Wasser der Flut gepaddelt sind, können wir nun im **STADTHAFEN** einfach mit einem Schritt vom Brett auf den Parkplatz hüpfen und die Fahrt beenden.

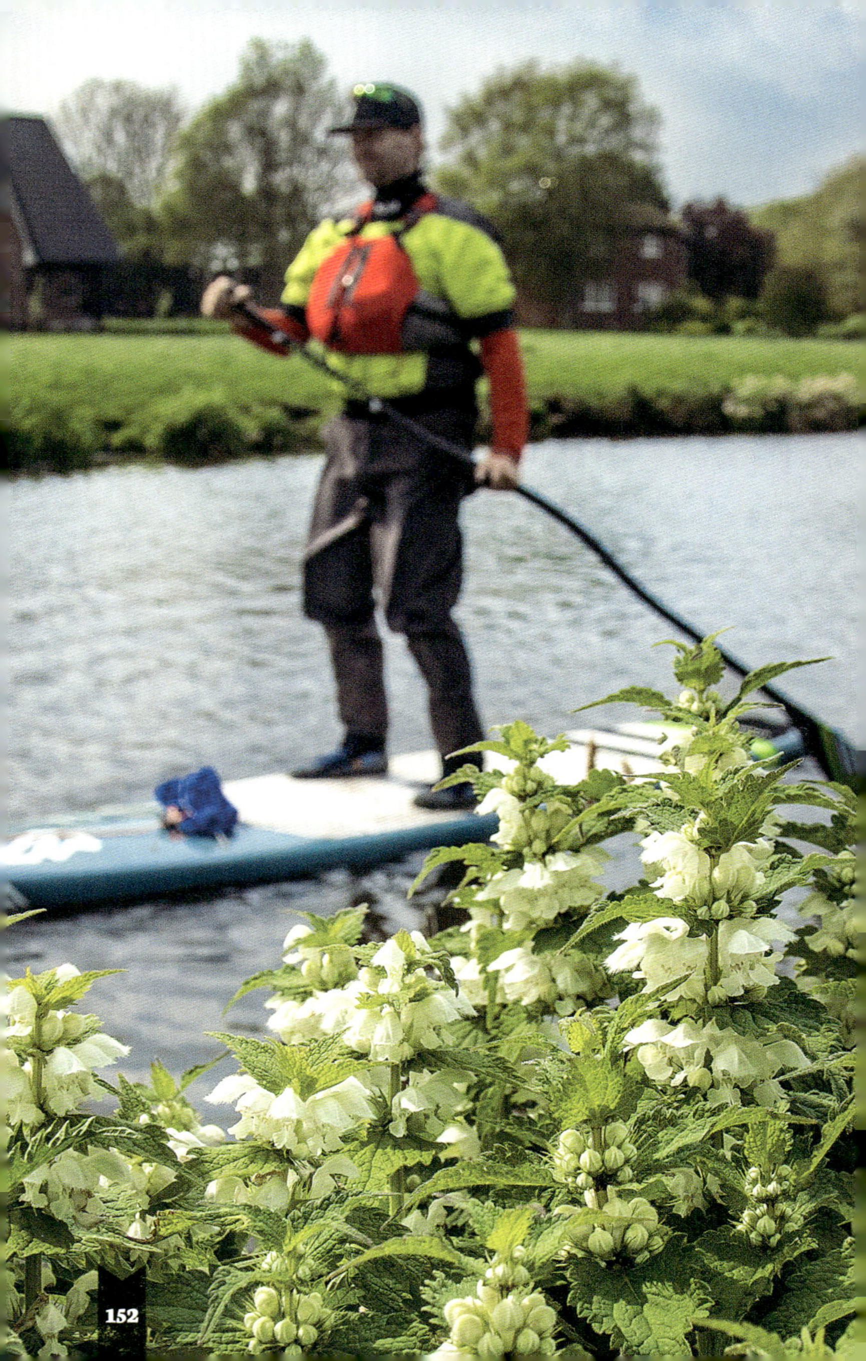

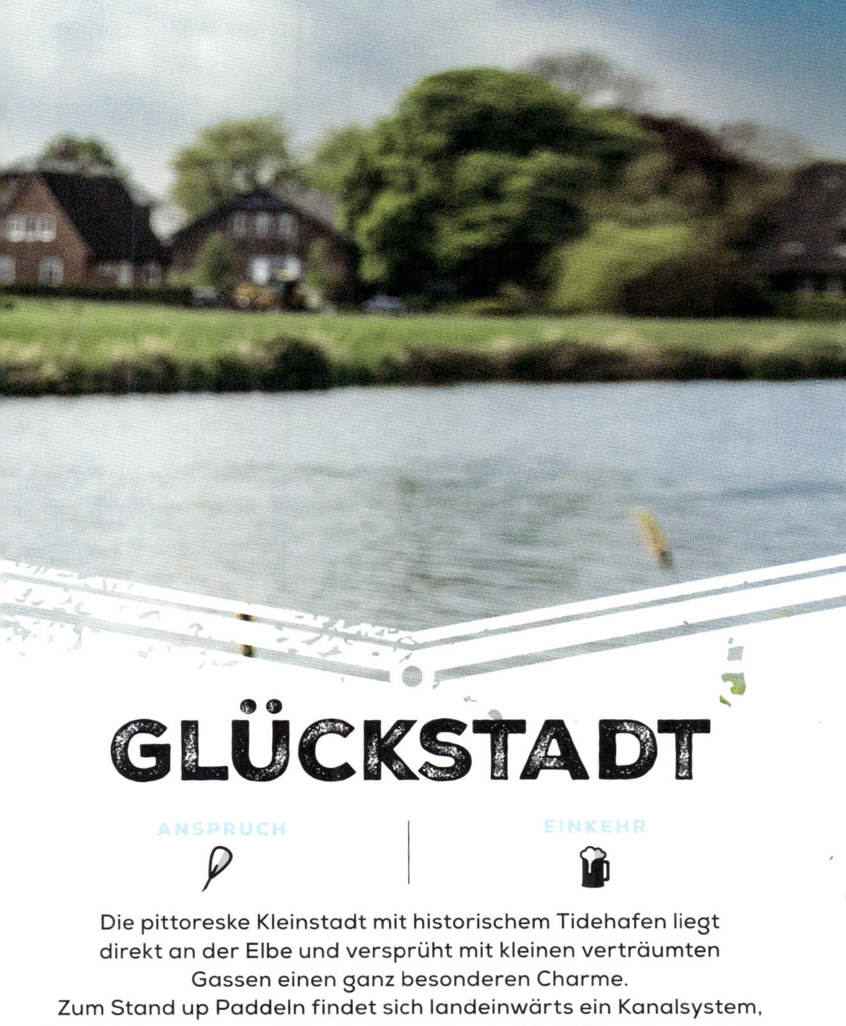

GLÜCKSTADT

ANSPRUCH | EINKEHR

Die pittoreske Kleinstadt mit historischem Tidehafen liegt direkt an der Elbe und versprüht mit kleinen verträumten Gassen einen ganz besonderen Charme.
Zum Stand up Paddeln findet sich landeinwärts ein Kanalsystem, das sich hervorragend für eine Tour eignet. Wir SUPen durch plattes Marschland in Richtung Glückstadt und bekommen wunderbare Einblicke in Bauernhöfe und genießen die einsame Weite über Wiesen und Feldern.

TIDE, WIND & WETTER

Wir befinden uns auf einem ca. 6-10 Meter breiten Kanalsystem. Mit Wellen muss daher nicht gerechnet werden. Wegen des offenen, platten Landes ist jedoch nur bedingt Windschutz vorhanden, daher eignet sich die Tour besonders für windarme Tage.

Achtung: Wasserstände können je nach Einstellung des Sperrwerkes in Glückstadt variieren.

SCHWIERIGKEITEN

Im Zentrum von Glückstadt wird die Weiterfahrt mit Umtragung in den Hafen durch ein Verbot der Befahrung der Kanäle vor den Sperrwerkanlagen verhindert.

ANFAHRT MIT DEM PKW

Ab HH A 7 /A 23 bis zur Ausfahrt 12 (Hohenfelde). Links abbiegen, in Steinburg an der T-Kreuzung links ab und über Sommerland bis Herzhorn (Navi: An der Wettern 13, 25348 Engelbrechtsche Wildnis). Fahrzeit ab HH knapp 1:00 h.

PARKEN

Gratis beim Friedhof nur wenige Schritte von der Straßenbrücke der Grillchaussee im Dorf Herzhorn.

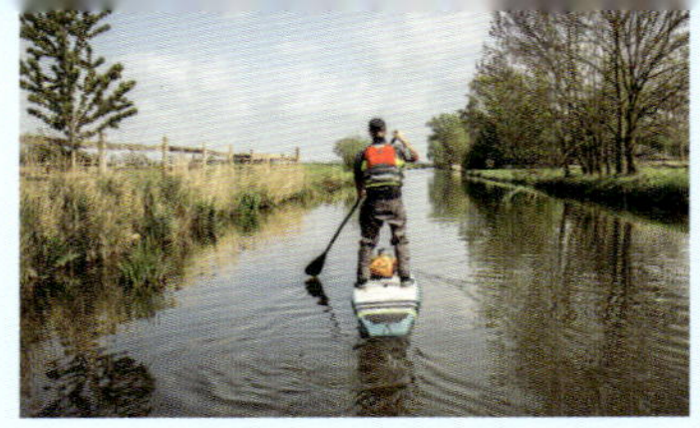

ANFAHRT MIT DEM ÖPNV

Von HH mit der Nordbahn (NBE) in 0:41 h nach Herzhorn (1,2 km zur Einsetzstelle) oder bis Glückstadt, ca. 600 m Fußweg bis zum alternativen Einsetzpunkt an der Nordmarkstr. 12 bei Lidl.

BADEN

- **Freibad Fortunabad** in Glückstadt (www.fortuna-bad.de).
- In den **Kanälen** selbst kann man sicher kurz plantschen aber richtiges Schwimmen ist wegen der geringen Wassertiefe eher nicht möglich.
- Südlich von Glückstadt locken die **Sandstrände der Elbe** (7 km südlich **Bielenberg** und 11 km **Kollmar**). Wegen der Tideströmung allerdings nicht ungefährlich!

SUP-TIPP

Die **STÖR** ist ein im Unterlauf tideabhängiger Fluss, der an windstillen Tagen zu wunderbaren längeren SUP-Touren ganz in der Nähe einlädt.

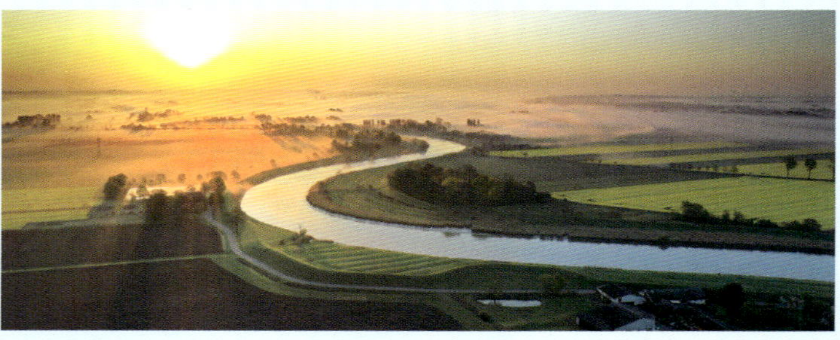

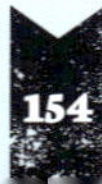

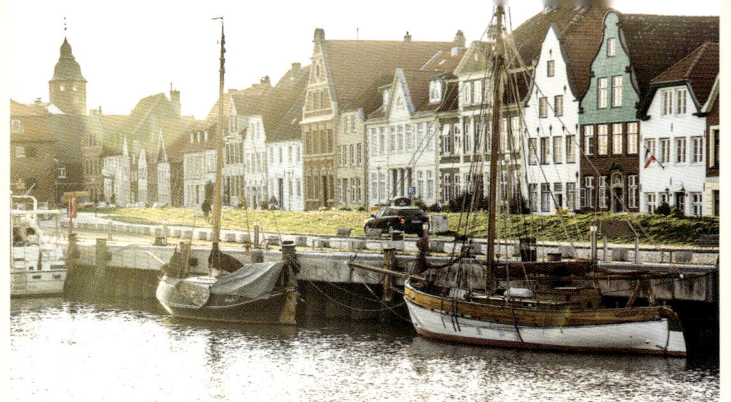

SEHENSWERT

» **GLÜCKSTADT:** Der mit Kopfstein gepflasterte **MARKTPLATZ** mit dem im Stil der holländischen Renaissance mit rotem Backstein erbaute Rathaus. **HISTORISCHE INNENSTADT** mit Fachwerk und Adelshöfen (Wasmer- und Brockdorff-Palais). Im Brockdorff-Palais ist das **DETLEFSEN-MUEUM** (www.detlefsen-museum.de) untergebracht. Hier ist der Glanz des dänischen Königshauses noch zu spüren. Hübsche **HÄUSERZEILE** mit **SALZSPEICHER**, **BRÜCKENHAUS** und den maritimen Perlen an **TRADITIONSSCHIFFEN** am Kai des **HISTORISCHEN HAFENS**.

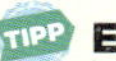

EXTRA-TIPPS

» Die **GLÜCKSTÄDTER MATJESWOCHEN** beginnen in jedem Jahr am dritten Donnerstag im Juni mit der traditionellen Matjesprobe auf dem historischen Marktplatz.

» **WANDERN** vom **KREMPERMOOR (KREMPERHEIDE)** über die **DECKMANNSCHEN SANDKUHLEN** (östliche Kuhle schöner Badesee mit Sandstrand) ins 400 Hektar große **SCHUTZGEBIET NORDOER HEIDE**. Rundweg durch eine traumhafte Binnendünen-Naturlandschaft mit Galloways, Wildpferden und Ziegen südlich von Itzehoe.

» Die **REGION BLOMESCHE WILDNIS** bietet mit über 30 Touren ein großes und abwechslungsreiches Angebot für Wanderer und Radfahrer zur Auswahl. Dabei geht es entlang an Deichen und Leuchttürmen, durch einsame Alleen und Rapsfelder und vorbei an kleinen Höfen.

TOUREN

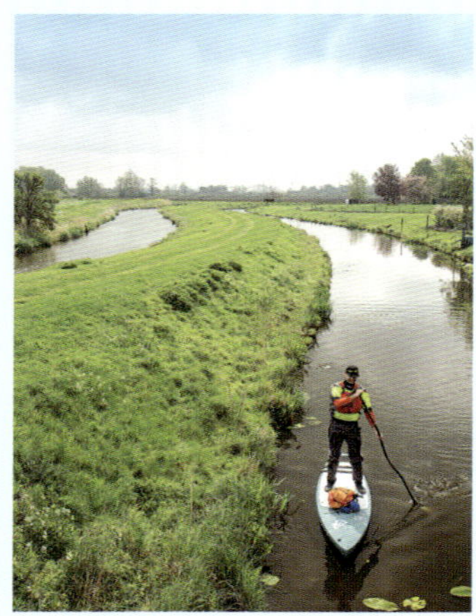

1 RUHIGE MARSCHLANDSCHAFT

Rundtour von Herzhorn auf dem Herzhorner Rhin nach Glückstadt und von dort auf dem Schwarzwasser zurück.

| **LÄNGE** 8 km | **DAUER** 2-3 h

EIN- & AUSSTIEGE

IN HERZHORN Neben der Straßenbrücke Grillchaussee, kleiner Steg am **Schwarzwasser**, 30 m vom Parkplatz (Navi: An der Wettern 13, 25348 Engelbrechtsche Wildnis). Nach wenigen Metern umheben in den **Herzhorner Rhin**.

ALTERNATIV IN GLÜCKSTADT Einsetzen ins **Schwarzwasser** beim Supermarkt Lidl (B 431 / Ecke Nordmarkstr. 12) und die Runde von hier beginnen.

KEINE SUP-VERMIETUNG

EINKEHR

1 DER KLEINE HEINRICH

Am Markt 2, 25348 Glückstadt
Tel. (04124) 36 36
www.der-kleine-heinrich.de
Di-Sa 11.30-22.30, So 11.30-17 Uhr

KLASSIKER Leckerster Matjes ever - Rotweinmatjes mit Apfel-Meerrettich-Soße, Fliederbeer- & Buttermilchsuppe

2 STILBRUCH GLÜCKSTADT

Große Kremper Straße 18
25348 Glückstadt
Tel. (04124) 608 23 00
www.stilbruch-glueckstadt.de
Mo+Di 12-20, Fr,Sa+So Frühstück 9-11.30, warme Küche 12-21 Uhr

KLASSIKER Die besten norddeutschen Burger mit Dips & Beilagen

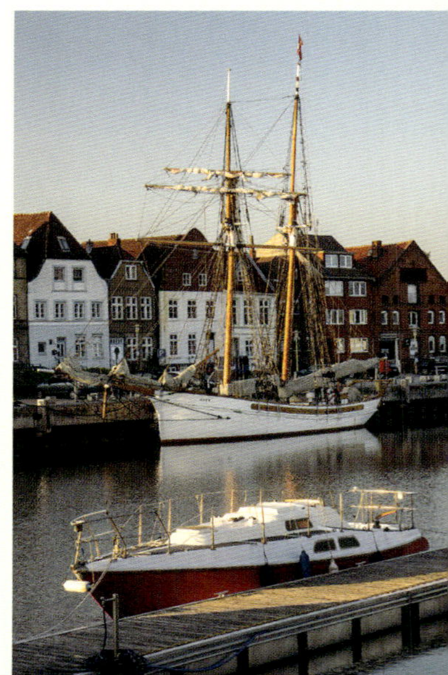

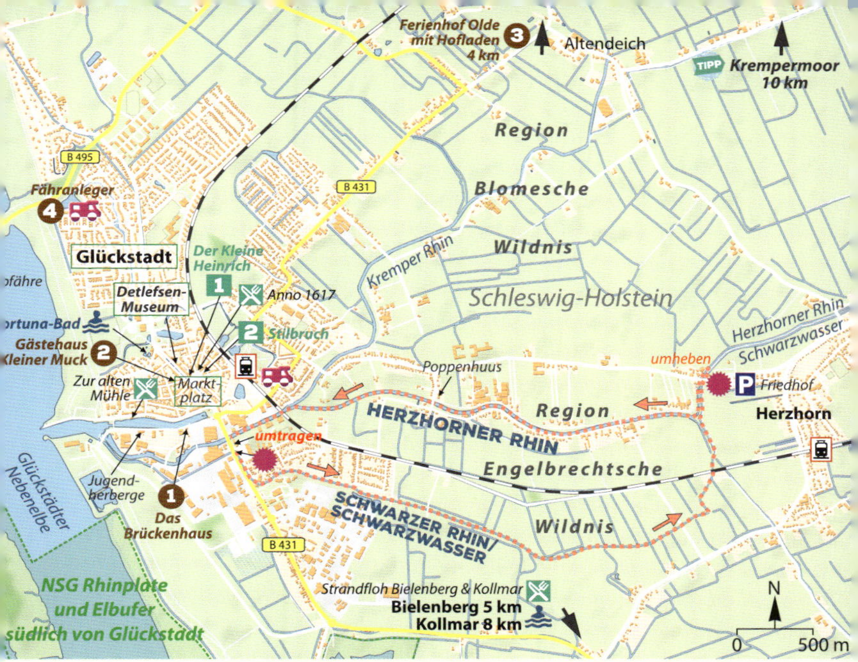

Ferienhof Olde mit Hofladen 4 km 3
Altendeich
TIPP Krempermoor 10 km
Region Blomesche Wildnis
B 495
B 431
Fähranleger 4
Glückstadt
Der Kleine Heinrich 1
Anno 1617
Stilbruch 2
Kremper Rhin
Schleswig-Holstein
Detlefsen-Museum
Fortuna-Bad
Gästehaus Kleiner Muck 2
Zur alten Mühle
Markt-platz
Poppenhuus
umheben
Friedhof
Herzhorn
Herzhorner Rhin
Schwarzwasser
Region Engelbrechtsche Wildnis
HERZHORNER RHIN
umtragen
Glückstädter Nebenelbe
Jugend-herberge
Das Brückenhaus 1
SCHWARZER RHIN/ SCHWARZWASSER
NSG Rhinplate und Elbufer südlich von Glückstadt
Strandfloh Bielenberg & Kollmar
Bielenberg 5 km
Kollmar 8 km
N
0 500 m

ÜBERNACHTUNG

1 HOTEL DAS BRÜCKENHAUS SCHLAFEN AM HAFEN
Am Rethövel 8, 25348 Glückstadt
Tel. (04124) 602 64 72
www.brueckenhaus-glueckstadt.de

2 GÄSTEHAUS KLEINER MUCK
Königstraße 53, 25348 Glückstadt
Tel. (04124) 609 18 05
oder 0172-131 75 60
www.gästehaus-muck.de

3 FERIENHOF OLDE
3 Ferienhäuser, Hofladen, Lebensmittel
7 km nördlich von Glückstadt
Borsflether Wisch 2, 25376 Borsfleth
Tel. (04824) 31 99
www.hellmann-olde.de

4 WOMO-STELLPLATZ GLÜCKSTADT FÄHRANLEGER
Op de Wurt 1, 25348 Glückstadt

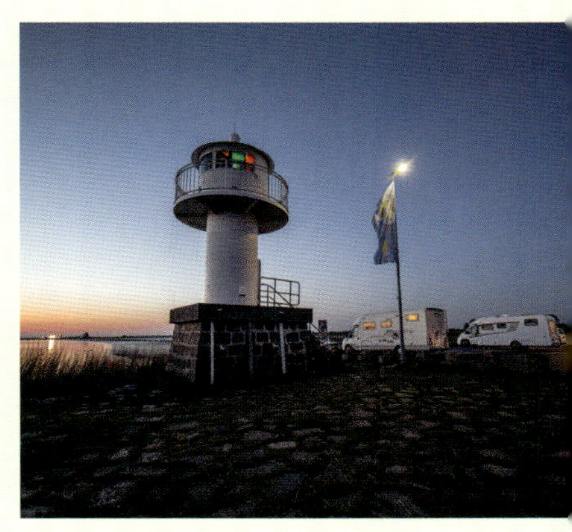

ENTSCHLEUNIGUNG IN DER KREMPER MARSCH

1 Entspanntes Gleiten mit dem Board in aller Ruhe ohne Hetze ist das Motto dieser Tour. Schon am Parkplatz in **HERZHORN**, wo sich Fuchs und Hase gute Nacht sagen, wird man entschleunigt. Nur ein paar Schritte sind es über die Wiese bis zu einem **TREPPENSTEG**, über den man einfach die Bretter ins Wasser lassen kann.

Doch habe ich nicht lange Gelegenheit zu paddeln, denn sind es doch nur ein paar Schläge stromauf (nach rechts/Norden) bis man die Übersetzstelle vom **SCHWARZWASSER** in den **HERZHORNER RHIN** erreicht. Hier erleichtern hölzerne Treppenstufen die Umtragung über gerade einmal 10 Meter Wiese.

Nun schiebe ich mein Board in Richtung Glückstadt, zunächst entlang zweier parallel verlaufender Kanäle, die ein wenig an eine zweispurige Straße erinnern. Dann teilt sich der Wasserweg. Ich halte mich rechts, da der linke Abzweig in eine Sackgasse führt. Der **HERZHORNER RHIN** fließt durch die **ENGELBRECHTSCHE WILDNIS**, die, wie die gesamte **KREMPER MARSCH**, im 12. Jahrhundert durch zugezogene holländische Siedler erschlossen wurde. Die Anfang des 17. Jahrhunderts nicht vor den Elbfluten eingedeichten Ländereien nannte man "Wüsteney". Der Name "Wildnis" blieb erhalten. Entgegen der Bezeichnung ist heute von Wildnis allerdings keine Spur mehr.

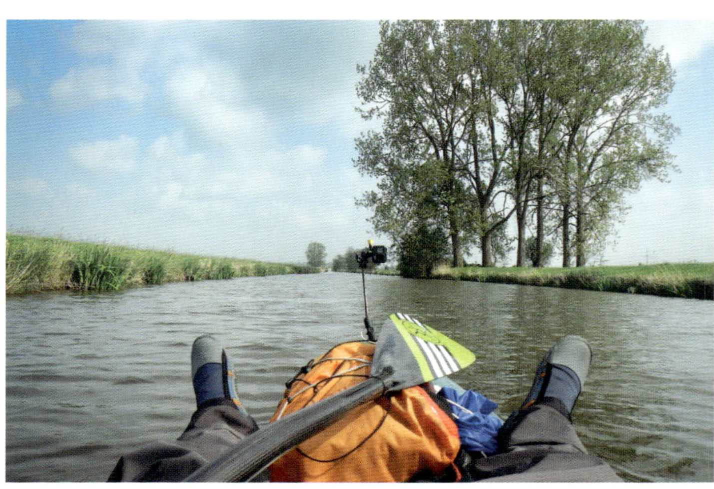

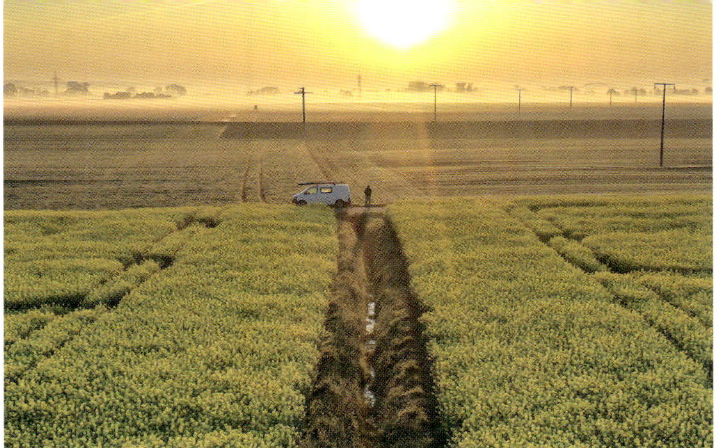

Stattdessen geht es vorbei an Einfamilienhäusern mit hübschen Vorgärten, in denen jetzt, im Frühling, blühende Obstbäume zu sehen sind, umgeben von fruchtbaren Marschböden, auf denen hervorragendes Gemüse gedeiht. Immer wieder bekommt man auch Einblick in das alltägliche Leben der Bewohner dieser kleinen Bauernhöfe, wo geschäftig an Trekkern geschraubt wird oder Maschinen hin und her bewegt werden. Besonders interessant sind die historischen Bauernhäuser mit ihrem Fachwerk, die ab und an am Ufer auftauchen. Allerdings sind die Verzierungen im Vergleich zu ihren Pendants auf der anderen Elbseite weniger prunkvoll.

Nach etwa zwei Kilometern liegt an der Straßenbrücke rechterhand das **POPPENHUUS**, mit einer „Puppe" im Giebel. Die historische Schankwirtschaft steht unter Denkmalschutz - hier wird auch noch echte regionale Küche serviert - leider nur für angemeldete Gruppen.

Insgesamt herrscht an den Ufern sehr wenig Betrieb, so dass ich in absoluter Ruhe weiter meine Bahn Richtung Glückstadt ziehen kann. Kurz vor der Eisenbahnbrücke der Stadt mündet von rechts ein drei Kilometer langer strömungsloser Abzweig des Herzhorner Rhin Kanals ein. Unter der mächtigen Eisenbahnbrücke hindurch paddel ich nach **GLÜCKSTADT** hinein, bevor nach ein paar Hundert Metern unter der Brücke der B 431 sich am linken Ufer der Steg zum Übersetzen ins Schwarzwasser befindet. Mit dem Board unterm Arm geht es 80 Meter an der Straße entlang (Supermarkt Lidl mit großem Parkplatz auf der anderen Straßenseite) bis zum **SCHWARZEN RHIN**, auch **SCHWARZWASSER** genannt, wo man an einem kleinen Steg bequem einsetzen kann.

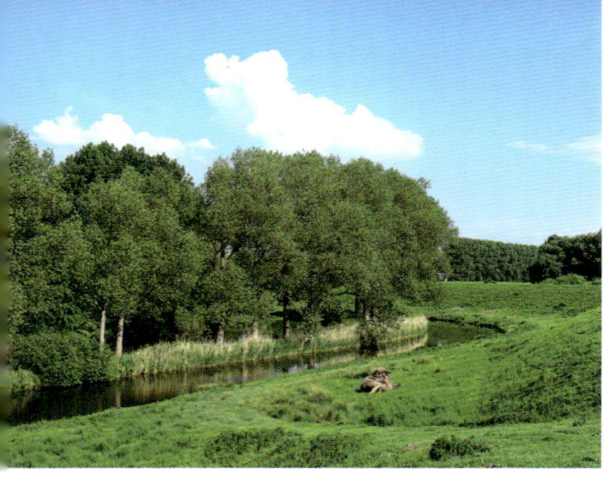

Von hier aus paddel ich „stromauf“ in die Gegenrichtung zurück, wenngleich von einer Strömung nichts zu spüren ist. Die wenigen Geschäftsgebäude am Ufer lasse ich schnell hinter mir und schon bald tauche ich in eine grüne Oase ein. Zwischen blühenden Kirschbäumen und leuchtend grünen Blättern frisch ausgetriebener Weiden paddelt es sich eine ganze Zeitlang auf dem schmalen Kanal wie im Himmel. Eine Entenmutter sorgt sich um ihre laut piepsenden und umherwuselnden Küken.

Mit der Ausfahrt aus Glückstadt machen dann irgendwann die Bäume wieder der offenen Marschlandschaft Platz. Der einzige Unterschied zum Hinweg ist, dass es auf dem Schwarzwasser deutlich einsamer zugeht. Nur ein kleiner verwunschener Bauernhof zeigt sich am Ufer. Ansonsten blicke ich auf gelbe Rapsfelder, grüne Wiesen und frisch eingesäte Ackerflächen, über denen Kiebitze ihren trudelnden Balzflug ausführen. Grüne Wiesenstreifen mit unzähligen gelb leuchtenden Löwenzahn-Blüten am Ackerrand laden zum Pausieren ein.

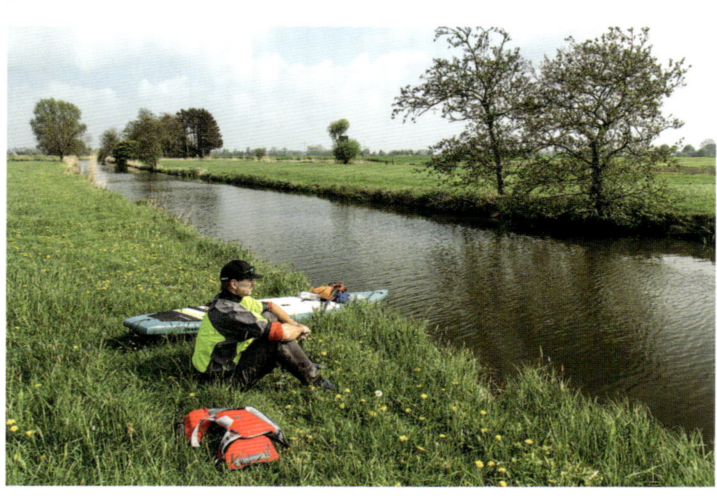

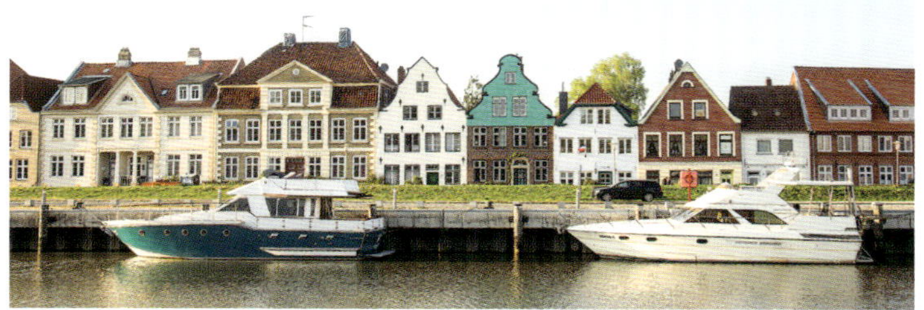

Dann müssen kleine, flache Brücken unterquert werden. Zwei davon sind so niedrig, dass ich mich im Liegen darunter hindurch treiben lassen muss. Bei hohen Wasserständen müsste man hier wohl umtragen, was sich wegen der flachen Landschaft aber als unschwer gestalten sollte. Überhaupt ist es unglaublich, wie weit ich von meinem Board in die Landschaft sehen kann. Rehe drücken sich in den Schutz kleiner Baumgruppen. Gelber Raps schwingt mit den sanften Windböen, während in der Ferne sich schnell drehende Windräder den Takt angeben.

Die Eisenbahnbrücke vor mir zeigt an, dass es nur noch ein paar Hundert Meter sind – bis nach **HERZHORN** und dem Steg an dem ich diese gemütliche SUP-Tour begonnen habe.

Nun steht noch ein Bummel durchs historische **GLÜCKSTADT** an und – wie fast immer, wenn ich in Glückstadt bin – die Einkehr im Gasthaus **DER KLEINE HEINRICH** 1 am **MARKTPLATZ**. Das urgemütliche Restaurant, wo echte traditionelle Holsteiner Gerichte gekocht werden, mit seinem alten Tresen, den Schiffsmodellen und Fliesenbildern mit Seemotiven versetzt mich immer wieder in vergangene Zeiten, als die Schiffe von hier aus nach Grönland zum Wal- und Robbenfang fuhren, die Glückstädter Heringsfischerei der Stadt Wohlstand bescherte und die Kohlbauern ihr am Rhin angebautes Gemüse auf Plattbodenschiffen nach Hamburg brachten. Der dänische König Christian IV. ließ 1617 den ersten Grundstein für die schöne Stadt vor den Toren Hamburgs legen – heute nicht einmal einer Autostunde entfernt.

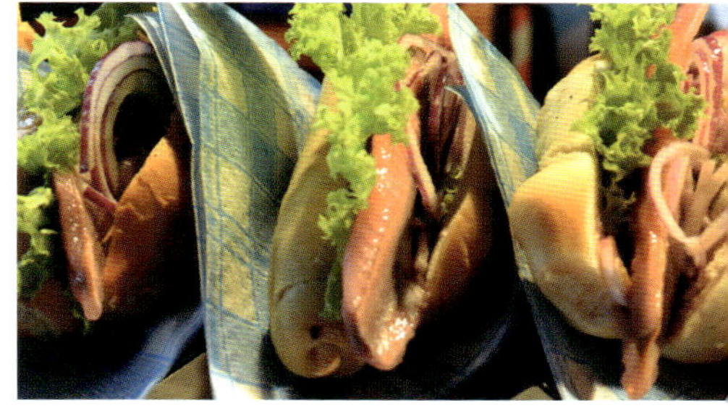

DER AUTOR

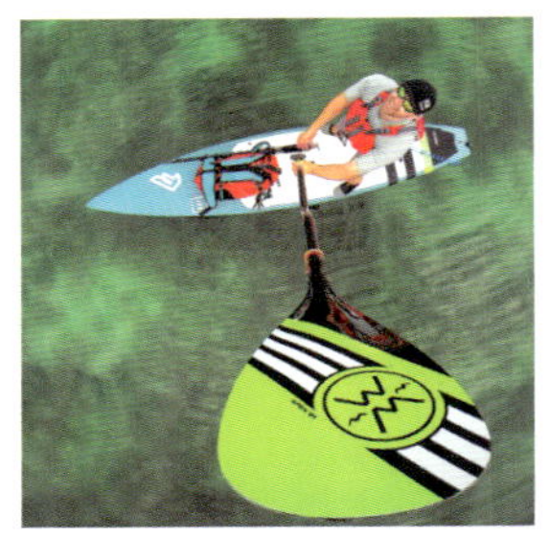

BJÖRN NEHRHOFF VON HOLDERBERG – ist mit allen Wassern gewaschen. Schon als Kind von seinen Eltern im Faltboot mitgeschleppt, wurde er früh vom Paddelvirus infiziert. Da war der Weg dann auch nicht mehr weit zum Stand up Paddling. Neben seiner Arbeit als Reisebuchautor bei verschiedenen Verlagen sowie Kanu- und Outdoor-Zeitschriften, schreibt er auch für die Zeitschrift SUP Board Magazin. www.adventure-photographer.de

---

WEITERE SUP-GUIDES

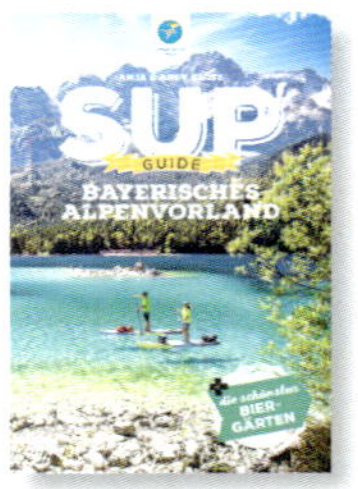

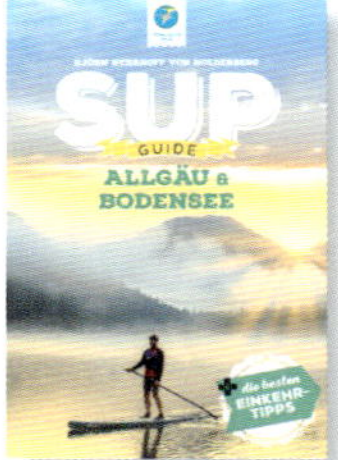

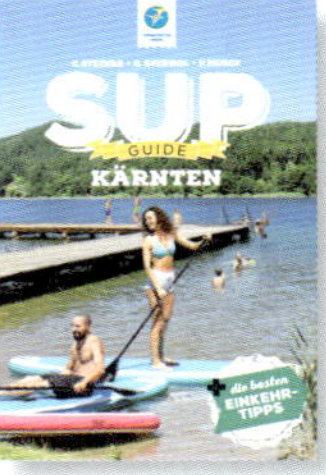

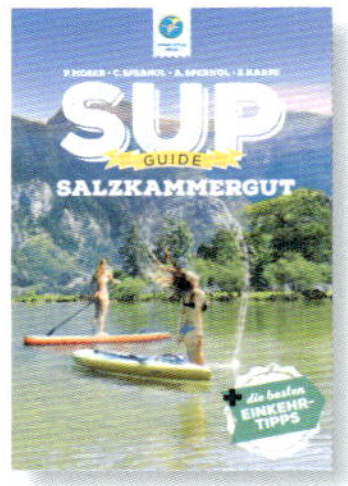

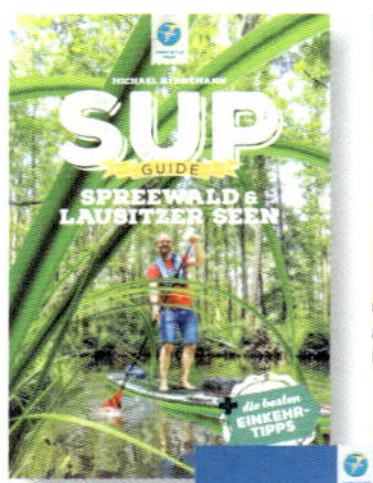

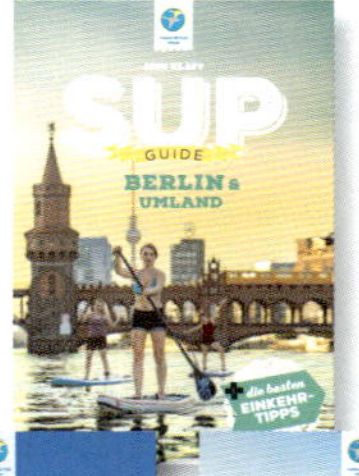

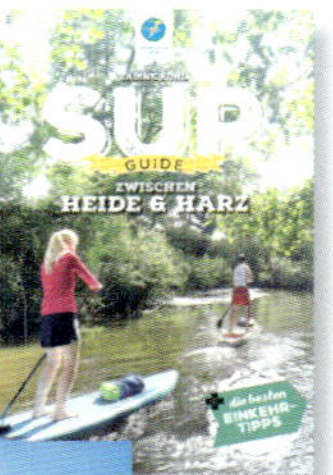

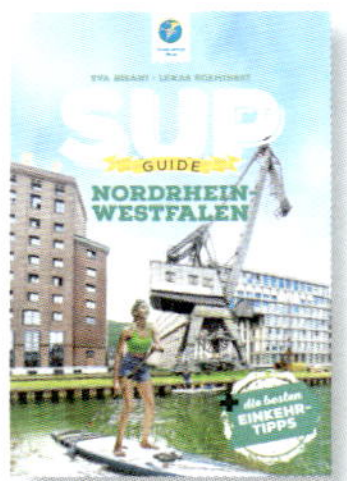

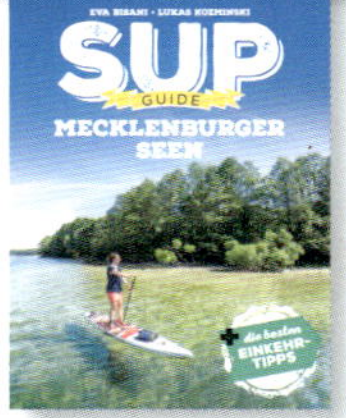

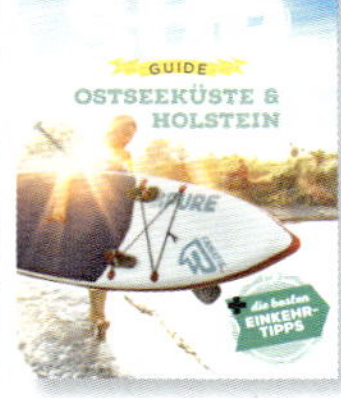

Bücher aus der Reihe KANU KOMPAKT

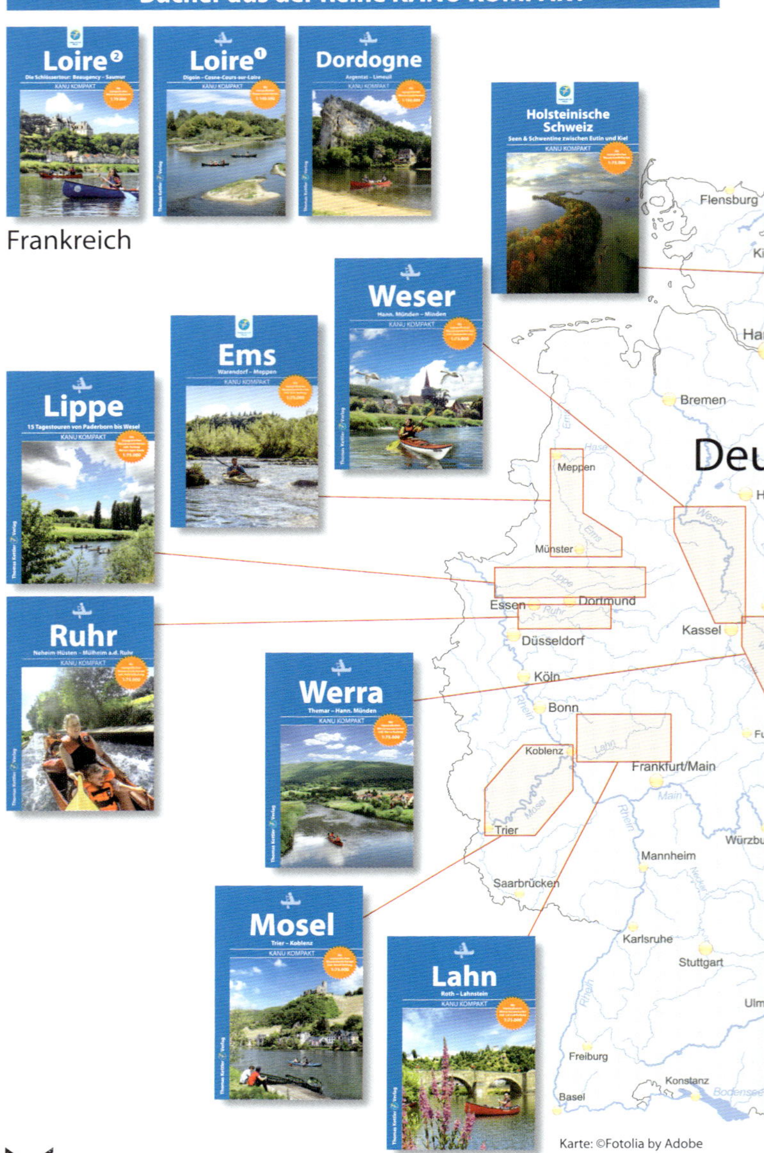

Karte: ©Fotolia by Adobe

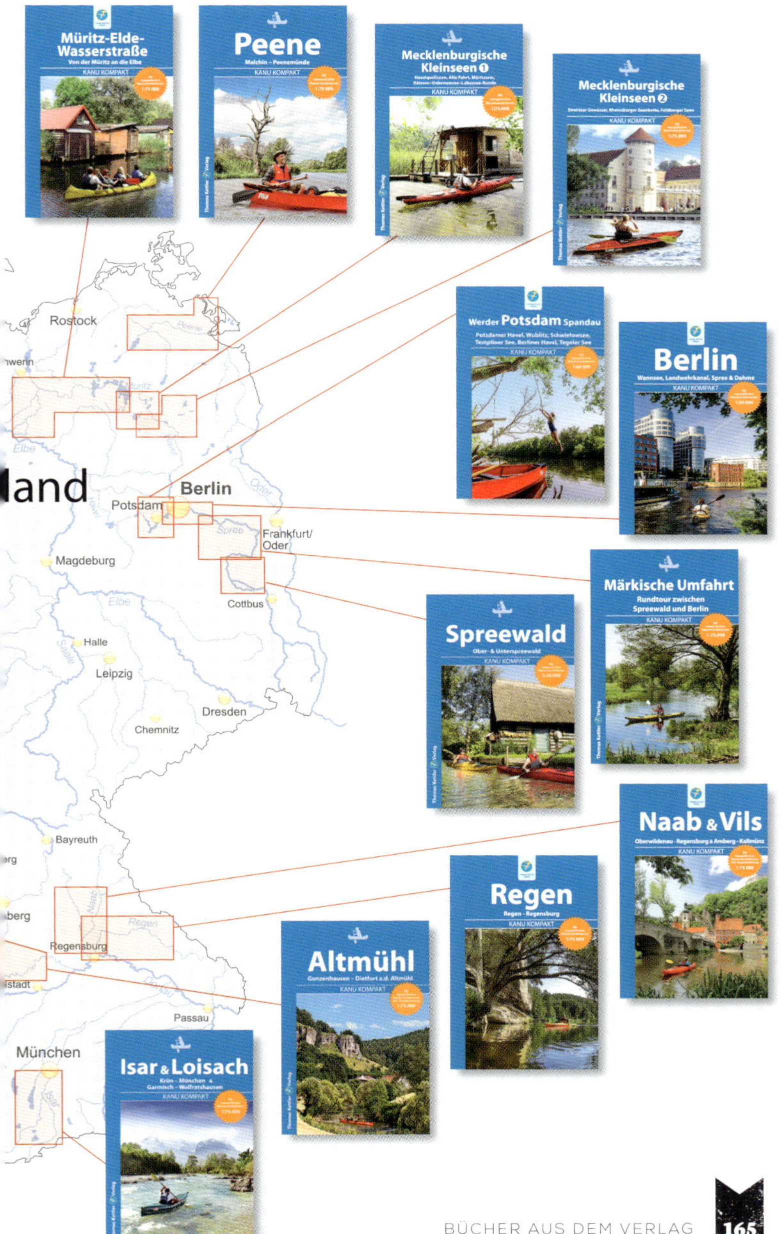
Müritz-Elde-Wasserstraße
Von der Müritz an die Elbe
KANU KOMPAKT
Peene
Malchin – Peenemünde
KANU KOMPAKT
Mecklenburgische Kleinseen 1
KANU KOMPAKT
Mecklenburgische Kleinseen 2
KANU KOMPAKT
Werder Potsdam Spandau
Potsdamer Havel, Wublitz, Schwielowsee, Templiner See, Berliner Havel, Tegeler See
KANU KOMPAKT
Berlin
Wannsee, Landwehrkanal, Spree & Dahme
KANU KOMPAKT
Märkische Umfahrt
Rundtour zwischen Spreewald und Berlin
KANU KOMPAKT
Spreewald
Ober- & Unterspreewald
KANU KOMPAKT
Naab & Vils
KANU KOMPAKT
Regen
Regen - Regensburg
KANU KOMPAKT
Altmühl
KANU KOMPAKT
Isar & Loisach
Krün – München & Garmisch – Wolfratshausen
KANU KOMPAKT
Rostock
Peene
Elbe
land
Berlin
Potsdam
Oder
Spree
Frankfurt/ Oder
Magdeburg
Cottbus
Elbe
Halle
Saale
Leipzig
Dresden
Chemnitz
Bayreuth
Naab
Regen
Regensburg
Donau
Passau
München
Isar

REGISTER